世界を騙した女詐欺師たち

トリ・テルファー 著
Tori Telfer

富原まさ江 訳

原書房

セシルへ

はじめに

1977年、『ニューヨーク・デイリーニュース』紙に若く美しい女詐欺師の記事が掲載された。彼女の名はバーバラ・セント・ジェームズ（少なくとも、数多い偽名のひとつであることは間違いない）。「実際に会えば、みんな彼女を好きになるだろう」[1]と記者は書いている。「この女性なら自分の人生の物語、悩み、そして勝利を引き出してくれる。見るからに裕福そうで、堂々とした気品を漂わせ、誠実さに満ちた人柄――誰もがそう思うはずだ」

この記事で2番目に重要なのは「誰もがそう思うはず」という箇所だが、最も注目すべきは「好きになる」という点だ。「みんな彼女を好きになる」。美しいバーバラの人生はとうに忘れ去られているが、この言葉は彼女に限らずどの時代の女詐欺師にもほぼ当てはまるはずだ。「実際に会えば、みんな彼女を好きになる」。女詐欺師が人を惹きつける能力は唯一にして最大の道具で、シェフのナイフや演劇の仮面にも匹敵する。この道具なしでは彼女は無力だ。だが、ひとたびこの道具を持ち、相手に好意を抱かせることができれば――まあ、十中八九はそうなるのだが――仕事はとてもたやすいものになる。すべてはあっという間に終わり、相手は痛みを感じる暇もない。

女詐欺師はチャーミングだという世間の認識こそ、史上最大の詐欺と言えるのかもしれない。なぜ彼女たちは「confidence artist（信頼を得る名人）」と呼ばれ、同じ犯罪者でも味気ない名称の「泥棒」や「麻薬の売人」と一線を画しているのか？　詐欺の手口のことを、「confidence tricks（信じこませて騙すトリック）」という子どものいたずらのような軽い響きの言葉で表現するのはどうしてだろう？　本書に登場する記者や弁護士、愛人たちは、残念ながら判断を誤った優秀なパフォーマーを偲ぶかのように女詐欺師を語っている。ある記者は、カナダの女詐欺師について「しかるべき訓練や高い教育を受けていたら、きっと素晴らしい人物になっただろう」と書いた。イギリスの女詐欺師の弟は、姉に「不幸な特性」さえなければ「本当に申し分のない女性だった」と主張した。さらには、「だが、今のままでも素晴らしい女性だということに変わりはありません」とも。フランスのある女詐欺師の愛人は、「危険など意に介さず、何事にも動じない勇敢な精神に感服した」と語り、アメリカの女詐欺師の義理の兄は「彼女はこれまでに会ったなかで最も素敵な人物でした」と断言した。

　そう、この本に登場する女詐欺師はみんな、とんでもなくチャーミングなのだ。一緒にバーのはしごをするなら、これ以上ぴったりの相手はいないだろう。ファッションセンスも抜群だ。ブランド物のバッグに毛皮のコート！　耳に心地よい外国語訛りを操る者、未来を占うことができるという者、ピンク色の車を乗り回す者、そして車に1rsktkr《世界一の怖いもの知らず》（Number 1 Risk Taker）というナンバープレートをつけていた者。最も危険な女詐欺師は、特に理由もなく100ドル札を配る癖があった――ただ、楽しいからという理由で。味方につけさえすれば、彼女たちと知り合いになるのは愉快なことに違いない。そもそも、なぜ人は女詐欺師に対する好意を堂々と示すことができるのだろう？　たとえば義理の妹が連続殺人犯だった場合、義妹が「本当に申し分のない女性」であり、「何事にも動じない勇敢な精神」の持ち主だとべた褒めするのはためらわれるはずだ。対して、現在インターネット上には「なぜ私たちは詐欺師に惹かれるのか」とか、「ハロウィンにお気に入りの詐欺師の扮装をしてみよう」といった記事が溢れている。

女詐欺師の人気がここまで高いのは、簡単に言えばその犯罪に暴力は無縁だと思われているからだ。冷凍庫に人の頭部を隠している詐欺師はめったにいない。騙されたとしても、ほとんどの場合命は無事だ――そう、よっぽどのことがない限り。これは世間の人々にとっては好都合だ。なぜなら、命に別状がなければ被害者を「まんまと騙された間抜け」と笑い、騙したほうの名人――つまり詐欺師の手際の良さを讃えても後ろめたさを感じずにすむからだ。

もっとも、人が詐欺師に拍手を送る心理の奥には、もっとどす黒いものがあるのかもしれない。私たちはみんな「彼女になりたい」と密かに思っているのだ。たいていの人間、特に女性は数え切れないほどの小さな社会的障壁のなかで孤軍奮闘している。そして、詐欺師は自分の才能と犯罪を掛け合わせた神秘的な錬金術でこの障壁をいとも簡単に突き破るのだ。まるで拘束衣を着て吊り下げられたハリー・フーディーニ［19世紀後半から20世紀初めに「脱出王」の異名を取った奇術師］の有名な脱出マジックのように。女詐欺師は悪びれもせず嘘の社会保障番号や偽名を使い、運転免許証に実際とは違う目の色を記載する。書類の偽造もためらわず、重婚罪も恐れない。試乗中の高級車を乗り逃げし、647個のダイヤモンドでできたネックレスを盗む。自分のせいで誰が被害を受けるかなど知ったことではない。女詐欺師はよくいろんなものの象徴に例えられる。たとえば起業家精神、言葉巧みに金を使わせる資本主義のシステム、アメリカンドリーム、アメリカそのもの、悪魔、あるいは平凡な女性が生きていく上でつかなければならないちょっとした嘘の数々。だが、当人は自分が何に例えられようと気にも留めていない。女詐欺師が気にするのは自分のことだけだ。この露骨な身勝手さは衝撃的だが、同時に興味をそそられるのではないだろうか？

私だって彼女になれる——そう考えるとわくわくする。外国語訛りを巧みに操り、もっとウィッグを持っていて、地位や権力、富、金、賞賛、支配といった社会的な欲望に身を任せることさえできたなら。こうした欲望はあからさまで下品に聞こえるかもしれないが、人間の本質そのものだ。近年の心理学の研究[2]によると、人が社会的地位を渇望するのはどこかに属したいという切なる欲求を満たすためだけでなく、物事を支配しているという感覚や自尊心の向上、さらには生殖上の利益を得るためだということがわかった（動物ですら重要視されたいと思っている。2016年に行われたメスのアカゲザルの研究では、地位の向上に伴い免疫系が強化されることが実証された[3]）。多くの人はこうした欲望を平凡な方法で満たしていて、取るに足りない些細なごまかしが新聞の紙面を飾ることはない。私たちは新年を迎えるたびに新しい自分になろうと考え、刺激的な暮らしをしているように見せるために少々話を脚色し、自分の得になるなら相手に好感を持たれようと最善を尽くす。それでも、自分自身を完全に解放することなどめったにない。それは道徳観や社会的圧力のせいか、それとも刑務所に入るなんてとんでもないという昔ながらの常識が影響しているのか……だからこそ、女詐欺師の鮮やかな手口を読むと、被害者（誰もが「自分はこんな間抜けじゃない」と思う）ではなく彼女の立場に立って考えたくなるのだろう。もしも彼女のように振る舞えたとしたら？　こんなふうに魅力を武器に誰かを操ることができたとしたら？　道徳も社会も連帯責任も捨てて、ただただ自分自身を「甘やかす」ことができたとしたら？

だが、私たちは「彼女」になることはできない。その道を阻むものや従うべきルール、守らなければならない社会契約が多すぎる。それらを守り、従うのはたいていの場合望ましいことだし、気高い行為だと言えるかもしれない。だが、たまにこの現実に失望して小さなため息をついても非難されるべきではないだろう。だからこそ、女詐欺師はいともやすやすと世間の人気を得ることができるのだ。もちろん魅力的な存在だというのが大前提だが、人々は親鳥がエサを食べさせてくれるのを待つ雛のように目を輝かせ、彼女の登場を待ち望んでいる。そしてその鮮やかな手口を見ながら「素晴らしい人物」、「申し分のない女性」、「もしこれが自分だったら？」と考えるのだ。詐欺師、すなわち騙しの名人たちはこうした面々を「的《まと》」と呼ぶ。女詐欺師は射撃手となってこの的の心を射貫くわけだ。彼女たちはその魅力を存分に発揮し、決してノーとは言えない話を持ちかけようと機会をうかがっている。

上流社会に咲いた
あだ花

Key Item

熱気球……ひとつ
熱気球に影響を受けた品物……ひとつ
グランドピアノ……8台
ダイヤモンド……647個以上
ニセモノの王妃……1人
ニセモノの父親……2人
本当の失神の発作……1度
ニセモノの失神の発作……何度も
他人の筆跡を真似るのが得意な兵士……1人
ショックのあまり死の床に就いた老人……1人
詐欺にあったオリンピック選手……けっこうな数
つけ髭……ひとつ
重要な意味を持つ薔薇……1輪

1　ジャンヌ・ド＝サン＝レミ

通称：ラ・モット伯爵夫人

1756～1791年

昔々、フランスの王様は世界一美しいダイヤモンドの首飾りを愛人に買い与えることにしました――

それは1772年のこと、ときのフランスの王様は内気で不器用なルイ15世、愛人はデュ・バリー夫人。夫人の薔薇色の頬と、深い襟ぐりのドレスからのぞく真っ白な肌はもはや伝説となっていた。その美しさにふさわしい首飾りが作られることになり、王室御用達の宝石職人たちは早速仕事に取りかかった。ロシアやブラジルなどの遠国からダイヤモンドを買い集めたのだ。そうして完成した首飾りは647個のダイヤモンド、2800カラットでできており、息を呑むほどの美しさと同時にどこか不吉な影を漂わせていた。首をひと回りしてから胸元に垂れ下がるデザインで、後ろも帯状のダイヤモンドが首筋から流れ落ちるように見える。青い小さなリボンが数カ所にあしらわれているが、それでもこの首飾りの威圧的な印象を和らげることはできなかった。

これは「コリエ・デスクラヴァージュ[1]（奴隷の首飾り）」と呼ばれるスタイルだ。

デュ・バリー夫人は世界中から羨望の目を向けられるはずだったが、この首飾りが彼女の胸元を飾ることはなかった。ルイ15世が代金200万リーブル[2]［現在の22億5000万円以上］を支払う前に、天然痘でこの世を去ったからだ。デュ・バリー夫人は首飾りを手にする機会を失い、宝石商らは一銭も懐に入らないと知って慌てふためいた。彼らはしばらくヨーロッパ中の王族を訪ねてはその鼻先に首飾りをぶら下げてみたが、その邪悪なまでの輝きに魅了される者はなく、もし魅了されたとしてもこれだけの大金を支払うのは無理な話だった[3]。

やがて、宝石商らはフランスに戻ってきた。最後の望みの綱は、新しくフランス王妃の座に就いたアントワネットだ。オーストリアからやって来た若き王妃は美しいデコルテの持ち主だという。しかも、浮ついた性格できらきら輝くものなら何でも大好きだという評判だ。彼女なら首飾りに興味を持つかもしれない。第一、あれほど「貴重な」宝飾品を自分のものにしたいと思わない女性がいるだろうか？

この16年前、ダイヤモンドとは縁のない世界にひとりの赤ん坊が生まれ、「ほしいものは絶対に手に入れる」という野心に満ちた少女に成長する。父親は酒飲みで、母親は棒で彼女を殴り、一族のわずかな財産は何世代も前に尽きていた。だが、この少女の名を聞けば誰もが驚くに違いない。彼女の名はジャンヌ・ド＝サン＝レミ、フランスの旧王家ヴァロア家の誇り高き子孫にあたる。その名は彼女にとって「すべて」だった。ジャンヌの父親の先祖には、ヴァロア家第10代の王として1500年代半ばにフランスを支配したアンリ2世の息子がいる。だが、彼はアンリ2世の愛人が産んだ庶子であり、その一族が受けた王室の恩恵は微々たるものだった。この一族は何世代にもわたってシャンパーニュ地方にあるバール＝シュル＝オルブの村の外れの荒れ果てた田舎家に住み、密猟や盗みをして暮らしを立ててきた。時代を経るごとに一族の土地の大半は借金の形に売り払われ、ジャンヌと3人の兄妹が生まれた頃にはヴァロア王家の輝きは消え失せていたのだ。子どもたちはみんな痩せっぽちの野生児で、近隣の人々にとっては見るに堪えない存在[4]だった。一家が住む小屋の壁には小さな穴が開いていて、人々はその穴から子どもたちに食べ物を押しこんだという。こうすればその飢えた顔を見ずにすむからだ。

だが、ジャンヌはヴァロア家の財産がどこかで自分を待っている[5]と幼い頃から信じていた。誰か地位のある人を見つけ、話を聞いてもらうことさえできれば。そして、両親はジャンヌのこの妄想をこれ幸いと利用する。借金がかさむと一家はパリに逃げ、母親はジャンヌに物乞いをさせて十分な金を持って帰らないとひどく殴った。ジャンヌは「ヴァロア家の血を引く哀れな孤児にお恵みを！」と叫びながら街を歩き回った。父親はこのパリでアルコール依存のため死亡する。ジャンヌはことあるごとに、父は最期に「どんな不幸が待ち受けていても、ヴァロア家の一員だってことを忘れるな」と言い遺したと吹聴した。

ジャンヌが8歳のとき、「ヴァロア家の血を引く哀れな孤児にお恵みを！」という声を耳にしたブーランヴィリエ侯爵夫人がジャンヌと兄妹を拾い、小汚かった身なりを清潔に整えてから寄宿学校に送った（この頃母親は男と行方をくらませていた）。侯爵夫人は調査をさせて子どもたちが確かにヴァロア家の末裔であることを証明し、少額ではあるが年間一定の王室年金[6]［現在の金額で約100万円］を確保することにも成功した。これはジャンヌにとって大きな出来事だったに違いない。幼い頃から信じていた通り、自分がヴァロア家の血を引くことを王室が認めたのだ。その一方で、野心に満ちたジャンヌはこの決定に侮辱を感じた。欲しいのは王家の一員にふさわしい財産だ。ヴァロアの田舎家を取り戻し、世間に一目置かれる存在にならなければ。

当時フランスは敵国イギリスを追い詰めるためにアメリカ独立戦争に多額の資金を投入しており、また王制はわずか10年後には崩壊してあの血なまぐさいフランス革命を迎えることになるのだが、貴族の上流社会はいまだに分別ある若い女性をも魅了するほど華やかだった。そして、その中心にいたのは若き王妃マリー・アントワネットだ。王妃は臆面もなく衣装に膨大な金額を費やし、髪を巨大な彫刻のように結い上げ、呼べばいつでも駆けつける御用達のチョコレート職人を持ち、自室を常に新鮮な花で埋めつくす使用人を雇っていた。王妃の真似をしてその魅力にあやかりたいと思わない女性[7]がいるだろうか？　この国の誰もが「もっと、もっと」と競い[8]、自分の下にいる者の頭をためらわずに踏みつけて少しでも高みに上ろうとしていた。だが、必死にあがく強欲ぞろいのなかでも、ジャンヌほど上を目指した者はいなかったのだ。

シャルル・ベーマーはたくさんのダイヤモンドを目の前にして死にたい気分だった。

彼とパートナーのポール・バッサンジェは例の647個のダイヤモンドの首飾りを作った王室御用達の宝石商だが、結果的にこの作品はふたりの人生最大の過ちとなっていた。この首飾りは呪われている。そうに違いない！　この10年間何度もマリー・アントワネットに購入を懇願したが、いまだに少しも興味を示してくれない。あるときベーマーは王妃の目の前に身を投げ出し「もしご購入いただけないなら、私は川に身を投げるしかありません」とすすり泣いたが、私には関係のないことです、と冷たくあしらわれただけだった。

ベーマーは交渉相手を間違えていることに早く気づくべきだったのだ。すっきりとした美しい首のラインを際立たせるため、マリー・アントワネットはめったに首飾りをつけない。だが、ベーマーは負債を抱えずにすむ策を講じることで頭がいっぱいで、そんなことにまで気が回らなかった。彼とバッサンジェはこの首飾りに生活のすべてを捧げてきた。だが、その結果どうなったか？この厄介ものはアホウドリのように彼らの首にぶら下がっている。一生逃れることはできないかもしれない、とふたりは不安に襲われていた。

ベーマーらが頭を抱えていた頃、23歳になったジャンヌは大きな野望を抱いていた。侯爵夫人はとてもよくしてくれるが、その庇護に甘んじるだけではとうてい満足できない。夫人は素直で真面目な働き手になるよう勧めてくるが――仕立ての仕事はどう？――それは暗に「あなたは最高のレディにはなれない」と言われているようなものだ、とジャンヌは憤慨した。結局、彼女は妹と共に修道院の寄宿学校に送られることになった。ジャンヌが自分の夫を誘惑しているのではないか、と侯爵夫人が疑惑を抱くようになったからという説もある。当然ながら、ジャンヌは清貧と貞節と慈善に生きる気はさらさらなく、修道女になることを嫌って1779年の秋に妹を連れて修道院を逃げ出した。手持ちの金はわずかしかなく、故郷まで歩いて戻ったという。かつて「お腹を空かせた小汚い女の子」だった姉妹の今の姿を見たら、隣近所の連中はあっと驚くに違いない。

だが、この帰郷は彼女が夢見た凱旋にはほど遠かった。隣人のなかにはジャンヌの正気を疑う者もおり、ジャンヌを家に住まわしていた女性もそのひとりで彼女のことを「悪魔」[9]と呼んでいた（ジャンヌは彼女の夫をも誘惑していたのだ）。その一方、その魅力の虜になる者もいた。ジャンヌは危険だが、すばらしい笑顔、輝く瞳、人を引きこむ力を持っていたのだ。教養はないが社会の動きを直感的に察知し、行く手を邪魔されないためにはルールを破ることも厭わなかった。ジャンヌに恋をしたジャック・ブニョという若い弁護士は「危険など意に介さず、[10]何事にも動じない勇敢な精神に感服した」と書いている。彼は「この町の臆病で堅苦しい女性たちとは驚くほど対照的」なジャンヌに強く惹かれていた。

ジャンヌはブニョに愛よりも弁護士としての援助を求め、彼がヴァロア家の財産を取り戻すのに役立つだろうと考えていた。愛を満たしてくれる男はほかで探し、24歳の頃にアントワーヌ・ド・ラ・モットという能なしの陸軍士官と出会う。やがて妊娠[11]が発覚し、ふたりは体裁を保つために急いで結婚することになった（ジャンヌは社会のルールを破ることを恐れなかったが、それは自分の利益になるときだけだ。未婚の母という立場は、上流社会に入りこむには不利になるだけだった）。ふたりは１７８０年６月６日の真夜中に結婚し、ラ・モット伯爵とラ・モット伯爵夫人と名乗るようになる。本物のラ・モット夫妻という貴族[12]がフランスのどこかに存在することは事実で、ジャンヌとアントワーヌとはまったく無関係だが、ふたりはその名前を拝借しようと考えたのだ。「成功するまではそのふりをすること」、これがジャンヌの信条だった。

さすがのジャンヌも妊娠と結婚の順番をごまかすことは不可能で、結婚式からわずか１カ月後に双子の男児を出産する。どちらもその数日後に亡くなってしまったが、彼女にはわが子の死を悼む暇もなかった。もともと夫妻はアントワーヌのおばの家に身を寄せていたが、ジャンヌが結婚前に妊娠したことに気づいたおばは外聞が悪いとこの新婚夫婦を追い出したのだ。[13]突然、ジャンヌとアントワーヌは金が必要な状況に陥った。それに、住まいと助けも。ちょっとした権力に頼っても損にはならないだろう。

１７８１年９月、ジャンヌはかつて世話になった侯爵夫人がある重要人物の屋敷に滞在しているという情報を聞きつけた。その人物、ルイ・ド・ロアン枢機卿はフランスでも有数の裕福で古い家柄の出身だ。ジャンヌは興味をそそられた。ロアンという人物はかなり利用しがいがありそうだ。白髪の50歳近い彼はハンサムで背が高く、湯水のように金を使う（フランス革命を目前にした１７８０年代には、これは民衆が嫌悪する行為だった）。広大な庭園を持つ屋敷は周囲の田園地帯のなかで輝く宝石のような存在で、ここで彼はイギリス産の雌馬を52頭所有していた。[14]

だが、彼の中身は外見と違って上品とは言えなかった。ある歴史家によれば「意志薄弱で虚栄心の強い彼は非常に騙されやすく、信仰心が篤いとはとても言えず、女にだらしなかった」と散々だ。多額の借金もあり、マリー・アントワネットにひどく嫌われていた。王妃に嫌われることは、上流社会においても枢機卿としても死刑宣告に等しい。ロアンは自分がいつまで経っても宰相になれないのは王妃に嫌われているという、その一点に尽きると信じていた。

そんなわけで、ロアンは王妃の好意を得ようと必死だった。一度は変装までして王妃主催のパーティーに潜りこんだが、うまくいかなかった。もうなり振りかまわずの心境だ。王妃の好意を得るためなら何でもする――そう、どんなことでも。

ジャンヌと出会ったときのロアンは、この唯一の欲望にとりつかれてそれを隠そうともしていなかった。そして、欲望は人を無防備にすることをジャンヌはよく知っていたのだ。欲望とは強固な鎧に走る小さなひび割れ、言い換えればチャンスだ。チャンスの小さな扉が「さあ、ここをお通りください」と招いている。

ふたりが関係を持ったかどうかは議論が分かれるところだが、ロアンがまんまとジャンヌの術中にはまったことは間違いない。彼女はロアンの前ではいつも一張羅のドレスを身に着け、香水の香りを部屋中に漂わせた。ロアンは彼女が与える魅力、からかい、媚びのすべてを堪能し、豪華な贈り物と夫の昇進をもってジャンヌに報いたのだ。ジャンヌはその圧倒的な魅力で、ロアンが正体を知らずに抱えこんでいたある詐欺師さえ騙すことに成功する。その男、アレッサンドロ・

ディ・カリオストロ伯爵はロアンの屋敷に住み、彼の人生の師として雇い入れられていた。カリオストロはオカルトに精通しているという評判で、降霊術と惚れ薬なるもので多くのパリっ子に人気だったが、彼が自分の同類を見分ける眼力を持ち合わせていなかったのはジャンヌにとって幸運だった。カリオストロは派手なトリックスターだが、詐欺の腕はジャンヌのほうが一枚上手だ。確かにカリオストロは「エジプトの霊薬」[18]を持ち出し、「鳩の儀式」だの「悪魔の石細工」などという大げさなたわごとを口にしたが、すべて「煙と鏡の商売」と呼ばれる詐欺であり、ときには実際に鏡と煙を利用して巧妙なトリックを生み出していた。一方、ジャンヌの手口はもっと本格的だ。彼女が利用するのは、人間の限りなく脆弱な心だった。

　自分の意のままにできる新たな権力者を得た今、世界はジャンヌのものになったも同然だ。夫妻はパリとヴェルサイユに家を借り、実際よりもずっと裕福なふりをするようになった。年金をはたいて贅沢なドレスを購入し、高価な銀の食器を揃えて客人を感嘆させる――そして翌日にはそれを質に入れるのだ。ゆっくりと、彼女はすべての富の中心、つまりフランス国王夫妻に忍び寄ろうとしていた。このふたりなら指一本で彼女の望みを叶えることができる。マリー・アントワネットは慈善事業に熱心なことで有名だ。落ちぶれたヴァロア家のことをすべて話せば、王妃は自分と家族にかつての輝きを取り戻してくれる。ジャンヌはそう信じていた。

　問題は、ヴェルサイユの貴族たちがみなジャンヌと同じ野望を抱いていたことだ。もし宮殿に向かって石を投げたら、王妃に謁見したくてうずうずしている貴族に当たることは間違いない。

マリー・アントワネットの気を引くためには[19]うんと工夫しなくては。ジャンヌはヴェルサイユ宮殿に出入りするようになり、数ある廊下のどこかで王妃に「偶然」出くわすことを期待した。また、貧しく飢えたヴァロア家の孤児の話が王妃の耳に届くようにと、いろんな貴婦人の前でドラマチックに失神してみせたりもした。だが、何をやってもうまくいかない。彼女が得たものは厄介者という評判だけだ。風変わりで、なぜだかしょっちゅう気を失っている、輝く目をした厄介者。

1784年の初めには夫妻は無一文同然になり、ジャンヌは新しい計画を考える必要に迫られていた。ヴェルサイユは人の噂が絶えない場所だ。これを利用しない手はない。そこで、彼女は自分がマリー・アントワネットの友人、いや「親友」だと吹聴し始める。アントワネット様は私の境遇に「個人的な」関心をお持ちです、とジャンヌは言った。ふたりは密会を重ね、互いの魂を解放し合ったのだと。

この出まかせを世間に信じさせるためにジャンヌが打った手は、マリー・アントワネットの私邸プチ・トリアノンの門番と知り合いになることだ。そして、夜遅くになると人目があるときを狙って門から忍び足で出て行くようにした。まるで、親友である王妃とホットチョコレートを飲みながら親密な語らいを楽しんだ後のように。その先はゴシップ好きに任せればいい。やがて、貴族たちはジャンヌとの面会を求め、親友のあなたから口利きして王妃の援助をとりつけてほしいと頼むようになっていった。ジャンヌは優雅にうなずき、手のひらに押しつけられた金を受け取って「何ができるか考えてみます」と約束する。まもなく、この噂を聞きつけたロアンは胸を躍らせた。普段から懇意にしているジャンヌが私の未来の親友となるべき王妃と仲がいいとは、なんと好都合な！　彼はもう一度チャンスを与えてくれるよう王妃に伝えてほしい、とジャンヌに頼みこんだ。

サメが血の匂いを嗅ぎつけるように、ジャンヌはロアンの必死さを1マイル先からでも嗅ぎつけることができた。彼女は「王妃様にお話ししてみます」と請け合い、後日、世界一素晴らしい知らせをロアンに伝える。マリー・アントワネットが和解に応じるというのだ。「王妃様はあなたからのお手紙をご所望です」

ロアン枢機卿と「王妃」がやり取りするようになった手紙は温かく、親しげで、少々性的なニュアンスを含むものだった（ロアンは王妃を「ご主人様」、自分を「奴隷」と呼んでいた[20]という説もある）。王妃の手紙はあるときは青い花で縁取られた便せんに、あるときは金の模様がついた便せんにしたためられ、ついでといった調子で「私たちをとりもってくれたお礼として、ジャンヌにちょっとした贈り物をしていただきたいのです」と頻繁に書かれていた。ロアンは喜んで王妃の言うとおりにした。やがて彼は実際に会いたいと熱望するようになったが、王妃の答えはいつも「時期が悪い」というものだった。今は、まだだめ。

この手紙を書いたのが実はマリー・アントワネットではなく、他人の筆跡を真似るのが上手い狡猾な兵士だと知ったら、ロアンは恥ずかしさのあまり命を絶ったかもしれない。ジャンヌは夫の古い軍隊仲間で、自分の愛人でもあるレトー・ド・ヴィレットと手を組んでいたのだ。文書偽造が得意なヴィレットはジャンヌが話すとおりに書き取り、派手な署名をした。実は彼の筆跡は王妃のものとは似ても似つかなかったが、のぼせ上がったロアンはまったく気がつかなかった。

しばらくの間は手紙だけで満足でも、「愛しい人、もう少し待って」という言葉で永遠にごまかし続けるのは無理な話だ。ロアンは王妃に直接会いたいと強く求め、ジャンヌは誰かを王妃に仕立て上げなければならなくなった。夫アントワーヌはニセモノの王妃にぴったりの娘を見つけるようジャンヌに言われて街じゅうを探し回り、やがてニコル・ルゲイという純朴で愛らしい娼婦を連れて戻ってくる。ジャンヌはニコルに自分は王妃の友人だと話し、ちょっとした報酬と引き換えに王妃からの頼みごとを引き受けてほしいと告げた。一方ロアンには、王妃様が真夜中にヴェルサイユ宮の庭園であなたに一輪の薔薇をお渡しになるそうです、と伝えた。なにもかもがエロティック極まりない。真夜中、秘密、花、そしてこれらが意味するものすべて——ロアンは天にも昇る気持ちだった。

そして訪れた運命の夜、ジャンヌは茂みに隠れて成り行きを見守っていた。軽い生地のゴール・ドレスを着たニコルは、緊張の面持ちで薔薇を握りしめて震えている。ゴールとは実際にマリー・アントワネットが好んで身に着け、王妃にふさわしくないと物議を醸した夏用のドレスのことだ。ロアンが庭園に足を踏み入れたとき辺りは暗く、その暗がりを進むと白いドレスを着た女性の輪郭がぼんやりと浮き上がった。王妃だ！　ロアンはその女性が自分に薔薇を差し出し、「過去は水に流します」と言うのを確かに聞いた。すべてはまばゆい光でぼやけ、そしてあまりにも早く終わってしまった。突然ジャンヌが現れて彼の肘を引っ張り、見つかる前に早く逃げましょうと言ったからだ。[21]

これぞ世紀のイリュージョン！　ニコルは暗がりだと本物の王妃に見え、幸せの絶頂にいるロアンは自分が所有する夏の屋敷の散歩道を「薔薇のプロムナード」と名づけた。そして、ジャンヌは？　もちろん、鼻高々だった。こんな大それたことをやってのけるとはなんという勇気、なんという大胆さだろう。カリオストロのように本職の詐欺師はキャンドルとスカーフで幻を作り出すが、その道のプロでもないジャンヌはフランス王妃を作り出したのだ。ロアンにとってジャンヌは強大な力を持つ存在であり、彼女はそれを利用した。「王妃」はお金を融通してほしいと手紙に書くようになり、その額はどんどん大きくなる。だが、ロアンは喜んでそれに応じた。ジャンヌはロアンからせしめた金で故郷の村に別荘を買い、いつも最高級のドレスを着て豪華なディナーパーティー[22]を開いた。私を見て！　やせっぽちで粗野で、いつも飢えていた少女時代を知る隣人たちにそう言っているかのようだ。私は特別だと言ったでしょう？

ヴェルサイユのゴシップ好きのおかげでジャンヌと王妃が親友だという噂は王室御用達の宝石商、ベーマーとバッサンジェの耳にも入り、ふたりは色めき立った。目が飛び出るほど高価な宝石を購入してほしいといくら自分たちが王妃に頼んでも無理だったが、親友だというこの女性ならできるかもしれない。ある日、ふたりはジャンヌ宅に首飾りを持ちこみ、この頭痛の種を売る手助けをしてほしいと頼みこんだ。

ジャンヌは世界一美しく、最も厄介なこの首飾りに目を凝らした。いろんな国から集められた完全な円形のダイヤモンド。布製の小さなリボンは、首飾りの重厚感を和らげようという涙ぐましい試みだろう。真ん中に据えられた巨大なティアドロップ型のダイヤモンドは、王妃の心のように華やかで謎めいている。侯爵夫人も、枢機卿も、詐欺師も、騙すのは簡単だった。今回は？　これは知能、勇気、ヴァロア家の血を懸けた挑戦だ。ジャンヌは力になるとベーマーらに約束した。

その直後から、「王妃」は手紙で「あなたを見込んでお願いがある」とロアンにほのめかすようになった。それは「個人的に関心を持っている『あるもの』の交渉事[23]で、あなた以外の誰にも打ち明けられない」のだという。「どうかくれぐれも他言なさいませんように。『あるもの』とは首飾りです。私が表立って購入することはできませんが、とても美しく、私のほっそりと長い首によく映えるのです。どうしても手に入れなければなりません。親愛なるロアン様、どうか仲介をお願いできないでしょうか？　もちろん御礼はいたします。そのうちに」

どういうわけか、ロアンはこの依頼を不審に思わなかった。本物のマリー・アントワネットが多額の負債を抱えていることは有名だったせいかもしれない。もっとも、ロアン自身も借金だらけで、首飾りの値段はとてつもなく高い。彼はベーマーを訪ねて値引きと支払い回数を交渉し、160万リーブルの4回払いで了承を取りつける。ベーマーは契約書を用意していなかった。何しろ取引相手はこの国の王妃なのだ。だが、ロアンは契約書が必要だと譲らない。そこでジャンヌは王妃に届けると言って契約書を預かり、下に「マリー・アントワネット・ド・フランス」[24]と署名を書き入れてロアンに戻した。これは詐欺としては初歩的なミスだった。本物の王妃の署名は「マリー・アントワネット」だけだ。ところが、みんな興奮していてそのことに気づかなかった。こうして、13年もの苦労の末、ようやく首飾りは売却された。

ロアンから首飾りを受け取ると、ジャンヌはできるだけ早く王妃に届けると約束する。だが、実際には夫とふたりきりになったとたんにナイフを取り出し、首飾りをばらばらにし始めた。それから数日間、ロアンもベーマーらも王妃が人前に現れるのをそわそわと待ち、その首に何もついていないのを見るたびにやきもきした。どうしてあの首飾りをつけていないのだろう？　せめて、自分たちに意味ありげな微笑みを向けてくれてもよさそうなものだ。ベーマーは、あの首飾りを「この世で最高の王妃様[25]に着けていただけるとは、この上ない幸せです」という甘ったるい手紙を王妃に送ったが、何の反応もなかった（マリー・アントワネットは手紙の意味がわからず、「あの男は私を困らせるために生まれてきたに違いない[26]。頭の中にはおかしな考えしか詰まっていないのでしょう」と侍女にこぼした）。ジャンヌは仕方なく「王妃様は代金を全額支払うまで首飾りをつけたくないそうです。特に、今この国は借金だらけなのですから」と言ってロアンや宝石商らをなだめた。そこで彼らは王妃が首飾りをつける日を待つことにし、ジャンヌは解体したダイヤモンドを詰めた袋を夫に持たせてロンドンにやった。

一方、人々はジャンヌが以前よりずっと裕福になったことに気づいていた。ドレス[27]も高級になり、空を飛ぶ機械仕掛けの鳥[28]などの贅沢品や、熱気球の形をした新しい馬車[29]を購入している（熱気球は当時の流行りで、ある新聞はこの風潮を「風船マニア」[30]と呼んだ）。事実、ジャンヌはフランスの大半の貴族が1年間に使うより多くの金額[31]を散財し、周囲には「競馬で大金を儲けた」と説明していた。だが、時間は刻々と過ぎていく。そのうちベーマーが初回の支払いを求めるか、ロアンがマリー・アントワネットに謁見して「首飾りの購入を手伝ったのに、飛びついて感謝してくれないのはどういうわけか」と尋ねるだろう。あるいはその両方が同時に起こるかもしれない。すべては時間の問題だ。ジャンヌにはよくわかっていた。

ジャンヌはいつものように、自分から仕掛けることにした。バッサンジェを訪ね、契約書にあるマリー・アントワネットの署名はニセモノだと重々しく告げたのだ。ロアンには敵がいて、誰かが首飾りを利用して彼を滅ぼそうとしている、と。つまり、この一件が詐欺だと明言したわけだ。もちろん、自分がその首謀者だということなどおくびにも出さずに。そして、ショックを受けているバッサンジェに、事を穏便に済ませるためにはロアンに「今すぐ」全額を支払ってもらうのが最善の策だと勧めた。

あまりに大胆なこの手口は、うまくいく可能性もあった。スキャンダルと屈辱を避けるために、ロアンはプライドを捨てて金を支払ったかもしれない。だが、ひとつだけ問題があった。噂話だ。ベーマーはマリー・アントワネットの侍女のひとりから、王妃は首飾りなど購入していないと聞きつけた。ロアンは本物の王妃の筆跡を見て、これまで送られてきた手紙の筆跡とまったく違うことに衝撃を受けた。そしてとうとう、不安に駆られたベーマーとバッサンジェは王妃のもとを訪れる。王妃様、本当に首飾りをご購入いただいたのでしょうか？

とんでもない、と王妃は答えた。この瞬間、ジャンヌの練りに練った策略に穴が開いた。空から熱気球が落下するように、すべては目まいがするほどの速さで萎んでいったのだ。


1785年8月17日、故郷近くの邸宅で豪華な晩餐会に出席していたジャンヌはロアンが王に謁見した直後に逮捕されたと聞かされる。「枢機卿は王妃のためにダイヤモンドの首飾りを購入するはずだったが、実際には買わなかった[32]という話です」とこの知らせを伝えた男は言った。実際にはこの取引がどれだけ複雑なものか、まだ誰も知らないようだ。晩餐会にはジャンヌの愛人である弁護士ブニョも出席しており、知らせを聞いたジャンヌの顔からみるみる血の気が引いていくのを見た。彼女はナプキンを落とし、[32]もう失礼しなければと告げた。そしてブニョに付き添われて屋敷に戻ると、すべての書類を燃やし始める。王妃の気を引こうと何年も空しい努力を重ねてきたのに、まさか今になってその願いが叶うとは。

翌朝ジャンヌは逮捕され、すでにロアンが投獄されているバスティーユ牢獄に連行される。ロアンは逮捕時に「私の屋敷に急ぎ、金や青の花の便せんに書かれた手紙をすべて燃やしてほしい」という書きつけを密かに友人に渡していた。まもなく、ニセモノの王妃を演じたニコルと署名を偽造したヴィレットもバスティーユに送られてきた。どんなときも攻めの姿勢を崩さないジャンヌが「首謀者は呪術師カリオストロとその妻」だと主張したため、このふたりも捕まっている。ただひとり逮捕を免れたのはジャンヌの夫アントワーヌだ。彼はまだイングランドにおり、647個のダイヤモンドを売りさばくという困難な仕事にかかりきりだった。

裁判は5カ月後に始まった。焦点は「真犯人は誰か？」ということだ。すべてはロアンが仕組んだのか？　王妃の評判を落として政治的利益を得ようとしたのだろうか？　それともフランス有数の名門の出である彼は「被害者」で、この大胆な計画の黒幕はかつて孤児だったあの女だろうか？　素性も知れない、美しい瞳の彼女がまさか……？

ニコルとヴィレットは夜の庭園での怪しげな密会について証言し、これはロアンが本物の王妃と文通していると信じこんでいたことを裏付けることになった。この証言を知った民衆たちは、「ロアンは確かに間抜けだが、少なくとも無実だ」と思うようになる。ジャンヌはあらゆる手を使って自分の主張を通そうとした。ニコルが証言したときには目配せして話を変えさせようとした。カリオストロが証言した際には彼の頭めがけて燭台を投げつけた。状況を好転させるためには笑い、ここは泣いた方が得策だと思えば涙を流し、自分はマリー・アントワネットの親友と名乗ったことは一度もないと言い切り、夫に売りに行かせたダイヤモンドはロアンから譲り受けた古い宝石だと説明した。彼女は看守の腕に噛みつき、裁判所に出廷するのを拒んで裸でベッドの下に隠れた。そして弁護士1000人分の勢いで自分の無罪を主張し、こんなとんでもない詐欺の疑いをかけられるとは、私はどれだけ頭のおかしい女だと思われているのでしょう、と泣き崩れた。

裁判所の外の人々は、自分が耳にしていることが信じられなかった。この事件はあまりにも低俗だ。そして、とてつもなく面白い！　お偉いロアン枢機卿や物欲の強いマリー・アントワネットが、こんな卑劣な計画に巻きこまれるとは。この計画の発端はダイヤモンドの首飾りだ。もはや裕福な女性の首元を飾る美しい装飾品ではなく、野心、欲、地位、セックス、破滅を匂わせる不吉な武器。裁判が進むにつれ、ジャンヌをモチーフにした手作りの商品が街に出回るようになった。そのなかには絵皿もあり、描かれているのは首飾りの絵やジャンヌがロアンとセックスしている絵、ジャンヌがヴィレットとセックスしている絵、ロアンが王妃とセックスしている絵だった。牢獄行きになったジャンヌは一文無しで、しょっちゅう看守たちの腕に噛みつくので忙しかったが、少なくとも少女の頃の夢をひとつ叶えることができた。今や、彼女の名は国じゅうに知れ渡ったのだ。

マリー・アントワネット自身はまったく無関係だったが、この事件はジャンヌが思う以上に王妃の評判を傷つけた。首飾りが行方不明になる前から評判がいいとは言えなかったが、今は地に堕ちて泥まみれになったも同然だ。人々は、ロアンは実際にヴェルサイユ庭園の茂みで王妃を口説き落としたに違いない、とか、彼女の薄いゴール・ドレスの奥に隠れているものに触れるために首飾りを買うと約束したのだろうと噂し始めた。卑猥な絵を描く風刺画家たちはせっせと仕事に励み、『王室の売春宿』[33]という小冊子にはマリー・アントワネットが恋人たちに「子どものうち何人かはロアンが父親」だと話している絵が載った。この事件における王妃の役割はすべてジャンヌのでっち上げだったにもかかわらず、フランス国民の多くは王妃がダイヤモンドに目がくらんだふしだらな女であり、王制に意味はなく倒すべきだと確信するようになっていく。[34]

マリー・アントワネットはロアンが釈放されたと知って涙が止まらなかった。彼女は友人のポリニャック公爵夫人に宛ててこんな手紙を書いている。「どうか来てください。私とともに泣き、慰めてほしいのです。たった今下された判決は恐るべき侮辱であり、私は悲しみと絶望の涙に暮れています」[35]。ロアンの釈放は、彼が茂みのなかで密会した「王妃」が本物だと信じていたとフランスの裁判所が認めたことを意味する。[36] 言い換えれば、王妃の評判はすでにひどいもので、誰もが「ふしだら」な女だと思っており、哀れなロアンの唯一の過ちはそれにまんまと乗ってしまったことだった。王妃は報復としてロアンを宮廷から追放したが、この判決によって受けた傷は決して癒えなかった。後年、王妃付きの侍女はこの事件を恐怖とともに振り返り、「このとき王妃様の幸福は終わりを告げた」[37]と回顧録に記している。

カリオストロと妻も釈放された。ニコルも証拠不十分で釈放、ヴィレットは国外追放となった。

法廷に現れなかったアントワーヌは、欠席裁判でガレー船終身徒刑という判決を受けた。だが、最も重い刑に処せられたのはジャンヌだ。野心に満ちて上流社会に突然現れたこの女こそ、「首飾り事件」として有名になりつつあった騒ぎの首謀者[38]だと認められた。ジャンヌの全財産は国王によって差し押さえられた。そして鞭打ちの刑に処され、さらに両肩にフランス語で泥棒（Voleuse）の頭文字であるV字の焼き印を押されることになる。もっとも、あまりにも暴れるため狙いが肩から外れ、熱い鉄の焼きごては胸に押しつけられた。その後、終身刑が言い渡された。

この仕打ちは自称「伯爵夫人」である彼女にはとうてい納得できなかった。無罪を言い渡され、黄金の馬車で上流社会に戻ることができると本気で考えていたのだろう。ジャンヌは自分に下された判決に恐怖を感じ、「ヴァロア家の血[39]を汚すつもり!?」とわめいた。だが、彼女が牢獄にいたのはそう長い期間ではなかった。1年もたたないうちに、ジャンヌのもとに脱獄を手伝うという匿名の申し出が届くようになったのだ。そして1787年6月22日[40]、31歳になろうとしていたジャンヌは男装して牢獄から逃げ出した。誰が脱獄を助けたのかはわかっていないが、おそらく王妃を憎んでいた者たちの仕業だろう。王政を嫌悪する者にとっては、自由になったジャンヌにはかなりの利用価値がある。この生意気な女は、牢獄の外に出たらいったい何を喋り出すだろう？

案の定、ジャンヌには言うべきことが山ほどあったようだ。それは王妃が嫌悪し、恐怖を覚えるにじゅうぶんな内容だった。ジャンヌはイギリスに亡命して夫と合流し、安全な場所から回想録を出版すると宣言したのだ。ヴェルサイユでは、この知らせに震え上がる者もいれば大喜びする者もいた。一度書き始めると、ジャンヌの勢いは止まらなかった。あまりに分量が多く、『フランス国民に宛てて――ヴァロア・ド・ラ・モット伯爵夫人の回想録出版はなぜこれほど遅れたのか』なる「回想録についての回想録」のようなものまでできたほどだ。このふたつの回想録は派手な強調体や奇をてらったイタリック体、そして自分の無実を訴える芝居がかった文章で埋めつくされていた。たとえばこんなふうに――「国民は今こそどちらの味方か、はっきりさせなければならない。フランス王妃か、それともその手によって打ち砕かれたちっぽけな女か[41]」

ジャンヌは「ちっぽけ」ではなかったが、無敵でもなかった。1791年8月、複数の男が当時34歳のジャンヌを訪れ、彼女は恐怖のあまり窓から飛び下りる。新聞によれば男たちは廷吏で、夫の賭博に絡んだ少額の借金の件で彼女を逮捕しに来たという。夫アントワーヌも後に回想録を出しているが、そのなかで「ジャンヌは自分を牢獄に連れ戻すために王妃が役人を差し向けたと思いこんだ[42]」と書いている。男たちの正体が何であれ、恐怖のあまり逃げ出して歩道に叩きつけられたジャンヌの太ももの骨は粉々になり、片腕は折れ、片目は地面に転がった。そして、そのまま帰らぬ人となる。2カ月後、地元紙は「『首飾り事件回想録』の著者である有名なド・ラ・モット伯爵夫人[43]が、廷吏から逃れようとしてアストリー乗馬学校近くの住まいの3階の窓から飛び降り、火曜日の夜11時に死亡した」と報じた。

この世に誕生したときと同じく、ジャンヌの死もまた悲しく、不名誉なものだったが、少なくとも新聞は結婚式の日に彼女が自称した肩書きを使った。「伯爵夫人」と。

ジャンヌの裁判から3年後、彼女が亡くなる2年前の1789年にフランス革命が勃発する。貴族が次々とギロチンにかけられるなか、ヨハン・ヴォルフガング・フォン・ゲーテやエドマンド・バークなどの学者はジャンヌの謀略を論理的に捉え、あのダイヤモンドの首飾りの一件が王政の崩壊に大きな影響を与えたと結論づけた[44]（マリー・アントワネットと同じく、ジャンヌの評価は時代によって変化した。革命後、学者たちは彼女の役割を軽視し始めたが、1980年代に再び注目され始める。ある歴史家は2003年にこの事件を「フランス革命の起爆剤[45]」と呼んだ）。かのナポレオン皇帝もジャンヌのことは知っていて、この国の混乱の少なくとも一端は彼女に責任があると考えていた。あるとき、首飾り事件をどう思うかと聞かれた皇帝は「王妃の死はこの事件から始まった[46]」と答えている。

あの首飾りに関わった者は誰も幸せになれなかった。ニセモノの王妃を演じたニコルは若くして他界し、ロアンは貧困のうちに死んだ。ヴィレットはイタリアに渡り、噂によればそこで別の罪によって絞首刑になったという。カリオストロはフリーメイソン［18世紀初頭にロンドンで創設された、国際的な博愛主義団体］運動の罪で捕らえられ、獄死した。アントワーヌは刑務所を出たり入ったりした挙句、1831年に惨めな死を遂げている。ベーマーとバッサンジェは生涯首飾りの報酬を得ることはなかった（完成から100年以上経った1890年代に、ようやくロアンの遺産から代金が支払われた）[47]。ジャンヌの死から2年後、マリー・アントワネットはわめき散らす民衆の間を汚れた荷車で進んでいた。彼女は軽蔑を露わにした男たちが居並ぶ法廷で尋問を受け、ジャンヌのことも問われた。王妃は「そんな女性は知りません。私はこの醜聞とは無関係です」と、これまで何度も繰り返してきた言葉を口にする。だが、国民にはどうでもよかった。王妃はそれまでも多くのダイヤモンドに囲まれていたじゃないか。1793年10月16日、ギロチンの刃があの有名な首筋めがけて落下した。

自分が計画した詐欺がどんな結果を迎えるか、ジャンヌが予測していたとは考えにくい。彼女はただ一族の名誉を回復したかっただけだが、結果として史上最大の、そして最も血なまぐさい陰謀のひとつに関わることになった。いや、彼女ならそれを知っても眉一つ動かさないかもしれない。自分には特別な運命が用意されている、とジャンヌは信じていた。だって、私はヴァロア家の血を引く女で、この人生はダイヤモンドの輝きを楽しむためにあるのだから。

2 キャシー・チャドウィック

本名：エリザベス・ビグリー[1]
通称：マダム・リディア・ド・ヴェール、フロリダ・G・ブライス、メアリー・D・レイリス、マクシー・デ・レイリス、リディア・ブラウン、リディア・シンガン、リディア・D・スコット、D・C・ベルフォード、バグリー夫人、スコット夫人、ウォレス夫人、アリス・M・ベステード　1907年

アメリカがまだ若く、西部でゴールドラッシュやオイルラッシュ、鉄道ラッシュの一攫千金を約束するパンフレットを持ったペテン師たちが大手を振って街を歩いていた頃、誰もがキャシー・チャドウィックという中年の地味な女詐欺師に密かな憧れを抱いていた。アメリカ人ではなかったがキャシー人気は高く、彼女の顔を貼りつけた20ドルの偽札[2]が出回ったほどだ。札には「エ・プルリブス・ウヌム」［「多数からひとつへ」を意味するラテン語で、アメリカの硬貨の多くに刻印されている］の代わりに「キャシーのモットー」が印刷された。つまり「お金が必要」。ある薬局では、これを飲めばキャシーのように平静さと自制心を備えた鉄の神経が手に入るとして「キャシー・チャド

ウィック神経強壮剤」[3]なるものが販売された。うまくはったりを利かせればどんな平凡な女でも人の記憶に残ることができる、キャシーはそれを証明した人物だ。彼女の並外れた精神を瓶に詰めて飲むことができるなら、ぜひそうしたいと誰もが思ったに違いない。

キャシー・チャドウィックは1857年、カナダのオンタリオのウッドストック近郊の小さな村で「エリザベス・ビグリー」として生まれた。6人兄弟で、両親は幼少期に読み書きを習うこともできないほど貧しかったという。キャシーは聴覚に問題があり、舌足らずで、何時間も宙を見つめ続けるという奇妙な癖があった。現金も、親から受け継ぐ財産も、将来への希望も特にない。だが、キャシーは彼女なりの一風変わった知性[4]と度胸を持ち合わせていた。外見は美人とは言えないが、何十年にもわたって語り継がれることになった人を惹きつける特徴があった。それは瞳だ。不思議な力を持っていて、じっと見つめられたら、特に男性は――しかも彼が銀行家なら――力が抜けたように足がすくんでしまうのだった。

幼い頃から、キャシー（当時は「ベティ」と呼ばれていた）は高級品が大好きだった。だが、父親には娘が憧れる洋服や宝石を買い与える余裕はなく、やがて彼女は「ほしければ自分で何とかするしかない」と思うようになる。この「お金が欲しい」という思いは、キャシーの性格の基礎となる信念、原動力、執着心になった。数十年後、世間に名が知られるようになったキャシーが死んだとき、実の姉は記者に短く語っている。「妹は子どもの頃から、手っ取り早く大金持ちになりたいと病的なまでに強く思っていました[5]」

富を得る方法のひとつは、遙か昔から人々がそうしてきたように、いつか報われることを願って長年必死に働くことだ。だが、もっと早く稼げる現代的なやり方もある。そしてキャシーは現代的な女性だった。21歳のときには床屋を訪れ、髪を短く切ってほしいと頼んでいる。当時の若い女性はまずこんな注文はしない。床屋は言うとおりキャシーの髪を切ったが、つけ髭はないかと聞かれるとさすがに面食らった。さらに、彼女が父親の金時計を取り出して質入れすると言い出したため、店主はこの奇妙な娘がいったい何を企んでいるのかと怖くなり、慌てて警察に連絡する。結局キャシーは迎えに来た父親に連れ戻され、「こっぴどく叱られる」[6]羽目になった。

だが、キャシーは懲りずに新たな計画に乗り出す。「おじの弁護士からの通知」なるものを偽造したのだ。亡くなったおじが多額の財産を彼女に遺したと知らせる通知の文面はいかにも本物らしく[7]、キャシーの両親でさえも騙されたほどだ。特に、大量に印刷した「ミス・ビグリー、1万5千ドルの相続人」と書かれた名刺は大きな効力を発揮した。キャシーは若くして重要なことを学んでいた——「本物そっくりの書類を用意できれば、半分勝ったも同じこと」

だが、カナダの小さな町は詐欺を働く理想的な場所とは言えなかった。噂や人の目がつきまとい、何をしてもすぐに気づかれる。やがて、キャシーはオルガンなどいくつかの品物を偽造小切手で買った罪で逮捕された。その後裁判にかけられたが、法廷で「常軌を逸した」女性を熱演し[8]、心神喪失を理由に釈放される。そして精神病院に入る代わりに、自宅で母親の保護下に置かれることになった。

間一髪で刑務所行きを免れたわけだが、こんなことはキャシーにとっては痛くも痒くもなかった。もっと大きな舞台が必要だ。人々が次の一攫千金の場所はどこかと躍起になっている国、遺産相続人という言葉に無関心ではいられない国、夢と詐欺の境界線が曖昧な、スリルに満ちた国が。そこでキャシーは荷物をまとめてアメリカに渡り、結婚してクリーブランドにいる姉アリスの家に身を寄せることにした。

やがて、アリスは自分が大きな過ちを犯したことに気づく。妹は、はっきり言えばトラブルメーカーだった。アリス一家が休暇に出発すると、キャシーは待ってましたとばかりに家具を抵当に入れた。「アリス・M・ベステード」と名乗り、この家のオットマンや衣装だんすの持ち主の振りをしたのだ。だが、これはすぐに義兄にばれて家を追い出され[9]、彼女は安宿を転々としながら他人の家具を質に入れるという詐欺を繰り返し、借金を重ねる生活がしばらく続いた。「本物の」アリスはそんな妹が心配になり、できる限り借金を肩代わりするようになる。「この頃、妹は精神的に危ういのではと思うようになりました[10]」とアリスは語っている。

家具を質に入れれば金が手に入るが、しょせんはケチな詐欺だ。オットマンを質草にしたところでいくらになる？　もっと大金を得るため、キャシーはクリーブランドに住む富豪たちに狙いをつけ、やがてウォレス・S・スプリングスティーンという医師と婚約する。本当かどうかも怪しい悩みをあれこれ語り[11]、その後で「かなりのお金」が近々入る予定だと打ち明けた。お涙頂戴を聞かせた後で大金が入ると仄めかして相手を安心させ、欲望を刺激する——結婚相手を捕まえるには完璧な戦術だ。ふたりは1883年の年末に結婚した。だが、そのわずか12日後にキャシーの嘘が発覚し、結婚生活は終わりを告げる。

このときも、キャシーはうまく立ち回った。町を出て「エリザベス・スプリングスティーン」(結婚時の名前)は死んだと友人たちに手紙で知らせ、やがて別の場所に現われたのだ。手っ取り早く大金持ちになるという野心を秘めて。

ペンシルベニア州エリーでは、キャシーは「重い病に冒されていて、医者にかかるお金がどうしても必要だ」と周囲に訴えていた。好きなときに歯茎から血を流す術も身につけていたという。[12]その方法を知る文献は残っていないが、針で歯茎を刺していたという説もある。とにかく、彼女は正気を失った吸血鬼のように口から血を垂らしてふらふらと歩き、「肺から出血している」[13]と説明した。そして同情した近隣住民が金を貸すと、それを持ってさっさと姿を消す。もちろん、彼女の肺も歯茎も健康そのものだ。また、ニューヨークのバッファローでは透視術を操る「ラ・ローズ」[14]と名乗り、自分の未来を知りたがる人々から金を巻き上げていた。やがてクリーブランドに戻った彼女は、怪しげな施設を作る。ある記者は後に「うさんくさい社交界とでもいった場所で、町の有力者と思われる男たちが出入りしていた」と書いている。

これは「売春宿」の婉曲表現だろうか? たぶんそうだろう。セックスに関するキャシーのエピソードとしては、信頼を得るために騙す相手と寝ていたのではないかという推測が何十年もの間囁かれてきた。彼女が男たちに不思議な影響力を持っていたことは事実で、当時は催眠術でも使っているのではないかという議論が真剣になされたほどだ。だが、彼女が詐欺に使う武器は衣装、なりすまし、偽りの生い立ち、演技であり、決して「安易な」手段は取らない。そして、セックスはかなり「安易な」手段だと言える。ただし、あの「うさんくさい場所」で何が行われていたにしろ、このビジネスによってキャシーが権力者たちと交流を持つようになり、その秘密を知り、彼らを嫌悪するようになったのは事実だ。先述の記者によれば、キャシーはこの頃「すべての男、そして彼らの弱さと虚栄心に強い軽蔑」を抱いていたという。騙す相手と寝たかどうかに関係なく、彼女は「自分の方が相手より頭がいいと思っていた」。それまでに犯してきた詐欺行為を経て「偉大な男など存在せず、ほとんどの男は間抜け[15]」だというシンプルで説得力のある教訓を得たわけだ。

　男と言えば、この頃彼女は何回か結婚している。そして、エミルという男児を産んだ（父親はクリーブランドの著名な政治家[16]という噂もある）。キャシーは30代前半になっており、オハイオ州トレドに居を構えて「マダム・リディア・ド・ヴェール」——占い、透視、催眠術、霊媒、なんでもござれ——として活動するようになる。マダム・ド・ヴェールは伝統的な占いのほかに、一風変わったサービスも提供していた。追加料金を払えば、株式市場のヒントを教えてくれるのだ。彼女の顧客は銀行員や医師など教養ある男たちだったが、彼らがこれまで得てきた知識もマダム・ド・ヴェールの魅惑的な瞳には敵わなかった。彼女が融資を頼むと彼らは喜んで金を出し、財産家の署名を偽造しても銀行家は疑いもしない。ほどなく、キャシーは偽造小切手で4万ドルもの大金を手に入れた。[17]

残念ながら、キャシーはこうした罪で再び裁判にかけられることになる。「自分はフロリダ・G・ブライス[18]という名で、本当に遺産相続の予定がある」と手の込んだ作り話でごまかそうとしたが、判事を納得させることはできなかった。最終的には偽造の罪で起訴され、9年の実刑判決を受けてオハイオ州の刑務所に服役することが決定する。彼女は模範囚で、男性受刑者の洋服を縫ったり占いをしたりして過ごし、刑務所長まで将来を占ってほしいとやって来た。キャシーは彼が何らかの取引で5000ドルを失い、その後ガンで死ぬと告げる。そして、この恐ろしい予言はふたつとも的中した。

受刑態度が良かったキャシーはわずか2年後に仮釈放され、刑務所はその当時の外見について詳細な記録を残している。[19]身長5フィート半（約167センチ）、耳にピアスの穴あり、広い額、アーチ型の狭い眉毛、大きく目立つ耳、鼻筋の通った標準サイズの鼻、小さく丸いあご、右肘に傷あり。この記録と顔写真は特に重要書類という扱いではなく、ファイルに入れて引き出しに無造作にしまわれた。だが、書類はときに予想もつかないほど重要な意味を持つことをキャシーは知っている。今後どこに行こうと、オハイオ州の刑務所には自分の身を脅かすかもしれないファイルが存在するのだ。

クリーブランドに戻ったキャシーは気ままな独身生活を送り、ここに落ち着こうと考えるようになった。ほどなく彼女は好みのタイプ、つまり裕福な善人で、魅惑的な瞳を持つ男と出会う。男やもめのリロイ・S・チャドウィック医師とキャシーの出会いについては、複数の説がある。クリーブランドの例の売春宿で出会ったという見方が有力だが、チャドウィックは「色仕掛けで迫られたのではない」とことあるごとに主張していた。彼の話によれば、足の不調を抱えていた自分にキャシーがマッサージを勧め、[20]そのアドバイスに従ったところ症状が軽くなった、そして気がつくとキャシーを好きになっていたという。真偽のほどはともかく、チャドウィック家はクリーブランドでも由緒ある家柄で、１８９６年にチャドウィック医師が突然花嫁を連れて現れたときには誰もがひどく驚いた。キャシーというこの女性はいったい何者だろう？　チャドウィックは彼女のどこに惹かれたのか？　年は40歳間近で、お世辞にも美人とは言えない。地元のゴシップ好きたちには彼女の魅力が理解できなかった。確かに印象深い瞳ではあるが――この点については、誰もが同意するところだった。

幼い頃に金持ちになることを夢見ていたとすれば、キャシーは正当な方法でその夢を叶えたことになる。チャドウィック医師は大金持ちで、キャシーがいくら散財しても気にもならないらしかった。結婚指輪をはめ、由緒ある家の名を名乗ることになったキャシーは、買い物に夢中になった。音楽室に置く巨大なパイプオルガン。客が座ると歌い出すひと揃いの金色の椅子。ルビーの飾りがついた銀の食器。エメラルド、アーミンの毛皮、手袋90組、ハンカチ１２００ドル分。普通の女性なら宝石をひとつ買うところを、キャシーはトレイごと購入する。[21] クリーブランドに店を構える人々は、キャシーが使用人を連れてやって来るのを見つけると胸が躍った。彼女は何連にも巻いた真珠の首飾りを着け、値段を尋ねることもなく商品を買い求めた。ある店主は後に「奥様は美しい置き時計に目がなかった[22]」と懐かしげに語っている。

キャシーは金遣いの荒さだけでなく、気前のよさも並外れていた。クリーブランドの上流社会に受け入れてもらえないなら、金にものを言わせて彼らの心に入りこむまでだ。彼女はグランドピアノを8台注文して友人8人に届けさせた。また、上流階級の娘12人をヨーロッパ旅行に誘い、その旅費をすべて負担したこともある。旅先では最高級の品々でもてなし、それぞれの小さな肖像画を刷った磁器を純金製の額縁に収めて贈ったりもしたという。また、この気前のよさは上流社会に入りこむという目的以外でも発揮され、自分付きのメイドには新しい洋服をひと揃い、コックにはアザラシの革のコートを買い与えた。さらには地元の肉屋の息子のためにオーダーメイドのスーツを注文している（後にキャシーが窮地に陥ったとき、彼女を慕う使用人たちは最後までそばを離れなかった）。町の孤児院には子ども全員分のおもちゃを、貧しい家庭には驚くほど多くのプレゼントと食べ物を贈った。貧しい生活を知る彼女は、世界中の金色の椅子を買おうと昔を忘れることはなかったのだ。ある記者はこう書いている。「どんな貧乏人も、彼女に追い払われることはなかった[23]」

彼女の買い物ぶりは、まるで何かに追い立てられるかのように度を超していた。使い道がないものや、必要ないものまで大量に買い漁るのだ。あるときは「オールド・マスター」〔18世紀以前に創作活動を行ったヨーロッパの巨匠〕の絵画を買ったものの一度も飾らなかったし、スタインウェイのピアノも倉庫にしまったままだった。息を止めていた人がようやく呼吸できるようになって酸素をむさぼる――キャシーの買い物はそんなことを思わせた。あるクリスマス・イブ、夫はキャシーに誘われて出かけ、家に戻ってあっと驚いた。部屋にあったものが丸ごと変わっていたからだ。絨毯も、家具も、絵画も、小さな骨董品も、すべて新しく高級なものになっていた。「クリスマスプレゼントよ」[24]とキャシーは言い、さらに毛皮の裏地がついた1100ドルもするコートを夫に手渡した。また、車で国内を旅行し、立ち寄る先々で車を売っては新しい車に買い換えたこともある。そのほうが楽しいから。ただそれだけの理由で。

「妹は欲しいものをすべて手に入れました」[25]とアリスは語る。だが、キャシーはまだ満足していなかった。

大金持ちの妻として何不自由なく暮らしながら、キャシーは銀行家たちを騙し続けた。もちろん生活が苦しいからではない。とにかくお金が欲しい、ただそれだけだ。彼女はパリの高級ドレスを着て、地元の銀行に飛びこんでは金持ちの愚かな妻を演じた。夫の小切手帳を考えなしに使ってしまったので気づかれないうちに貸付けをお願いしたい、と決まり悪げに泣いてみせる。そして、この秘密を守ってくださる代わりにお礼はじゅうぶんさせていただきます、と伝えるのだ。銀行家の信用を得るため、彼女は本物そっくりの書類の束を広げて見せた。資産が本物であることを証明する有力者の添え書き、何百万ドルもの財産の相続人であることを示す書類、債券の数々。書類の束を目の前にした銀行家は圧倒され、少々ぼうっとした頭で「ひとつ確かなことがある」と考える。それは、このような書類の持ち主なら間違いなく貸付金を返済できるだろう、ということだ。

実際には添え書きは偽造だったし[26]、相続する遺産はなく、債券の大半も上下に本物を挟んだニセモノだった。だが、キャシーの話を聞いた銀行家はみんな同じ判断をする。まず、彼女は確かにお金を「持っていそう」だ。そして、彼女の申し出を受ければ銀行は簡単に利益を上げることができるだろう。キャシーが上流階級の人間だという思いこみが彼らの不安の半分を消し去り、残り半分は欲に押し流された。

キャシーはしばらくこの方法で借金を繰り返しては贅沢を楽しんでいたが、1902年、45歳のときに大勝負に出ようと決める。もっともっと欲しい。お金も、そして自分の腕を試す場も。そこで彼女は新しい経歴を考えた。ピアノを1台どころか8台買わなければ気が済まないほど強欲な彼女にふさわしく、世界有数の富豪アンドリュー・カーネギーの娘だと名乗ることにしたのだ。

アンドリュー・カーネギーとキャシー・チャドウィックは、ある意味似ている。ふたりともアメリカに渡ってきた貧しい移民で、最終的に富を手にした。カーネギーは鉄鋼で財を成したスコットランド出身の起業家で、この1年前に会社を売却して財産を増やしたばかりだった。彼の名前には偽造書類1000枚分の価値がある。しかも資産はすべて本物だ。アンドリュー・カーネギーの娘の申し出を断る銀行家はアメリカにはいない、キャシーはそう確信していた。

問題はアンドリュー・カーネギーの娘はひとりだけで、しかもまだ5歳だということだった。キャシーがカーネギー家の人間だということがなぜこれまで知られていなかったのか、もっともらしい理由を考え出さなければならない。そして、それをカーネギー本人には知られないようにうまく広めてから「仕事」に取りかかるのだ。かなりの難問だが、きっとうまくいくに違いない。キャシーはクリーブランドの有名な弁護士を訪れ、あの吸いこまれるような瞳をぱちぱちさせながら、自分はカーネギーの隠し子で1100万ドルの信託財産を譲り受けたと「口を滑らした」。さらに、その弁護士とともにニューヨークのカーネギー家を訪れ、弁護士を馬車で待たせて「父親」に会うために屋敷に入っていった。

当然ながら、弁護士は自分の家のように屋敷に入っていくキャシーを興味津々で眺めていた。30分後、彼女は書類の束を手に戻ってくる。数千万ドルの価値を持つ、カーネギーの署名入り約束手形2枚も含まれていた。弁護士は唖然とする。「この女性がカーネギー家の人間だという話は本当だ」。この書類がすべて偽造で、キャシーが屋敷に入るときにはすでに隠し持っていたことなど彼にわかるはずもない。そして、彼女は玄関ホールで家政婦と世間話をしただけで、アンドリュー・カーネギーには会っていないことも。彼がわかっているのは、自分の目で見たことだけだ。そして、キャシーが長年信じている通り、真実よりも遙かに大事なのは「見せ方」だった。歯茎から血が出ていれば病気に見えるし、パリ製のドレスを着ていれば裕福に見える。そして、アンドリュー・カーネギーの娘だと言って屋敷から堂々と出て来れば本当の娘に見えるのだ。

キャシーの予想通りこの一連の出来事に興奮した弁護士は、とても黙っていることなどできなかった。それからまもなく、クリーブランド中の有力者はキャシーがあの鉄鋼王の隠し子だと知ることになる。このスキャンダルが真実かどうか、カーネギー本人に確かめる者は当然いない。キャシーの嘘がばれる心配はなかった。それどころか、この話を聞いた多くの男はキャシーへの庇護欲をかき立てられたという。公にはその存在を認められていない、気の毒な金持ちの娘。ひとりの銀行家が敢然とこう語った。「彼女が打ち明けてくれた出生の秘密を守ることこそ、私の義務だと思いました[27]」

この高潔で純朴な銀行家の名はイリ・レイノルズ。ある日キャシーは彼の銀行の貸金庫に預けたいものがあると持ちかけ、わざわざその中身まで見せた。「アンドリュー・カーネギー」の署名入りの証書や手形の束で、彼女に何百万ドルもの価値があることを示すものだ。レイノルズが見守るなかキャシーは書類を封筒に入れ、蝋で封をし、貸金庫に入れ、封筒の中身をすべて記したリストをレイノルズに手渡した。

その日の午後、レイノルズのもとに慌てた様子のキャシーから電話が入った。自分用のリストを作るのをすっかり忘れてしまって！　お手数ですが、そちらにあるリストの写しをお送りいただけませんか？　レイノルズは快く応じ、銀行の公式用紙にキャシーの資産リストを書き写し、署名した。こうしてキャシーはいともやすやすと、自分が何百万ドルもの資産の持ち主だという証明書を手に入れたのだ。銀行の公式用紙に書かれ、本物の銀行家の署名まであるニセモノの資産リスト。これを見せれば、アメリカのどの銀行でも多額の融資を受けることができる。この書面はまさに究極の「公式」書類だ。少なくとも、用紙だけは「公式」に間違いない。カーネギーの資産はでっち上げだが、キャシーはそれを見事に「本物」に仕立て上げた。彼女が持つ最大の資産、つまり「度胸」を使って。

だが、この計画の最大の欠点は、永遠に騙し続けることはできないということだった。銀行家Aはいずれ融資の返済を求めるだろうから、その穴埋めに今度は銀行家Bを騙す必要がある。そして銀行家Bから返済を催促されたら今度は銀行家Cに話を持ちかけなくてはならない。キャシーはこうした巧妙なごまかしはお手の物だったが、銀行家のひとりが精神を病むようになり、事態は悪化し始める。

その銀行家はチャールズ・T・ベックウィズという優しい老人で、オバーリン市民銀行の頭取だった。彼はキャシーをまったく疑わなかった。この国で、彼女がアンドリュー・カーネギーの娘であることをあれほど信じ切っている人物はいなかっただろう。ベックウィズは気が遠くなるほど莫大な融資を行ったが、月日が経っても返済の気配すらない。彼の素晴らしい友人、キャシーはいつも返済ができない言い訳を並べ立てた。以前散財してしまったので、父は信託資金を使うことを許してくれないのです、と泣きながら訴えることもあれば、ただわめき散らすこともあった。ある日、ベックウィズは失神して彼女の足元に倒れこんだ。やがて気がつくと「このままでは自殺するしかない」と嘆いたが、キャシーは尖った声で「自殺しても何も解決しません」[28]と言うだけだった。

キャシーは金を借りた銀行家たちに文句を言わせないようあらゆる手を使ったが、その大半は自分がいかに裕福かを見せつけることだった。ときには苛立つ銀行家を豪華な馬車で迎えにやって自分の豪邸に招き、彼女が本当の資産家だということを再認識させた。疑念を抱いている弁護士をホテルの部屋に呼ぶこともあった。部屋のあちこちに宝飾品がさりげなく置かれていて、どの弁護士も「この女性は確かにカーネギー一族にふさわしい財産の持ち主だ」と安堵の表情を浮かべる。不安を払拭できない実業家のためにはパーティーを開き、着飾らせた使用人たちを地元のお金持ちの奥方だと紹介した。ほろ酔い気分で屋敷を後にした実業家たちは、地元とこれほど強いつながりを持つ彼女が詐欺などするはずがない、と上機嫌でつぶやく。いきり立って文句を言ってきた被害者もいたが、キャシーは俳優を雇ってアンドリュー・カーネギーの代理人に仕立て上げ、彼を納得させた。

もっとも、キャシーはいつかすべての犯行が発覚することを想定していたようだ。もしもの場合を考え、すべてが露見したときには身柄を引き渡される心配のないベルギーに逃亡する計画を立てていた。実際、キャシーは逃亡寸前だった。１９０４年には夫をベルギーの首都ブリュッセルに向かわせ、自分も国外に逃げる準備を整えていたのだ。

だが、詐欺をやめるタイミングがわからなかった。手袋は1組ではなく90組必要だし、美しい宝石もひとつではなくトレイごと買わなければ気が済まない。最後に、彼女はもう一度詐欺をやることにした。ベルギーに渡る前に、ピッツバーグの実業家ふたりから50万ドルを騙し取ろうとしたのだ。だが、ついに山ほどいる犠牲者のひとりが行動を起こす。それは意外にもベックウィズではなく、ハーバート・B・ニュートンという実業家だった。彼は腹に据えかね、19万ドルの返済を求めて1904年11月22日にキャシーを訴えたのだ。

この訴訟は複数の新聞で取り上げられ、キャシーに騙されていた人々は身も凍る思いで記事を読んだ。ある新聞にはこう書かれていた。クリーブランドの街はようやく「目覚めた[29]」と。

キャシーと関わりのあった男たちはパニックに陥っていた。いったい何が起こったのか？　真珠の首飾りを着けたあの女はいったい誰だ？　そして、なぜ自分はこんなに頭がくらくらしているのだろう？

ブリュッセルで妻の逮捕の記事を見たチャドウィック医師は、「これはひどい、まったく、なんということだ[30]」と言った。

「彼女はものを買うことに執着し、多くの人に苦痛をもたらした[31]」と哀れなチャールズ・T・ベックウィズは言った。

「あの瞳で見つめられると、決まって頭がぼうっとなった」[32]と保安官は言った。そして、アンドリュー・カーネギーは「この女を見たこともないし、手形のことなど何も知らない」[33]と断言した。

キャシー・チャドウィックの事件が記事になるやいなや、国中がその真相に注目し始めた。ハーバート・B・ニュートンと彼の弁護士はキャシーの過去を調べ始め、非常に興味深いことを発見する。チャドウィック夫人は、1890年代初めにオハイオ州の刑務所に数年間服役していた「マダム・リディア・ド・ヴェール」なる詐欺師にそっくりだ。キャシーはその噂を憤然と否定したが——たいした度胸だ！——マダム・ド・ヴェールの顔写真と彼女の公式写真が似ていることは無視しがたい事実だ。さらに、刑務所のファイルには、マダム・ヴェールの詳細な記載があった。身長5フィート半、耳にピアスの穴あり、広い額、アーチ型の狭い眉毛——

クリーブランドの上流社会は大騒ぎになった。これはきっと何かの間違いだ。金色の椅子を買う余裕があるキャシー・チャドウィックと立派な医師の夫は、詐欺師だったのだろうか？　グランドピアノを贈り、孤児に施しを与え、若い娘12人をヨーロッパに連れて行き、その費用をすべて負担したあのキャシーが？　もし彼女が本当に詐欺師だというなら、いったい誰を信じればいい？　隣人？　夫？　地元の銀行？　キャシーの詐欺の全容が明らかになるにつれ不安になった地元の人々は銀行に押し寄せ、14の銀行の頭取は「反恐慌声明」[34]を出してクリーブランドの金融インフラを崩壊から守らなければならなかった。気の毒なベックウィズは銀行が閉鎖されたショックで寝こんでしまい、街では実業家たちが「彼女からいくら巻き上げられた?」[34]と尋ね合うようになった。

この騒ぎに、キャシーは本物のレディのように立ち向かった。落ち着いた、だがうっすらと怒りを滲ませた態度で振る舞い、わざと町の有力者たちの目につくようにアンドリュー・カーネギーの弁護士の事務所を訪れた。その様子は、くだらない噂を正すためにふと思い立って足を運んだように見えた(実際には、彼女は弁護士には会っていない。6階まで駆け上がり、窓から這い出て隣のビルの屋上に飛び移って逃げたのだ)。新聞の報道は日に日に過熱し、そのなかには彼女が自殺したという記事もあったが、キャシーは冷静に声明を出した。「自殺などしていないしするつもりもないと、正しく報道してください」[35]。彼女に迷惑を被っていない人々はこの騒動を面白がり、彼女に好意すら持った。ある新聞は、アンドリュー・カーネギーは慈善活動を止めてキャシーに勲章を贈ったらどうかという記事を書いた。その「度胸」[36]を称える勲章を。

だが、キャシーにとっては不運なことに、その度胸ですらこの窮地を逃れる役には立たなかった。1904年12月7日、ニューヨークで逮捕。彼女は最後の瞬間まで、自分が作り上げた人物像を崩さなかった。連邦保安官が踏みこんだとき、キャシーはベッドに横たわっていた[37]。楚々とした風情で白いレースの部屋着に身を包み、ふたつの枕にもたれかかるその姿はまさに無垢を絵に描いたようだったという。

逮捕後キャシーはクリーブランドに連れ戻され、郡刑務所に収容されて裁判を待つ身となる。キットというカナダの大胆不敵な記者が刑務所に潜入してインタビューを試みたところ、キャシーは事件について話すことは拒否したが、金については自ら進んで話した。キットはこう書いている。「なぜ、この女性の頭にはお金のことしかないのだろうか」。だが、彼女が最も注目したのはやはりキャシーの「瞳」で、記事でも触れずにはいられなかった。キットの文章にはキャシーの瞳についての描写が頻繁に登場し、その瞳を見ると吸い寄せられ、目を逸らすことができなかったと書かれている。

「私はうっとりと誘うようなその瞳を見つめた。[38] 率直に言うが、彼女の瞳はとてつもなく美しく、驚くほど柔らかく、ときに探るような視線を、ときに強い魅力を放った。この表現が適切かどうかわからないが、あの大きな茶色の瞳に潜む不思議な力こそが、見る者に催眠術をかけるのだ。騙されやすい人間なら、キャシー・L・チャドウィックの瞳が時おり放つ魅力に影響されることは想像に難くない」。こうしてインタビューを終えたキットは、たとえ犯罪者にせよ彼女には特異な才能があることを確信し、キャシーの額の形を「発明家、音楽家、投資家」の額の形と比べて論じた。

発明家、音楽家、投資家としての才能があったかどうかはともかくとして、キャシーは刑務所や法廷で不当な扱いを受ける金持ちの女を演じ続けた。逮捕時、彼女は高飛車な声明を出していた。「いつか、私が意図的に悪者にされ、迫害されていたことが[39]明らかになるでしょう。この数週間に味わった多くの出来事を思い返すと、自分がまだ正気を保っていることが不思議なくらいです」。彼女は法廷でときどき気絶してみせた。まるで、この状況は彼女の繊細で無垢な精神ではとうてい耐えることができないと言うかのように。また、右腕が痙攣して動かないと訴えることもあったが、その日のうちに何事もなかったかのように[40]右腕を振り回していたという。

やがて、アンドリュー・カーネギーが出廷する日が来た。キャシーはさぞかし気まずかっただろう。カーネギーは一部の人が予想したほど怒りもせず、彼女を告発するつもりはない、この詐欺事件は自分の信用度の高さを証明しただけだと記者に語った（「ただの紙切れに私の署名をするだけで誰かが200万ドルもの金を手にすると知ったら、嬉しくならないかね？[41]」と、彼は笑った）。結局のところ、カーネギーはキャシーに1ドルも盗まれてはいない。だが、ほかの被害者は大金を失っており、笑うどころではなかった。被害を訴え出たのは12人だが、キャシーの被害者はもっといて、カナダの田舎町から来た無学な女に騙されたことを恥じて名乗り出ないだけだと多くの人が考えていた。ある記者は、「（キャシーは）間違いなくそれを見越し、期待していた」と書いている。「彼女が騙し取った総額は永遠にわからないままだろう[42]」。そして、その大金がどうなったのかも闇の中だ。ベルギーに100万ドルを隠し持っているという噂も流れたし、グランドピアノや金色の椅子などに使い果たしたという説もあった[43]。

1905年3月11日、キャシーは銀行を騙してアメリカ合衆国に詐取行為をした陰謀の罪[44]で有罪となった。彼女は椅子に沈みこんですすり泣き、やがて立ち上がって息子と保安官補とともに法廷を出ながら「釈放して！」と叫んだ。「お願いだから！ 私は無実よ、ええ、そうですとも！釈放を求めます！」[45]。そして裁判官が近くを通るのと同時に再び気を失った。「本物らしさ」を追求する彼女のやり方は、いつもながらお見事というほかない。

キャシーの判決は、以前に下されたものと同じだった。ずっと前に入っていたオハイオ州の刑務所で再び10年の服役。本人は塀の中だが、その顔は全米の新聞の一面を飾っていた。記者はこぞって彼女を「金融界の魔女」[46]、「詐欺師の女王」[47]と呼び、ある新聞は「世界で最も話題になっている女性」[48]と呼んだ。男性に影響を及ぼす彼女の不思議な力に注目する記事もあり、カナダのある新聞には「教育も美貌もないチャドウィック夫人、男を骨抜きに」[49]という見出しが躍った。また、別の新聞は彼女の「不思議な力」[50]と「驚くほど騙されやすい銀行家」を記事にした。

一方、キャシーの同業者たちは彼女に畏敬の念を抱いた。以前からいかがわしい取引が横行していたニューヨークでは「キャシー」は女詐欺師の代名詞となり、彼女たちは憧れの女王と同じように華やかなドレスや高級スーツの力を利用した。ある新聞の記事だ。「高価な服は詐欺師の商売道具。[51]ブロードウェイのホテルのロビーにたむろする、着飾った『キャシー』たちを見たら、ソロモン［栄華を極めたことで知られる古代イスラエル王国第3代の王］でも羨やむに違いない」。クリーブランドでは、ある薬屋が「キャシー・チャドウィック神経強壮剤」を販売し、ワシントンD.C.では詐欺師たちがキャシーの顔を印刷した偽の20ドル札で何も知らない観光客を騙した。この偽札は市場にかなり大量に出回り、偽札調査官が「取り締まり」[52]に乗り出すことになったほどだ。

だが、塀の中のキャシーの暮らしはもはや人が羨むものではなかった。真珠の首飾りも、豪華な時計も、宝石をあちこちに置いたホテルの部屋もない。代わりに彼女はボタン穴をかがり縫いし、ときどき病気のふりをした。そのため服役から3年目に具合が悪いと訴えたときも周囲はまともに取り合わなかったが、このときばかりはキャシーの訴えは本物だった。健康状態が悪化すると、彼女はカトリックの洗礼を受けたいと言って刑務所の職員らを驚かせた。これまで金や高価な品々にしか興味がなかったキャシーの言葉とは思えない。ある新聞は「チャドウィック夫人、初めて宗教に関心を示す」[53]と報じた。刑務所の医師は、彼女の病気はこってりした食べ物を好んだせいだと語った。[54]この嗜好は、彼女が生涯抱き続けた「富」への強い欲望の名残りだったのかもしれない。

1907年10月10日、キャシーは孤独のなか息を引き取る。息子と姉妹のうちふたりが呼び寄せられたが間に合わず、看取ることはできなかった。享年60。皮肉なことに、刑務所の医師は「神経衰弱症」という今では古めかしく聞こえる病気が死因だと断定した。[56]遺体はカナダの故郷に戻り、姉妹ふたりがずっと昔に家出した風変わりな妹を迎え入れた。彼女たちは長い間疎遠になっていた「かわいいベティ」を守ろうとするかのように、その姿を人目から遠ざけようとした。多くの人がキャシーの有名な瞳を見たがったが、その目が開くときはもう永遠に来ない。

キャシーが捕まってからしばらくの間、女詐欺師や一部の男の詐欺師までが「キャシー」あるいは「キャシー・チャドウィック」と呼ばれるようになった。新聞の見出しには「中国人のキャシー・チャドウィック」[57]、「ルーマニア人のキャシー・チャドウィック」[58]、「ロシア人のキャシー・チャドウィック」[59]、「イタリア人のキャシー・チャドウィック」[60]、「ドイツ人のキャシー・チャドウィック」[61]、「チャドウィック夫人の優秀な弟子」[62]などの言葉が躍った。そして、後の投資家や慈善家がアンドリュー・カーネギーと比較されたように、ケチな詐欺師たちはキャシー・チャドウィックという偉大な亡霊と比べられた。だが、彼女ほど有名になった詐欺師はひとりもいない。アメリカでは一時期彼女が詐欺師の元祖と見なされ、その後に登場した同業者はどうしても面白みに欠ける存在に映った。

キャシーを理解しようとするとき、メディアは彼女の平凡な生い立ちと並外れた犯罪手口とのギャップに悩まされることになる。「特別な才能も学もなく、若さという魅力が時の経過とともに消えていく年代の女性が、どうして銀行家や冷徹なビジネスマンから何十万ドルもの金を見返りなしで手に入れることができたのか[63]」と、ある記者は疑問を投げかけている。キャシーは不可能を可能にし、何もないところから金を生み出した。「彼女は融資を受ける際に、担保にできる有形財産を相手に提示したことがなかった」と別の記者は書いた。「彼女の証券は、ほとんどの場合実際には存在しないものだった[64]」。そして、存在しない証券が現れることはなかった。被害者の多くは貸付金を回収できず、彼女の夫でさえ結局は破産している。[65]

おそらく、彼女の驚異的な力は実際に会わなければぴんとこないだろう。新聞の経済面で彼女に関する記事を読んだり、一面に印刷された、さほど美しくもない写真を見たりしただけでは、「なぜこんな騒ぎになったのだろう？」と不思議に思うかもしれない。キャシーがどうやってあれだけのことをやってのけたのか理解するためにはその場に居合わせ、あの引きこまれるような瞳を見つめ、あのとんでもない度胸に触れるしかない。実際にキャシーと関わった多くの人は、その影響力から生涯逃れられなかった。チャールズ・T・ベックウィズが銀行の倒産によって健康を害し、死の床についてからもキャシーはアンドリュー・カーネギーの本当の娘だと言い続けた[66]ように。あるいは、キャシーを刑務所でインタビューしたカナダの記者、キットのように。「この女性の脳と魂には膨大な生命力が眠っている」と彼女は書いた。「しかるべき訓練や高い教育を受けていたら、きっと素晴らしい人物になっただろう」。そして、その文章のすぐ後でキットは前言を翻している。おそらく、あの瞳を思い出したに違いない。偉大な人物になっていただろう？　いや、とキットは結論づけた。「彼女は素晴らしかった。たとえ、それが『悪人として』だったとしても[67]」

3　ワン・ティー（王媞）

1981年〜

2008年、中国。[1] ふたりのオリンピック体操選手が海南《かいなん》島で結婚式を挙げる。その祝宴はふたりの若さ、富、そしてしなやかで彫刻のような身体が際立つよう綿密に計算されていた。花嫁は熱気球[2]で式場に到着し、地上めがけてケーブルを投げる。新郎は道具を使わず、自分の力だけでケーブルをよじ登っていく。つり輪や跳馬、平行棒で鍛えた自分の力だけで。やがて地上に降り立ったふたりは、式の最中に新婦の胸、ウエスト、ヒップのサイズの見事さについて冗談を言い合い、新婦は新郎に「結婚したらBMWのミニクーパーを買ってくれる？」と色っぽく尋ねる。金。美。ブランド品。その後、新婦は約450万ドルもする本物の金の繊維で作られたドレスに着替えた。その夜遅くには、ふたりは一泊4千ドル以上もするスイートルームで誰にも邪魔されずに過ごすことになっている。

だが、まずはシャンパンと花火でお祝いだ。すべてが夢のような世界。招待客は重要人物や金持ち、美男美女、またはそのすべてを兼ね備えた人々ばかり――ただひとりを除いては。彼女はこの会場から何百マイルも離れたところで生まれた、労働者階級の出身だ。だが、そんなことは誰も知らない。みんな、彼女を自分と同じ階級に属する人間だと思っている。たとえ疑いを持っているとしても、そんなことを口にする者はいなかった。知らぬが花だ。さあ、シャンパンをこっちに回して。

中国の遼寧《りょうねい》省南端にある港町、大連《だいれん》に住むワン・ティーはごく普通の少女だった。父親は便利屋、母親は銀行員だ。

ワン・ティーは大連ではごく普通の人間だ。いや、「世界中で」と言ってもいい。普通の家庭に生まれた、普通の人たち。だが、そうでない人々、つまり幸運な人たちもいる。国のためにメダルを獲得し、その見返りに名声と黄金のドレスと熱気球を手に入れたアスリートたち。この国の一般女性の100倍もの金を家に持ち帰る、完璧な美貌の女優たち。なかでも中国で最も幸運なのは「太子党《たいしとう》」、つまり何に関しても優遇を受ける中国共産党の高級幹部の子弟だろう。彼らは特権階級で「赤い貴族」と呼ばれ、驚くほどの富と無限の権力を持ち、悪いことはしない。少なくとも、父親のコネで揉み消せないほどの悪事は。太子党はワン・ティーのような普通の人々にとってはとても手の届かない、雲の上の存在だった。

ワン・ティーは若い頃にプロのサッカー選手、ワン・シェン（王盛）と結婚し、子ども時代よりもずっと華やかな生活を送るようになる。大連実徳《だいれんじっとく》足球《そっきゅう》倶楽部《くらぶ》というチームに属していたワン・シェンには毎年支給される多額のボーナスを含めるとかなりの収入があり、[3]妻であるワン・ティーもその恩恵に浴することになる。彼女が典型的なサッカー選手の妻になるのにそう時間はかからなかった。高級車とブランドもののハンドバッグを買い、新居は高級住宅地だ。ワン・ティーは着飾ることと、見せびらかすことに長けていた。同じチームの妻たちで「ミセス・グループ」を作り、[4]全員が金持ちだったが、なかでもワン・ティーは最もファッショナブルな存在としてひときわ目立っていた。

ふたりは女の子に恵まれるが、2008年には夫婦仲がぎくしゃくし始める。当時ワン・シェンはあまり試合に出ていなかった。移籍したばかりで、そのチームが法的な問題を抱えていたからだ。[5]だが、おそらくはチームよりも夫婦の問題の方が深刻だった。ワン・ティーは夫が与えてくれるものでは満足できず、もっと、もっとと望んでいたのだ。関係は悪化し、やがてワン・ティーは家を出て故郷を離れる。そして危険とロマンスとときめき、さらには金さえあれば買い放題のブランド品が待つ首都へと飛び出したのだ。

北京にはふたつの顔がある。ひとつは交通渋滞、石炭火力発電所、スプロール現象［都市の急速な発展とともに、市街地が無計画に郊外に広がる現象］によってスモッグが充満し、玄関を一歩出たら危険が待ち受けている都市（2015年に市長が「北京は住みやすい都市ではない」[6]と宣言している）。もうひとつは野心的な若い女性を惹きつけるきらびやかな都会。金があれば何でも――きれいな空気でさえ買うことのできる夢の国だ（２０１４年には、市内一の進学私立学校が生徒の肺を守るために校舎を囲む巨大なドームを建設していた）[7]。ワン・ティーが北京にやって来た頃はスモッグがひどく、太陽が見えないこともあった[8]。もっとも、このときの北京には太陽など必要なかったかもしれない。最も強い光に満ちたイベント、２００８年夏季オリンピックが開催された直後だったのだから。

アスリートが大好きな女性にとって、オリンピックに沸く北京は天国だったに違いない。この祭典には、夏季オリンピック史上最高額の[9]68億ドルが費やされた。開会式ではワイヤーで吊るされたかつての体操選手が空中を走って聖火を点火し、気象を変更させる技術を用いて「人工消雨作戦[10]」を実施するなど、過剰とも思える近未来的な演出が行われた。競技が始まっても中国は世界を驚かせ続け、どの国よりも多くの金メダルを獲得する。そして、すべての競技が終わった後も多くの選手が北京に残って疲労回復に努め――そして浮かれ騒いだ。

ワン・ティーは都会の一等地に家を借り、上流社会に潜りこむ準備を整えた。夫とはうまくいっていないが、プロのスポーツ選手の妻という立場は役に立つ。10月、彼女は夫の代理で結婚式に出席した。招待客は星のように輝く有名人ばかり[11]、まさにワン・ティーの好みの人々だ。周囲にいるのは強く、賑やかで、ハンサムなオリンピック選手たち。なかでも、披露宴で隣の席になった男性は特に魅力的だった。

彼はシャオ・チンという名のセクシーな体操選手で、中国にふたつの金メダルをもたらして成功に酔いしれていた。得意種目はあん馬で、「あん馬の神様」[12]と呼ばれている。今回の勝利は彼にとって特別だった。2004年のオリンピックでは金メダルを期待されていたものの予選でつまずき、チャンスを逃していたからだ。北京でようやく金メダルを獲得した彼は、「これで休みが取れる！」[13]と叫んだという。

そして、ワン・ティーは休暇中のシャオ・チンと出会い、好意を持った。彼を見ていると、スモッグのない日の太陽を見ているような気分になる。もし太陽が彫刻のような上腕二頭筋と惚れ惚れする高い頬骨を持っていたら、きっとシャオ・チンの姿になるだろう。彼もワン・ティーを見て、彼女を気に入った。結婚披露宴で美しい女性の隣に座り、成功に酔いしれ（1、2杯のシャンパンにも酔ったかもしれない）、隣の女性の熱い視線を不快に思う男がいるだろうか？　この時期、シャオ・チンは幸福の絶頂だった。祖国に愛され、世界中の女性から憧れの目を向けられている。彼はワン・ティーに電話番号を聞いた。

3日後、友人とカラオケを楽しんでいたワン・ティーにシャオ・チンが会いに来る。ふたりはお喋りをし、いちゃつき、彼はテーブルの下でワン・ティーの手を握ろうとした。彼女は後に、「ふたりとも少し酔っていたし[14]、彼はハンサムだと思ったので抵抗しませんでした」と語っている。ワン・ティーは夫とうまくいっていないと話し、シャオ・チンは親身になって耳を傾けた。彼女はあん馬の神様が住む世界を垣間見て目がくらむ思いだった。特に、夜お開きになって彼を迎えに来たのが装甲車だったときには目を見張ったものだ。それからはふたりでよく会うようになり、あるとき彼はワン・ティーをBMWの販売店に連れて行った。どの色が好きかと聞かれてワン・ティーが赤だと答えると、彼は「じゃあ、あの赤いBMWはきみのものだ[15]」と事もなげに言った。大連にいるあの退屈なサッカー選手とは全然違う、とワン・ティーは確信した。親しくなって損はない。そこで、彼女は家に帰ると大変身することにした。

オリンピックの金メダリストを射止めるには、裕福な上流階級の人間に見える必要がある。そのためにはブランド品が必要だ。考え抜いた経歴も。ブランド品の方は簡単だ。「ミセス・グループ」の一員として過ごした時期に、華やかに装うことの大切さはじゅうぶん学んできた。ワン・ティーはシャオ・チンに会うときは必ず高価なハンドバッグを持ち、高級腕時計を着け、洗練されたアウディ・TT[16]を運転した。車は中国全土に共通する重要なステータスシンボルだ。中国では1980年代前半まで、大半の国民にとって自動車を持つことなど夢のまた夢だった[17]。特にアウディは人気の車種で、巷では「女がディオールを愛するように、男はアウディを愛する[18]」という言葉があったほどだ。ワン・ティーは、ディオールやアウディというブランドが持つ力をよく知っていた。どちらも多くの罪を覆い隠し、多くの疑問を遠ざけてくれる。

問題は経歴だった。ワン・ティーは、車やハンドバッグの代金を別居中の夫の仕送り[19]で賄っている。夫は彼女が別の男を狙っていることなど知りもしない。彼の小切手のおかげである程度華やかな生活を維持できているが、金の出所を堂々と口にするのはばつが悪い。「ああ、これ？ たいしたことないわ。別居中の夫のお金で買ったのよ」。シャオ・チンや彼の友人たちともっと親しくなるためには、「大連に住むサッカー選手の別居中の妻」ではだめだ。本当の重要人物にならなければ。

彼女は巧妙に、そして細心の注意を払って「自分には秘密がある」と新しい友人たちに打ち明けるようになった。親にまつわる秘密。私の父親は政治家リー・チャンチュン（李長春）、中国で最も強大な力を持つ中国共産党中央政治局常務委員会のメンバーだとワン・ティーは言った。そして母親は遼寧省の副省長ルー・シンで、ふたりは愛人関係にあると。このふたりを両親に持つことは特別な存在、太子党に属することを意味していた。

太子党の面々は影響力を持ち、傲慢で、甘やかされ、手がつけられないという評判だった。革命に参加した世代を父親に持つ彼らは高級車に乗り、モデルとデートし、謎めいたオフショア企業[20]［海外の税金回避地に設立された会社］に財産を隠している。まるでケネディやトランプのように、世界は彼らの思いのままだ。たとえば、太子党のひとりがフェラーリで事故を起こして死亡し、同乗していた半裸のモデルふたりが重傷を負うという事件が起きたとき、彼の父親は事件の隠蔽を画策[21]してメディアを黙らせ、モデルたちの家族に大金を渡した。これが、死んでもなお発揮される太子党の力だ。父親が杖をひと振りすれば、過去の悪しき記録はすべて消え去る。

ワン・ティーは、自分がその太子党の一員だと宣言した。かなり危ない橋だが、愛人うんぬんの話がうまくセーフティネットになった。地位の高いふたりの政治家に、恥をかかせることなくことの真偽を確かめるなど無理な話だ。リー・チャンチュンにのこのこ会いに行き、「隠し子がいるのですか?」と尋ねる者がいるだろうか? 「とてもデリケートな問題ですからね」[22]と、後にワン・ティーの友人は語った。

ブランド品と偽の経歴は功を奏し、ワン・ティーと「あん馬の神様」が深い仲になって同棲に至るまでに時間はかからなかった。ふたりの交際のニュースは北京のスポーツ界を駆け巡り、この新しいカップルは北京オリンピックの有名選手たちと親交を深めていく。飛び込みの選手団と食事に行き、体操選手のヤン・ユン(楊雲)とヤン・ウェイ(楊威)とは親友になった。このふたりは2008年に婚約し、華やかな装いで『コスモポリタン・チャイナ』の誌面を飾っていた。ワン・ティーはヤン・ユン選手とすぐに打ち解け、花嫁が熱気球で式場に現れるという例の結婚式のプランも一緒に考えている。友情の証として、ワン・ティーはこの新しい友人にBMWをプレゼントした。[23] 派手なやり口だ。彼女はヤン・ユンを取り巻く上流階級の友人たちのなかで、自分の地位を確固たるものにしようとしていた。

新しい友人たちはみんな自分より裕福だが、ワン・ティーは優越感を持っていた。「ミセス・グループ」に戻ったような気分だ。特別な努力は必要なく、気がつけばトップに立っていたのだ。「アスリートたちの服装は趣味がいいとは言えませんでした」[24]と彼女は後に言った。「偽ブランドを着ている人もいたくらいです」。一方、アスリート仲間はワン・ティーを洗練された上流階級の人間だと思いこんでいた。そのうちのひとりは「驚くほどの美人ではなく、[25]服装も特に目立つものではありませんでしたが、とても高価なものだと一目でわかりました」と語っている。「いつも電話でビジネスや大きな土地取引について話していたので、私の日常生活とはかけ離れた、とても高い地位の人だと思っていたんです」。彼女はときどきベントレーのオープンカーで現れ、仲間を感嘆させた。最近知り合いになったというある人物は、ワン・ティーがいつも最新の携帯電話[26]を持っていたと語った。

オープンカーと電話での会話はワン・ティーの裕福さを印象づけ、新しい友人たちはそれが本当かどうか確かめようともしなかった。なんと言っても、太子党と親しくなりたいと思わない人などいるわけがない。わざわざ話の綻びを追及する必要があるだろうか？　彼らの高尚な世界では、他人の懐具合を深く詮索することに意味はないのだ。太子党の人はみんな若く、金持ちで、美しい、それだけで十分だ。だから、誰もがワン・ティーの話にうなずき、彼女を信じた。

関係が深まるにつれ、ワン・ティーは「あん馬の神様」にはとんでもなく金のかかる趣味があることを知る。シャオ・チンは車好きだった。そのため、彼女はベンツC200とアウディを彼にプレゼントしている。また、現金払いを好む彼のために、マンションには常に現金の入った大きな袋をふたつ置いていた。シャオ・チンは徹底的に甘やかされ、欲しいものが手に入らないとかんしゃくを起こした。そして、きみが買ってくれないなら「別の」恋人に買ってもらう[27]、と駄々をこねる。「もしきみが買ってくれるなら、それはきみのほうがいい恋人だってことだ」とシャオ・チンは言った。「家族にも、僕らの関係を認めてもらいやすくなる」

ワン・ティーにとって、高級品を欲しがるシャオ・チンの物欲は大問題だった。あまりの浪費ぶりに大連にいる夫が使い道を問いただし、彼女は「友人たちにプレゼントを買った」と答えた。もちろん、そのなかに同棲中の新しい恋人のプレゼント代が含まれているとは口が裂けても言えない。そのうち、ワン・ティーは新しい金ヅルを見つけなければならないと悟った。急がなくては。シャオ・チンに新しい車をねだられる前に。

ワン・ティーの周囲にいるのは、相変わらず途方もない金持ちばかりだ。やがて友人のヤン・ユンは体操選手の婚約者と結婚したが、その結婚式は豪華すぎてマスコミの批判を浴びた[28]。式場を一歩出れば飢えた人々がいるというのに、会場内にはケーキ、シャンパン、花火、本物の金で作られたドレスがある。ワン・ティーにとって、この結婚式に――しかも花嫁の親友として出席するのはおとぎの国に足を踏み入れたような気分だったに違いない。彼女の友人たちが吸う空気は、文字通りこの国の大多数の人々が吸う空気よりもきれいなのだ。中国の心臓部にあたる富裕層のエネルギーを身近に感じることができた今、どうしてそのすべてを諦めることができるだろう?

ある日、ワン・ティーは結婚生活を始めたばかりのこの友人に「この近くの『とても周辺環境がいい』場所に手頃なマンションが売りに出ている」と何気なく告げた。そして、自分なら実際より少し安い価格で購入できるよう交渉できる、とつけ足したのだ。ヤン・ユンはマンションを見て、これは良い投資になると考え――少なくともそのときは――部屋の鍵と引き換えにワン・ティーに多額の現金を託した。ただ、今すぐ入居することはできないの、とワン・ティーは言った。「こういう物件の売買には普通より時間がかかるものよ。事務的な手続きだったり、物件の引き渡しに手間取ったり、そんなちょっとしたこと。何も心配する必要はないわ」。都合のいいことに、ヤン・ユンは彼女の説明を真に受けた。取引はスムーズにいき、その後間もなくヤン・ユンはワン・ティーを通してふたつ目の物件を購入、さらには3つ目も買うことにする。

これがワン・ティーの新しい金儲けの手段だった。とんでもなく単純な方法。太子党のコネで高級車や不動産が格安で手に入ると友人に言いふらし、その車や不動産を「売る」だけだ。実際には車も不動産も彼女の所有物ではなく、ただ借りているに過ぎない。友人たちはワン・ティーに金を払い、彼女は裏で本当の所有者に賃貸料を払い続けていたのだ。

もちろん、ひやりとする場面もあった。被害者のひとりが「ワン・ティー」の物件が他人名義で登録されている[29]ことに気づいたのだ。だが、ワン・ティーは信頼を取り戻す方法を心得ていた。政府高官たちの名前を出し、ルイ・ヴィトンを見せびらかし、自分が「あん馬の神様」の恋人だと思い出させることで、みんなを安心させたのだ。家を購入したばかりで神経質になっている友人たちにとって、シャオ・チンのハンサムな顔は弁護士お墨付きの不動産譲渡1000件と同じ価値があった。ワン・ティーにとってブランドは彼女を守る鎧だ。そして、シャオ・チンは最高のブランドだった。

この頃、ワン・ティーは贅沢を楽しみながらも不安を抱えていた。著名な友人たちからの金が入ると、彼女は同じく著名な恋人が欲しがるものを何でも買い与え、彼がクレジットカードで借りた多額の金の返済も手助けした。[30] 彼を喜ばせるためなら何でもする。高級車の代理店を開きたいと言えば、その夢を叶えるために資金を提供した。だが、常に嘘をつき続ける生活はワン・ティーを苦しめた。何が現実なのかわからなくなるときもある。このマンションは自分のものなのか、そうでないのか。今一緒にいるのは「あん馬の神様」か、それともサッカー選手の夫だろうか？　私は何でも屋の娘か、それともこの国で有数の権力を持つ政治家の私生児なのか？

嘘をつき、買い物をし、不動産を次々と借りていたワン・ティーだが、彼女はひとりでこうした詐欺を働いていたわけではない。チュー・シュワンシュワン（朱双双）という共犯者がいた。彼女は詐欺の標的候補となる有名人の名刺でいっぱいのローロデックス［卓上回転式の名刺ホルダー］を持つエージェントだ。もともとチュー・シュワンシュワンは2009年末にワン・ティーから物件を購入しており、その後詐欺に気づいたが警察には通報せず、逆に多くの有名人をワン・ティーに紹介するようになった。そうして商談が成立するたびに仲介料を手にしていたのだ。[31] 被害者はスポーツ選手だけでなく、女優のワン・リークン（王麗坤）など多くの有名人にも広がっていった。

そんなとき、突然ワン・ティーの人生に新たな緊急事態が発生する。妊娠だ。父親はシャオ・チンだった（少なくとも、彼女は妊娠していると主張した。現在、この赤ん坊の記録はどこを探しても見つからない）。

厳密には、彼女はまだ夫と離婚していなかった（2011年にようやく成立する）。この妊娠によって、彼女の人生は新たな局面を迎えることになった。そして、シャオ・チンはほかの恋人がいると言いながらも彼女との結婚を考えていた。[32] 今さら本当の素性を明かすわけにはいかない。もう遅すぎる。

2009年中盤、ヤン・ユンはワン・ティーから購入した新居に住む目処が立たないことにうんざりしていた。豪華な新居に早く引っ越したいのに、いつまでたっても実現しない。返金を求められたワン・ティーは、別のマンションを「母親の持ちもの」だと言ってヤン・ユンに住まわせることで何とか返金を先延ばしにした。だが、2010年3月にヤン・ユンの忍耐は限界に達し、引っ越しを決意する。ワン・ティーに連絡が取れなかったため不動産屋に電話したところ、不動産屋はこのマンションの「本当のオーナー」に電話をかけた。ヤン・ユンの前に現れてオーナーだと自己紹介をしたのは、初めて見る男性だった。[33] ひとつだけ確かなこと、それはこの人物がワン・ティーではないということだ。

ヤン・ユンがこの嘘のような出来事を周囲に話したことで、ワン・ティーが行った数々の詐欺が一気に露呈し始める。5月20日、彼女の自宅に数人の被害者が押しかけて返金を要求した。彼らは24時間彼女を軟禁し、飲食もさせなかった。ワン・ティーは自分が妊娠7カ月だと告げて慈悲を乞い、何とか解放されると車やブランドもののバッグ、そして両親の財産の一部まで売って被害者のひとりに返金する。だが、その頃にはさらに多くが自分も騙されていたと気づき、返金を要求するようになっていた。気づいたときには、ワン・ティーは果てしない借金の連鎖と怒り心頭の有名人たちに直面していた。彼女は「警察を呼んでください」と懇願したが、彼らはこれを拒否した。警察や裁判はまっぴら。とにかく今すぐ金を返せ、というわけだ。

問題は、金はもうどこにもないということだ。ワン・ティーが巻き上げた大金のほとんどはすでに使い果たされていた。洋服や車、プレゼントの支払いが800万元［約1億6000万円］。シャオ・チンのために使った金額が1200万元［約2億4000万円］——その大半は車の代理店開設の費用ということだったが、それが実現することはなかった。[34] 被害者全員に返金する見込みはとてもない。お先真っ暗となったワン・ティーは自殺も考えたが、[35] 結局は友人たちに返金するために不動産を借りては「売りに出す」という詐欺を続け、新たな被害者を次々と増やしていった。もはや詐欺の目的は新しい洋服を買うためではない。怒りに燃える被害者をなだめるために、疲れ果てながらも詐欺のための詐欺を余儀なくされていたのだ。まるで自分の尻尾を食べる蛇のように。

ついに警察が自宅に来たとき、彼女は安堵した。

7年後、カリフォルニアでアンナ・ソローキンというぼさぼさ髪のロシア人詐欺師が逮捕された。彼女はドイツ人の裕福な相続人アンナ・デルヴェイと名乗り、ブランドものの洋服を着てニューヨークを闊歩し、高級レストランで食事をし、芸術財団を設立するつもりだと話したが、すべて真っ赤な嘘だった。グッチやイヴ・サンローランなどの高級ブランド品や気前のいいプレゼント（従業員への100ドルのチップ、友人への高価な食事）、そして自信に満ち溢れた態度に誰もが騙された。彼女は上流階級の「一目置かれる存在」になりたいと願う労働者階級の「平凡な娘」だった。スモッグに覆われたマンハッタンの真ん中で特別な空気を吸いたかったのだ。

彼女とワン・ティーには驚くほど共通点が多い。平凡な生い立ち、派手な性格、ブランドがただの洋服ではなく自分を守る鎧だと思っていたこと。だが、アメリカのメディアがソローキン事件をこぞって取り上げ、「アメリカはアンナ・デルヴェイを忘れることができるか？[36]」などという大げさな見出しをつけて詳細を報道したときの風潮は、アメリカンドリームの失敗例という典型的な決めつけが多かった。多くの記事はデルヴェイ事件を取り上げることで「詐欺はアメリカ特有の現象であり、アメリカは特別だという例外主義や個性重視に固執してきたことの副産物」だと論じた。「2008年に始まった大不況から2016年の嘆かわしい大統領選までのある時点で[37]、詐欺行為はアメリカの日常に共通の認識になったようだ」と『ニューヨーカー』誌は書いた。『ニューヨーク・タイムズ・マガジン』誌はある記事で「昔ながらの詐欺[38]」は「アメリカの創意工夫」を意味すると書き、また別の記事では詐欺師を「アメリカ特有の社会精神[39]」の持ち主と呼んでいる。

確かに、アメリカで起こった詐欺には長い歴史がある。だが、アメリカのメディアが詐欺を「この国の専売特許」のように報道するのは独善的ではないだろうか。ルイ・ヴィトンを着たワン・ティーと、グッチのベルトを締めたアンナ・ソローキンの違いは何なのだろう？　ふたりとも利口で野心的な女性で、嘘をつかなければ足を踏み入れることすらできない上流社会に潜りこんだ。どちらも高価なハンドバッグが持つ力を知っていたが、彼女たちの本当の強みは、有名ブランド品に詳しいということ以上のものだ。ふたりは裕福な人々の中に潜む弱点に気づいていた。貪欲さ、浅はかさ、自らを「特別な存在」だと主張する人物を敢えて疑おうとしない気質。そしてもちろん、彼女たちはそれを悪用したために逮捕された（どちらかといえば、詐欺師としてはワン・ティーの方が一枚上手《うわて》だ。彼女はソローキンの30倍もの金を稼ぎ、刑期はより長いものだった）。

このふたりの女性を、各国のメタファーとして捉えることはできるだろう。アメリカンドリームを叶えるために犯罪に走ったアンナ・ソローキンと、外車や太子党に執着する中国が産み出した女詐欺師ワン・ティー。だが、突き詰めれば、どちらもその国特有の欲望というわけではなく、ふたりはすべての人間に共通する欲望の代弁者だった。彼女たちは人間をあからさまに映し出す鏡だ。立身出世や大物たちに一目置かれることを願い、「特別な存在」に見られたいと必死になる一般の人々を映す鏡。裕福な振りをし、ブランド品の鎧を身にまとっていたワン・ティーとアンナ・ソローキンは確かに法律を犯した。だが、同時に国境を超えた普遍的な強い衝動に従っただけとも言える。

ワン・ティーは故郷である大連で逮捕された。結局被害者のひとりが警察に相談し、2011年3月に警察は彼女のもとに向かったのだ（共犯者のチュー・シュワンシュワンはその1カ月後に逮捕された）。裁判で被害額が明らかになると、誰もが息を呑んだ。総額6千万元［約12億円］、そのほとんどは27人の超有名人から騙し取った金だ。

当初、ワン・ティーは法廷で記者たちに手を振るなど明るく振る舞い、その後ろでチュー・シュワンシュワンは絶望の涙を流していた。だが、いざ自分が証言する段になるとワン・ティーも同じように泣き出した。この1年はずっとしたかったこと、つまり自分を見つめ直すという作業をしてきました、と彼女は言った。その結果、結論は「ない」という結論に達したという。自分の行動をどう説明すればいいかわからない。彼女の犯罪は新しい恋人に喜んでもらいたいという具体的な目的から始まったが、やがてそれは彼女のコントロールを超えたものになってしまった。何もかもが光と嘘が渦巻く世界だ。神経をすり減らす、終わりのない渦が。

「自分を恥じています」とワン・ティーは言った。「自分がしてしまったことをどう説明すればいいか思いつきません。何年もの間、私は自分で作り出した空想の世界に生きてきました。何度も何度も嘘をつくと、それは真実になるのです。そのうち、何が真実で何が嘘なのかわからなくなりました」。ワン・ティーは空想の世界を現実にしたわけだが、それは満ち足りた世界にはほど遠かった。「この数年、私は毎日誰かに嘘をつく生活を送り、とても疲れてしまいました。こうして捕まってからは、本当のことを話すことができて嬉しいです。もう嘘をつく必要はないのですから[40]」

なぜこのようなことをしたのか、と検事に再度問われ、ワン・ティーは言葉に詰まった。首謀者は自分なのに、どうやってあれだけの詐欺を働くことができたのかうまく話すことができない。彼女は、人間の騙されやすさ、社会的地位にたいする弱さ、スモッグから逃れたいという切実な願望に戸惑っているように見えた。検察官が「なぜ有名人たちはあなたを信じたのでしょう」と問うと、ワン・ティーはうつむいて「わかりません」と答えた[41]。

実を言えば、ワン・ティー以外の詐欺師に騙された中国のアスリートも何人もいた。当時は中国全体でアスリートを狙った詐欺が多発していたのだ。彼らは幼い頃から社会と隔絶された環境で訓練を受けてきたため、騙されやすいのだと考えられた（たとえばシャオ・チンは5歳で訓練を始めている）。彼らの多くは外の世界の仕組みを知らずに大人になった。成功して裕福にはなったが、世間知らずだ。ワン・ティーの被害者のひとりは裁判が終わった直後に報道陣の取材に応じ、失った金が自分にとっていかに特別なものだったか語っている。「オリンピックで勝って稼いだ金だった」と彼は悲しげに言った。「金を稼ぐのは大変なことだ[42]」

2013年11月20日、ワン・ティーは終身刑を言い渡され[43]、私有財産はすべて没収された。チュー・シュワンシュワンは詐欺に加担した罪と、2010年初めに引き起こしたふたりが死亡する大事故[44]の罪で8年の刑が確定した。最終的にはどちらも模範囚ということで刑期は短縮されている。チュー・シュワンシュワンは2018年に出所し、ワン・ティーは現在の予定では2035

年11月11日に出所することになっている。[45]

シャオ・チンは出廷して証言を求められていたが姿を見せず、そのまま「あん馬の神様」は人前から完全に消えてしまった。上流社会の友人たちに拒絶され、通っていた地元の大学も退学した。裁判から4年後にネット上に彼の写真が出回り、前より太ったと揶揄され、「体重増加とともに転落した人生」という見出しが躍った。現在、彼はアルバイトで生計を立てている。[46]ブランド品はすべて売り払われ、輝きは失われ、夢の世界は消え失せたのだ。

未来を見通した女

Key Item

ベットシーツ……2枚
黄色い部屋……ひとつ
呪文……多数
金貨……188万4630ドル相当
金髪のウィッグ……ひとつ
死者からのメッセージ……たくさん
クレオパトラの泡風呂の素……ひとつ
密結社の文言を勝手に真似した誓約書……1枚
ベンガルトラ……1頭
恐ろしい予言……3つ
yahoo.comの電子メールアドレス……ひとつ
蘭の花に似た気持ちの悪いもの……ひとつ
「人生は苦痛か?」で始まる広告……ひとつ

4 女霊媒師たち

1848年〜現代

1848年のある春の夜、フォックス姉妹は退屈しのぎに母親をからかおうと思い立った。浅はかで想像力豊かな11歳のケイトと14歳のマギーが住んでいるのはニューヨーク州北部の小さな町で、楽しみを見つけるには想像力を駆使するしかなかったのだ。その夜、ふたりは紐をつけたリンゴを床に落とし、あちこち転がしてみた。リンゴは何とも奇妙な音を立てた。体が何かにぶつかるような音。真夜中になると響くようになった不思議な音は、母親を悩ませ始める。「母は愚かな人でした」[1]とマギーは数十年後に語っている。「そして思いこみが激しかったのです。言い換えればとても純朴で、こういう類いのことを信じていました」

この不思議な音は何だろう? 母親がますます気味悪がるようになると姉妹は楽しくなり、新しい方法を考え出した。ベッドの柱を叩いて、それから自分の関節を大きく鳴らすとまるで壁の中で音がしているように聞こえるのだ。姉妹は色白で一見か弱く、いかにも異世界の仲間を呼び寄せそうな浮世離れした少女たちだった。新しい音が聞こえるたびに母親の確信は強まっていく。この家には「この世のものではない」何かが潜んでいるに違いない。

マギーとケイトは、この謎に包まれた存在と交流できると話して母親を信じこませた。ふたりが質問をすると、霊は一定の回数ラップ音を立ててイエスかノーを答えるのだ。また、少女たちがアルファベットを読み上げ、霊がラップ音を立てた箇所の文字をつなぎ合わせて文章を作ることもあった。その様子を見ようとフォックス家に詰めかけた近隣住民は、霊が自分たちのことを知っているようだとわかって驚がくする。さらに驚くことに、霊は自分が誰なのかを明かしたのだ。名はチャールズといい、行商人をしていたと霊は言った。何年も前にこの町に住む男に殺され、まさにこの地下室に埋められたのだ。勇敢な男たちが事実かどうか確かめるために地下室に向かい、ぞっとした面持ちで戻ってきた。シャベルで掘ったところ本当に骨の欠片や毛髪が見つかったのだ。こうして、人々は姉妹をすっかり信じた。

40年後、フォックス姉妹は秘密を明かす。当時彼女たちは期せずして何百万人もの信者[2]を持つ霊能者となって死者と交信しているように装っていたが、彼女たちを休ませてくれないのは生きている人々だった。「私たちは無邪気な子どもでした」[3]とマギーは言った。「何もわかっていなかったのです。そして、大人になると今度はいろんなことを知りすぎてしまいました」。信者たちから何十年にもわたって大量のシャンパンを贈られて好きなときに飲み続けた結果、姉妹はアルコール依存症になってしまった。ふたりは交霊会の部屋にも、「不思議な」音にも、別世界と交信できるふりをすることにもうんざりしていた。皮肉なのは、今になって自分たちのトリックを説明しようとしても誰も耳を傾けないことだった。姉妹の詐欺は最初から、あまりにもうまくいきすぎたのだ。数十年前、近隣住民たちはどこからラップ音がするのか家中をくまなく探したが、何も見つけることはできなかった。リンゴひとつでさえ。[4]

死者たち

人間は何世紀にもわたって死者との交信を試みてきたが、近代スピリチュアリズム（フォックス姉妹が期せずして霊能者となったことが誕生のきっかけとされる）に関して言えば、1848年はこうした試みが再び人気を博すのに絶好の年だった。[5] この年は領土拡大、資本主義社会、発明熱が高まった年で、アメリカ人は組織宗教から離れて科学、進歩、物質主義という思想に傾きつつあった。1848年はカリフォルニアのゴールドラッシュが起きた年、そしてアメリカが米墨戦争でメキシコ合衆国に勝利して北米大陸の南西部全域を支配下に置いた年だ。多くのアメリカ人は教会の固いベンチに座って祈るだけでは満足できなくなった。科学を信じ、自分たちの力で未来へ駆け出そうとしていたのだ。

だが、これは物事の片面に過ぎない。世界中のあらゆる科学をもってしても何かを信じたいという人間の切なる願いを消すことはできなかったからだ。神を信じなくなった人々は見知らぬ場所で新たな神を探すようになった。神という言葉が適切でなければ、より曖昧な存在を求めたと言えるかもしれない。期待感。安らぎ。このような人々を満たすためにアメリカに必要なのは新しい存在だ。心を癒し、神秘的で、大勢の人々にさりげなく寄り添ってくれる存在。

1848年は死者が蘇るには最適の年だった。

ニューヨーク州北部に死者と対話できる姉妹がいる、という噂は瞬く間に広まった。姉妹の姉リアはこの交霊ビジネスで大金を稼げることに気づき、遊びでやっていた妹たちを一夜にしてプロの霊媒師に変身させる。彼女たちの交霊会は有料になり、やがてより多くの参加者を募るため一家はニューヨーク市に引っ越した。姉妹が大金を稼ぐようになるにつれ、「自分も死者と交信できると気づいた」人々が登場するようになる。やがて、こうした霊媒師は全米に、そして全世界に出現するようになった。まさに「霊媒師ラッシュ」だ。

4年という短期間でアメリカ国内だけでも2000人の「書記霊媒」[6]、つまり霊からのメッセージを書き留める霊媒師が誕生した。さらに、霊の絵を描く霊媒師、心霊写真を撮る霊媒師、霊に楽器を弾かせる霊媒師なども大量に現れた。また、家具を空中に浮かせたり、応接間の片隅に青白い人影を出現させたりできる霊媒師もいた。彼女たちは自分に新たに備わったこの特別な技術は霊からの「贈り物」だと説明し、その「贈り物」がますます凝ったものになるにつれて人々はどんどんのめり込んでいった。死者が降臨して「会えなくて寂しい」と伝えてくるだけでも悪くはないが、彼らがテーブルを浮かせたり不意にバンジョーをかき鳴らし始めたり[7]すれば客の興奮はさらに高まる。

　男性の霊媒師もたくさんいたが、近代スピリチュアリズムは最初から女性のための運動と言えた。ふたりの少女によって生み出され、男性優位の科学の世界とはかけ離れた感情と直感に基づく風潮があったからだ。霊媒師は霊を媒介する受動的な存在と考えられていて、これも女性を空の器[8]と見なしていたこの時代の考え方に合致していた。また、単純に見た目だけをとっても、近代スピリチュアリズムには柔らかく女性的な雰囲気が漂っていた。交霊会の参加者はろうそくの灯りが照らす部屋に集まり、互いに手を握り、愛する人からのメッセージを受け取って涙を流す。交霊術は、少なくとも当時の基準からすればかなりエロティックなものでもあった。若い男性が女性とつき合う際には「清潔な麻のシャツを着て、[9]襟を立ててボタンを留め、ネクタイをきちんと締めて」いることがよしとされた時代に、一晩だけこの堅苦しさから解放されるチャンスだったのだ。暗く暑い部屋で、隣の人と足が触れ合う距離で座り、霊媒師を通して霊が話す声を聞き、謎の液体が飛び散り、運が良ければ冷たい指に首筋を撫でられる――そんな場所がほかにあるだろうか？　こんなにわくわくする経験ができるなら、亡くなったおじさんが部屋の隅でじっとこちらを見ていたとしても一向に気にならないはずだ。

　こうしたことから、スピリチュアリズムは悲嘆に暮れる魂を慰めるだけでなく、信頼を得るのが得意な若い女性が夢を実現するためのまたとない手段になった。

「家庭を壊し、他人の人生を台無しにした女」

1800年代の終わり、アメリカのロードアイランド州にある酪農場でラップ音が鳴り響き始めた。この音が意味するのはただひとつ――ここには霊がいる。この農場で唯一霊と交信できた人物は勇敢なメアリー・アン・スキャネルという使用人で、派手なドレスと素敵な男性に目がないアイルランド系の女性だった[10]。やがて彼女は交霊会を開いて霊を呼び出すようになったが、この霊はいつもなぜかメアリー・アンにもっといい暮らしをさせようと熱心だった。ある交霊会では、霊はひとりの客に「メアリー・アンに新品のドレスを贈るように」伝えた。またあるときは、彼女は地元の神父の甥にあたるセクシーな男性と結婚するに違いない、と言い出した[11]（メアリー・アンは男好きで悪名高かった。使用人頭のケニヨン夫人は後にこう振り返っている。「あの娘は結婚を申しこむ自分宛の手紙をよく書いていました。ブルックリンに住む若者とずっと文通をしていると言っていましたが、おそらく作り話でしょう[12]」）。

セクシーな甥はどうにかメアリー・アンの魔の手から逃れた。彼女はまた交霊会を開き、霊を利用して欲しいものを手に入れようと決める。有名になるにつれて彼女は友人たちをサクラとして参加させるようになり、彼女たちの人生の私的な部分の詳細を言い当ててほかの参加者を驚かせた。また、多くのスピリチュアリズムの霊媒師と同じくメアリー・アンも事前に参加者のことを調べ、誰が未亡人で、誰が最近結婚し、誰が母親を亡くしたばかりかを確認していた。こうした情報収集を霊媒師たちは「メディシン[13]（薬）」と呼んでいたようだ。

今や女霊媒師として金を稼ぐ最良の方法は、参加者が望む女性らしい決まり文句を駆使することだった。交霊会では、きりっとしたビジネススーツに身を包んだエネルギッシュな女霊媒師は歓迎されない。むしろその逆だ。ある霊媒師は、まるで幽霊との対話でその繊細な体から生気が奪われるかのように儚げで病的な女性を演じた。感受性と共感力を売りにした霊媒師もいる。たとえばケイト・フォックスは、妻を亡くした悲しみから立ち直れない銀行家と一対一のセッションを何カ月も続けた。そしてメアリー・アンの場合は、あっけらかんとした世俗的な霊媒師というスタイルを追求したようだ。少なくともそうした現実的な側面を隠そうとはしなかった。使用人として働いていた若い頃にスピリチュアリズムが全米に広まるのを目の当たりにした彼女は「霊媒師」と名乗って才能を発揮すれば[14]快適な生活ができると気づき、臆面もなくこの仕事で懐を肥やしたのだ。たとえば、自分には「リトル・ブライト・アイズ」というアメリカ先住民の「霊の導き役」がついていると公言していた。この霊はなんと電話で話し、チャーリーという名の馬に乗り、キャンディを食べ[15]、小切手を現金化[16]することができるという。だから、リトル・ブライト・アイズに宛てて小切手を書けば、メアリー・アンが喜んで彼に届けてくれるというわけだ。

メアリー・アンは「メディシン」によってますます稼ぎながら、もうひとつの趣味、つまり男を追いかけることにも余念がなかった。たとえ相手が既婚者だろうとお構いなしだ（かつて、地元の霊能者たちはメアリー・アンを「以前住んでいたニューイングランドの地域一帯の家庭を壊し、他人の人生を台無しにした女」[17]と断じた)。また、魅力的な独身男性がターゲットになるときもあった。1900年代初め、メアリー・アンはニューヨークに住み、ブルックリンのファースト・スピリチュアリスト教会の指導者として働いていた。やがて、彼女は鉄道で財を成したあのヴァンダービルト一族のひとり、エドワード・ウォード・ヴァンダービルトという大物に出会う。エドワードは妻を亡くしていて、メアリー・アンは死んだ妻からのメッセージを彼に送り始めた(おかしなことに、その手紙はすべてメアリー・アンの筆跡で書かれ、彼女がそのとき滞在している場所の消印が押されていた)。やがて彼女がエドワードにリトル・ブライト・アイズを紹介すると、この霊は彼に「メアリー・アンにどんどん贈り物をするように」と言い始めた。現金5000ドル、1000ドル分の宝石、そして家を2軒。[18]やがて、リトル・ブライト・アイズもエドワードの死んだ妻も、墓の下から「この朗らかな若い霊媒師と結婚するように」と言うようになる(ふたりの霊が同じ目標に向かって一致団結するとは、なんと美しい光景だろう!)。エドワードはその言葉に従ってメアリー・アンと秘密裏に結婚し、メアリー・アンがヴァンダービルト家の財産を受け取れるように遺書も書き換えた。

だが、そううまくはいかない。霊たちがもたらしてくれたメアリー・アンの夢の世界に、早速現実が突きつけられる。すでに成人したエドワードの子どもたちがこの結婚を知り、激怒したのだ。娘はメアリー・アンを法廷に引っ張り出し、父親は精神に異常をきたしていたとして結婚無効を申し立てた。裁判はメアリー・アンに有利に運んだものの彼女は評判を落とし、上流社会からは拒絶された。また、ヴァンダービルトの財産を受け継ぐこともできなかった。エドワードより7年早く、1919年に死亡したからだ。

それでも、彼女は酪農場で牛乳のバケツを洗う使用人から大きな出世を遂げた。彼女の死後、信者たちは『メアリー・S・ヴァンダービルト 20世紀の予言者』という好意的な伝記を発表する。そこには強調された文字でこう書かれていた。「光と闇の狭間で闘いながら、メアリー・S・ヴァンダービルトは常に灯台のように存在していた」[19]。実際には、メアリー・アンは光と闇の狭間に立つ灯台にはなり得なかった。彼女の光はほとんどの場合自分の懐だけを照らしていたからだ。だが、伝記が出版され、しかも表紙に「ヴァンダービルト」という名字が刻まれたことは、彼女が即物的な欲望を満たすために霊を思うままに利用したことを物語る記念碑となった。

「膣は隠し場所として使用されていない」

こうした女性霊媒師たちが真実を語っていると世間の大半は信じていたが、詐欺師だとして正体を暴こうと決意した人々もいる。この運動は1852年に始まって[20]何十年も続き、交霊会そのものと同じくらい劇的な結果が露見することも珍しくなかった。1853年にはある家具職人が、霊媒師のために何年もの間、脚に穴の開いた特殊なテーブルを作っていたことを認めている[21]。これは、テーブルが床から持ち上がるという霊媒の代表的なトリックに仕掛けがあったという証明になった。宗教的な観点から生まれた怒りが暴露につながることもあった。アイルランドでは、怒れるカトリック教徒[22]の集団が交霊会に乱入して霊媒を追い回した事例がある。1887年、交霊術に懐疑的な銀行家が自宅で交霊会を開催した。エルシー・レイノルズという大胆な霊媒師の嘘を暴くためだ。暗闇の中に霊が現れて部屋の中で踊り出すと、銀行員は電気をつけた。その霊はベッドシーツをかぶったエルシー自身だったのだ。こうした「暴露ビジネス」が激しさを増すと、霊媒師は「スラッガー」と呼ばれるボディーガードを雇うようになった[23]。スラッガーのおもな仕事は暗闇の中に立ち、霊媒師のトリックが見破られないようにすることだった。

1894年、スピリチュアリズム界に刺激の強い新たなジャンルが生まれる。霊媒師の体から青白いネバネバした物質が発生する「エクトプラズム」という現象だ。エクトプラズムは、少なくとも薄暗い照明の下では露骨に性的なイメージを喚起した。はっきり言えば、この物質は精液にそっくりなのだ。参加者が興味本位でエクトプラズムを指でつつくと、霊媒師は泣き出したり震えたりした。種を明かすと、エクトプラズムのトリックは性的なものとはほど遠い。目の粗いガーゼや長時間嚙んだ紙を吐いてエクトプラズムを作る霊媒師もいれば、直腸[24]にエクトプラズムを隠す男性霊媒師もいた。だが、スピリチュアリズムを心から信じているなら、お気に入りの霊媒師の体からエクトプラズムが出てくる光景はたまらなくエロティックだったに違いない。

エクトプラズムを出す霊媒師として最も有名なのは、衝撃的なパフォーマンスで知られるフランスの霊媒師エヴァ・カリエールだ。エヴァにはジュリエット・ビッソンという助手がいて、部屋いっぱいの期待に震える男たちの前でエヴァと同性愛を示唆するショーを繰り広げた。交霊会が始まる前、ジュリエットは参加者に「エヴァが何か隠していないか、体の隅から隅まで（ここが大事なところだ）調べました」と告げる。やがて、暗闇の中でエヴァは裸になる。参加者が声を合わせて「我に与えよ、我に与えよ」と繰り返すうち、エヴァの体は震え、呼吸が荒くなる。そしてお待ちかね、エクトプラズムが体外に出てきた。口から垂れたり、乳房から滴り落ちたり、果ては蛇使いの籠から蛇が出るように性器からにじみ出ることもあった。

裸でトランス状態にあるエヴァの写真が複数残っている。心霊研究者兼写真家のフォン・シュレンク=ノッチング男爵が、1913年に『物質化現象との闘い』という著書に掲載したものだ。この本は科学的探究がおもなテーマだが、その根底にはほのかに性的なニュアンスが潜んでいる。エヴァの助手ジュリエット・ビッソンは、エヴァの身体のプライベートなことまで細かく男爵に伝えたという。まるでエヴァの月経周期の詳細を伝えることで、死者と生者の対話が可能かどうかを男爵が知る手がかりになると思っているかのように。ある手紙では、ジュリエットはエクトプラズム（蘭の花に似ていたという）[25]がエヴァの膣の中に消えていくのを見たと書いている。エヴァも また「体を調べられること」のエロティシズムを積極的に高めたいと考え、何もごまかしていないことを証明するために診察してほしいとフォン・シュレンク=ノッチングに頼んでいる。彼は応じ、そのときの様子を著書に記した。「私は右手の中指をかなり深く膣に挿入した。（中略）したがって、膣が隠し場所として使われていないことは確かである」[26]。エヴァの交霊会の写真では、彼女がエクトプラズムや霊を出すためにガーゼや張りぼてを使っていることは一目瞭然だが、フォン・シュレンク＝ノッチングのような男性にとっては、ただ暗闇に身を任せてすべてを信じる方がずっと刺激的だったのだ。

そう、本気で信じている者にとっては、世界中でさまざまな仕掛けが暴露されてもあまり意味はなかった。その意味で、ほとんど何でも受け入れてくれるファンを持つ霊媒師は真の権力者だったと言えるだろう。彼女たちは大金を稼ぎ、金持ちと結婚し、ときには政治の世界にまで進出した。霊媒師は一般的には進歩的な考えの持ち主が多く、奴隷制の廃止、労働組合の結成、女性や子供の権利の確立について講演を行い、「霊が自分を通してそう伝えている」というお決まりの主張を述べた。何か反論があるなら死者と話し合うべきだというわけだ。これはとても狡猾で、そつのないごまかし方だった。エクトプラズムは確かに気持ち悪いし、ベッドシーツをかぶって霊の振りをするのも馬鹿げているが、こうした多くの交霊会の場で魅惑的な革命が起きていたことも、また事実だ。

「紛うことなき本物、誠実で高い能力を持つ霊媒師」

ハティ・ウィルソンは若い黒人女性で、商機を見極める才能に長けていた。1850年代後半、彼女は年季奉公の使用人[27]からヘアケア事業の第一人者へと華麗なる自己改革を遂げる。ハティの製品は「薄毛を回復させ、フケをなくし、髪色を本来の色に戻し、重い頭痛を完全に治し、場合によっては真面目すぎる性格も変えてしまう」[28]と宣伝された。そしてアメリカ東海岸で発売される新聞は「ウィルソン夫人の毛髪再生剤」、「ウィルソン夫人の毛髪栄養剤」の広告で埋めつくされたのだ。

だが、野心家のハティはヘアケア製品だけでは満足しなかった。1859年、彼女は131ページの小説を自費出版する（自費出版するだけでも、当時としては大変な労力[29]だったに違いない）。半自伝的な小説で、『黒人の同胞たち：あるいは北部の2階建ての白い家に暮らす、ひとりの自由な黒人の生活風景。ここにも奴隷制が影を落としていた』というタイトルだ。残念ながら、この本は売れなかった。北部の白人は「ここにも奴隷制が影を落としていた」という部分が気に入らなかったからだ。ハティの本名は表紙に記載されず、ほとんどの読者は著者が白人で、それも男性だろうと考えた。1世紀以上もの間、ハティが本当の著者であることを誰も知らず、また気にも留めていなかったが、1982年に学者ヘンリー・ルイス・ゲイツ・ジュニアがこの本の著者はハティだということを明らかにする。今日、この本はアフリカ系アメリカ人女性によって初めて出版された小説という、記念すべき偉業と見なされている。

だが、当時は本が売れず、ハティは別の収入源を見つける必要があった。理想的なのは女性を暖かく迎えてくれる業界、黒人女性が活躍できる先進的な業界を見つけることだ。そこで、ハティは南北戦争後で混乱する国内を見渡した結果霊能者の業界が繁盛していることに気づき、自分もその一員に加わることにした（死とビジネスチャンスを結びつけるなら、南北戦争後という時代は霊媒師になる絶好の時期だった。この戦争では約62万人の兵士が犠牲になっていて、どの町も亡くなった息子、父親、兄弟、夫と最後にもう一度話したいと願う人で溢れていたのだ)。

1867年から1880年代まで、ハティは霊媒師としてパフォーマンスや講演を行い、亡き父親と交信したことがこの才能に気づいたきっかけだと話し[30]、スピリチュアリズム業界にその名を轟かせた。彼女の名はスピリチュアリズム関連の出版物に頻繁に登場し、ステージ上では白人の男性霊能者と並んで紹介された。ハティ・ウィルソンがスピリチュアリズム業界に認められ、受け入れられていたことは、彼女に言及している数少ない歴史的文献から間違いないようだ。ある作家は、彼女を「物質化現象」に長けた「紛うことなき本物、誠実で高い能力を持つ霊媒師[31]」のリストに加えている。物質化現象とは霊媒師の最も難しい技のひとつで、霊媒師が霊を完全な形で出現させて参加者と対話させるというものだ。1875年初めにハティは新年パーティーを開き、ご馳走とダンス、そしてハティ自身による神秘的なパフォーマンスで客をもてなした。出席した記者は、ハティの「大掛かりなパフォーマンスと気前の良さ[32]は、幸運にもこの娯楽に参加した人々の賞賛の的だった」と述べている。数年後、彼女は子ども向けの霊能者養成学校を開いたが、長くは続かなかった。だが死の2年前の1898年まで、自宅で「サークル」を開いていた[33]。

もっとも、ハティのような黒人霊媒師は白人霊媒師と違って、良くも悪くも永遠の存在になることはなかった。スピリチュアリズム運動はとても進歩的だったが、内部ではまだ分裂があった。1893年に全米スピリチュアリスト教会連盟[34]が結成されたがすぐに内部分裂が起こり、1922

年には黒人の霊能者たちが全国教会有色人種スピリチュアリスト協会を結成する。このふたつの運動は並行して、だがそれぞれ別の道を歩み、大半の黒人の霊媒師の存在は引退と同時に歴史の隙間に埋もれてしまった。[35] そのため、ハティ・ウィルソンの霊媒師としての活動についても、現在までわかっていることはほとんどない。ただ、彼女が腕のいい霊媒師だったことを除いては。

もっとも、ハティが白人男性で埋めつくされた部屋で、空中から霊を出現させて参加者の注意を引いていたと考えるととても興味深い。彼女は確かに観客を騙していた。何しろ、近代スピリチュアリズム自体がインチキから生まれたものなのだ。だが、違う角度から見れば、この種のごまかしがそれほど邪悪だとは思えない。水晶店やタロットカード占いのような、現在の漠然としたスピリチュアル産業とどこが違うのだろう？　たとえテーブルの脚に空洞があり、エクトプラズムの正体が嚙み砕いたガーゼだとしても、参加者が交霊会で本当の慰めを得られるのならそれでいいのではないだろうか？　この運動によって商魂たくましい女性たちの暮らしがよくなったのは、ある意味素晴らしいことではないか？

そう、霊媒師のトリックはときに無害で、好意的に見られることすらあった。だがもちろんそうでない場合もある。

「冷酷非道な方法」

アン・オデリア・ディス・デバールはこの世にひっそりと生を受け、何の形跡も残さずに消えていった。だが、彼女が世間を騒がせていた数年間だけは、その名を耳にしない日はなかったという。率直に言って、彼女に気づかずにいるのは難しかった。背が極端に低く、がっちりした体型の彼女は派手な服装を好み、そのときに名乗っている名がヴェラ・P・アヴァだろうと、スワミ・ヴィヴァ・アナンダだろうと、マダム・ローラ・ホロスだろうと、白いトガ［古代ローマ人が着用していた巻衣形式の衣装］と金色のウィッグを着けたその姿は1マイル先からでも目に入る。そして、彼女がこれまでどんな人生を歩んできたかもはっきり見て取ることができた。霊能者に懐疑的だった奇術師ハリー・フーディーニは、アンについてこう書いている。「彼女が残したものは悲しみの名残[36]と空の財布、そしてめったに見られないほど損なわれた道徳観だ」

アンはいつも偽名と嘘の経歴を用いていた。本当はアメリカ、ケンタッキー州生まれの貧しく平凡な女性だが、自分はバイエルン王のルートヴィヒ1世と有名なダンサー、ローラ・モンテスの間にできた娘だと言い張っていた。[37]大人になってからはアメリカ中を転々とし、関わりを持った人間をすべて裏切っている。ヨーロッパの王族のふりをし、何度も結婚してはそのたびに夫に嘘をつき、病院に入り、（そこでひとりの医師を殺そうとした）[38]、精神病院に放りこまれ、[39]フィラデルフィアで揉めた相手の髪を引っ張り、カンザスシティで「ビールを水のように飲む」と評判になり、デイトンでは自分の死を偽装する[40]――これはアン・オデリア・ディス・デバールという氷山のほんの一角に過ぎない。腹を立てた地元住民や警官、恋人たちに追われて町から逃げ出すことはしょっちゅうだった、と言えば察しがつくだろう。

もっとも、頻繁に悪さを働いていたアンが新聞に登場するようになったのは40歳を過ぎてからだ。ニューヨークで、妻や恋人を亡くして悲嘆に暮れていた著名な弁護士ルーサー・R・マーシュの前に、彼女は霊媒師として現れる。そしてマーシュが愛したふたりの女性からのメッセージを伝えて信頼を得、さらに「霊画」を描いて喜ばせた。この「霊画」にはトリックがある。彼女は業者から買った油絵を白いチョークで塗りつぶし、それからマーシュに気づかれないように洗浄液を染みこませたスポンジで絵をこすって、古代の「霊」の力を借りて「絵」を描いたように見せたのだ。マーシュはすっかりこのトリックを信じこみ、やがてアンに屋敷を与えてほしいと霊たちが「心から」願っているという彼女の言葉を真に受けてしまう。彼は自宅の権利書をアンに譲り渡したが、地元の警察は彼女の行動を不審に思い始め、1888年4月に詐欺行為を行ったとして逮捕する。アンは6カ月の禁固刑を言い渡された。

6カ月の服役中もアンに反省する気はさらさらなく、釈放されると金髪のウィッグをかぶってボストンに現れ、世界中を旅している「エレノア・モーガン」[41]だと名乗った。その後シカゴに向かい、今度は裕福な人道主義者ヴェラ・P・アヴァ[42]という人物になった。また、イタリアではスピリチュアリズムを信じる現地のアメリカ人を騙して国外追放となっている。1899年にはフランク・ダットン・「セオドア」・ジャクソンという年下の夫とともにニューオーリンズに現れ、「フロリダに『水晶の海教団[43]』を設立する」と町じゅうに触れ回った。この教団の会員は「果物とナッツを食べることで不死となる」という。教団の活動の一環としてアンとセオドアはインドに巡礼し、そこで——驚くなかれ——強力な磁気バッテリーを発明して神を出現させると約束する。[44]

水晶の海教団はまったく軌道に乗らなかった。それどころか、アンとセオドアは占いをしたという罪で30日間の牢屋行きとなり、その後町から追い出される。だが、ふたりは実際にインドに行き、アンはベンガルトラと写真に収まった。次に向かった南アフリカでは、スワミ・ヴィヴァ・アナンダ夫人という医者になりすましている。[45] １９０1年初めには夫妻はロンドンに落ち着き、深く邪悪な根を下ろすことにした。

この時点まで、アンの悪行は少々馬鹿げたものと見なされていた。金髪のウィッグ、果物とナッツの食事、神を呼び出すバッテリー? どれも本気で腹を立てるようなことでもない。ある記者は、「アンはとうてい悪人には見えない」と指摘した。確かに、彼女は「単なる滑稽な人物[46]」、つまり、笑いを誘う見世物のような存在だ。だが、ロンドンで状況は一変する。アンはこの地で牙を剥いたのだ。

彼女は田舎の純朴な娘をロンドンの街へおびき寄せるため、新聞に広告を出し始めた。広告には、「当方35歳の外国人紳士。教養があり、魅力的で、働かずとも暮らせるだけの資産あり。結婚を前提にした交際を求む[47]」と書かれていた。若い女性から連絡が来るとアンは彼女たちにロンドンへ来るように説得する。その言葉に従った娘たちは、大都会とアンの姿に圧倒された。このときアンは「マダム・ラウラ・ホロス」、または「スワミ」と名乗っていた。

アンは彼女たちに「35歳の外国人紳士」とはセオドアのことだと話し、彼は「この世に復活したキリスト[48]であり、世界で唯一の完璧な男」で、自分は彼の母親だと説明する。私と「息子」は神政統一純潔連盟の設立者で、会員になればいろいろな特典——たとえばセオドアとの結婚や「人間性の高まり」など——を受けることができます。そうそう、大事なことを忘れていた！　もしあなたが連盟に全財産を預けるなら、このスワミが責任を持って「適切に」投資してあげますよ。

女性たちが会員になると伝えると、アンは次の誓いをもって彼女たちを洗脳した。「宇宙の主[49]、そして外界の黄金の夜明け団第二団の幹部団員の許可のもと定期的に集う第一団の神殿の前で、外界の黄金の夜明け団のすべての秘密を守ることを厳粛に誓います」（アンはこの誓いを自分で考えたわけではなく、「黄金の夜明け団」という秘密結社の誓いを拝借した）。アンは女性たちに目隠しをし、一連の奇妙な儀式を受けさせる。そのなかで最もおぞましい瞬間は、儀式と称してセオドアが女性をレイプすることだった。そして、アンは一部始終を見守っていた。

「母」と「息子」は、レイプを洗脳の重要な要素として利用した。アンは、女性たちに「確実に救済をもたらす真理の啓示[50]」を進んで受け入れるためには、この儀式は欠かせないと説いた。セオドアは「儀式」以外の場でも女性たちに迫っては「絶対に結婚するから」と言って彼女たちの体を触った。そして眠気を誘う怪しげな飲み物を飲ませたり、催眠術をかけるかのように体に手を当てたりした。女性たちは怯え、混乱し、孤独に陥った。アンの家には同時に複数の女性が住み、全員が同じ「儀式」を受け、それぞれが自分はセオドアの婚約者だと信じていたが、お互いにこの状況を打ち明けることはしなかった。女性のひとりは、この体験で「強い無力感[51]」を覚えたと証言している。

1901年の秋、ついに警察に通報が入ってアンとセオドアは逮捕される。ふたりは法廷で大げさに振る舞い、しばしば傍聴席の笑いを誘った。アンの言動は滑稽とも言えた。時代に関係なく自分に酔うナルシシストがそうであるように、彼女も「自分の弁護は自分でします」と主張し、「床を引きずる汚れた白い絹のトガ[52]」を着て法廷内を意気揚々と歩いた。セオドアは、自分はレイプ魔などではないと言い張った。「禁欲主義にならざるを得ない[53]」ある手術を受けている、というのがその理由だ。セオドアは傍聴人を「爬虫類」、アンは証人のひとりを「ケダモノ！」と呼ぶなど、裁判中に罵声を浴びせた。

だが、ふたりの滑稽な振る舞いやそれにつられて起こる笑いも、この犯罪の核心にある闇を隠すことはできなかった。被害者の一部は証言台に立ったが、その内容は新聞が記事にできないほどひどいものだった。新聞は詳細を伝える代わりに「『セオドア』・ジャクソン被告の口にするのもはばかられる堕落した行為について、被害者たちは蚊の鳴くような小さな声で証言した[54]」と書くに留めている。こうした証言によってアンも夫と同罪であることが明らかになった。彼女は若い女性を調達し、監視し、「儀式」の際の指示までしていたのだ。ある新聞は、「ジャクソンの妻は、最も冷酷非道な方法[55]で夫の手助けをしたと思われる」と結論づけた。

アンには7年、セオドアには15年の禁固刑が言い渡された。アンは模範囚として1907年に仮釈放されると、すぐにアメリカに戻ってまた詐欺をやり始める。デトロイトで[56]「マザー・エリナー、イスラエルの家の女王」としてカルト教団を立ち上げ、信者から現金や宝石など約1万ドル相当を巻き上げた挙句に逃走したのだ。その後は東海岸に戻り、「ニュー・レベレーション[57]（新たなる啓示）」というカルト教団を設立し、すべての資料を紫色の紙に紫色のインクで印刷した。当時、彼女は「ア・ディーヴァ・ヴィード・ヤ」と名乗っていたが、誰もが本当はアンだとわかっていた。純白の玉座に座って記者会見を行い、一切の肉を食べない[58]自分は不死であると宣言する女性がほかにいるだろうか？　そして演説の最初に「親愛なるみなさん、私に自己紹介の必要はありません[59]」と言い放つ女性が？

やがて、アンのカルト教団の教祖としてのエネルギーは尽き、交霊会の部屋から抜け出した霊が被っていたシーツを脱ぎ捨てるように、この卑劣な女霊媒師の記事は新聞の紙面から消え去った。1913年には『ワシントン・ポスト』紙がこう書いている。「60歳を過ぎたアン・オデリア・ジャクソンの現在の居場所は警察も把握していない。だが、新しいカモを見つければいつでも、世界のどこにでも現れるだろう」。この最も邪悪で大胆な霊能者の行く末はいくらでも想像することができた。別の大陸に渡って新たなカルト教団を設立したかもしれない。刑務所行きになった可能性もある。神を呼び出すことができる磁気バッテリーの開発に励み続けたか、詐欺稼業を引退して果物やナッツを食べながらのんびり過ごしたかもしれない。そう、アンについて考えるとどうしても滑稽さを感じてしまう。彼女の詐欺師としての活動は馬鹿げたイリュージョン、突拍子もない衣装、エセ宗教の教祖としてのくだらない教義に集約される。だが、結局のところはどれもアンの本当の邪悪さを隠すための煙幕であり、彼女はその煙幕を利用して逃げおおせたのだ。

死者との対話

フォックス姉妹は、50代になるころにはスピリチュアリズムに嫌気がさしていた。ふたりは近代スピリチュアリズムの代表とも言うべき存在だったが、その人生は決して楽なものではなかった。どちらも夫に先立たれ、アルコール依存症になり、姉のリアが自分たちを有名人に祭り上げたことに腹を立てていたのだ。そして、悲しみに暮れる多くの人を騙してきたという罪悪感に悩まされていた。交霊会の前、マギーは必ずこうつぶやいていたという。「こんなことをして、私はきっと地獄に堕ちるわ[60]」

アンによる霊画の一大実験が行われた数カ月後の1888年の秋、マギーはニューヨーク音楽院で講演を行う。彼女はここで途方もないことを喋るつもりだった。40年にわたって人を騙し続けた不正行為の詳細を洗いざらい話すと決めていたのだ。ケイトは聴衆の中に座り、姉の話をうなずきながら聞いていた。「この告白をもって、スピリチュアリズムが致命的な打撃を受けることを願っています」とマギーは壇上から宣言した。「私はこの分野の第一人者であり、その内情を暴く権利があるのです」

マギーは紐をつけたリンゴや、いともたやすく母を騙したエピソードを語り、「リンゴのトリックが成功した後、私とケイトは気づかれないように足の指の関節を鳴らせばもっと不気味な音が出ることに気がつきました」と言った。「不可解な出来事は解明されると『そんな単純なことだったのか』と驚かされるものですが、このトリックも例外ではありません。ラップ音は、膝から下の筋肉を完璧にコントロールした結果です。一般的にはあまり知られていませんが、足の腱を自由に操り、足の指や足首の骨を鳴らしていただけです。こんなふうに完璧に腱を操ることができるのは、子どもの頃に注意深く、継続的にやり方を学び、まだ筋肉が柔らかいうちに練習を重ねた場合だけです」。そして、マギーはスカートをたくし上げ、舞台上で足の指を実際に鳴らし始めた。[61]

本当にリンゴのいたずらから生まれたなら、近代スピリチュアリズムはこの告白とともに消滅するはずだった。マギーの告白は、牧師が実は無神論者だったと打ち明けたり、大統領が憲法に関心がないと認めたりするようなものだ。この運動の創始者であり、死者と対話できると世界中の人々に信じこませた女性が「スピリチュアリズムは薄暗い照明と異常なほど柔軟な足の指に裏打ちされたもので、それ以上でもそれ以下でもない」と言い切ったのだ。さらに悪いことに、マギーは自分の力を信じようとしたが信じ切れなかった、とまで言い出した。「私は人間としてできる限りの力で、未知の世界を追究しました[62]」と、彼女はある記者に苦しげな表情で語った。「墓石の下に眠る人々の魂が私のもとを訪れるようにと、ひとりで墓石の上に座っていたこともあります。何かのサインがほしかったのです。でも、そんなものはありませんでした。死者も、地獄に堕ちた人も戻ってはきません。カトリックの聖書にもそう書いてあるし、私もそう思います。霊はこの世に戻ってなど来ないのです」

だが、スピリチュアリズムはこの夜に消滅しなかった。霊能者のなかには、マギーの告白は邪悪な霊の影響によるものだと言う者もいれば、彼女はただの落ちぶれた霊媒師で、反スピリチュアリズムに方向転換して講演しようと目論んでいるのだと言う者もいた。告白から1年後、マギーはあの夜語ったすべてを撤回する。そして近代スピリチュアリズムの活動が停滞し始めた１９００年代初頭、第一次世界大戦が世界を揺るがして何百万人もの命が奪われ、死者の声を聞きたいと切望する新しい世代が生まれることになる。

実際、数十年にわたる暴露や悪評にもかかわらず、スピリチュアリズム運動は規模を縮小しながらも今日まで続いてきた。全米スピリチュアリスト教会連盟には約２５００人の会員[63]が所属しており、答えを探し求め、心の支えとなる信条に惹かれた若者たちがスピリチュアリズムの世界に足を踏み入れ始めている[64]。今後戦争や世界を揺るがす悲劇が起こればこの運動は勢いを盛り返し、めざとい女性詐欺師たちもまた登場するかも知れない。マギー・フォックスが言ったように、きっと死者が戻ってくることはないのだろう。だが、スピリチュアリズム運動は悲嘆にくれる人々の気持ちがもたらす力によって息を吹き返した。その人々の思いだけは、常に嘘偽りない真実だ。

5 フー・ファタム

本名：ドロシー・マシューズ[1]

1905〜1985年

1933年の大晦日の夜にニューヨークにいるとしたら、どんな過ごし方をしただろう？ きっとスリー・マスケティアーズ・チョコレートバー[2]（最近発売されたばかりだ）をかじりながらマティーニ[3]（この年の12月に禁酒法は廃止された）を飲み、世界恐慌を忘れさせてくれる記事を探して新聞をめくっていたはずだ。

ブルックリンの家具付き部屋の広告（「スチーム暖房、温水、2ドル、4ドル、4ドル50セント、1月4日より受け付け開始」）、求人情報（「理髪店で働く魅力的な若い女性、快活な性格の方若干名募集」）、苦悩する人物からの公告（「レリア・ウィート（妻）の負債には一切責任を負いません。妻は14カ月前に家を出て行きました。クラレンス・ウィート（夫）より」）。どれもぴんとこない。どうやら現実を忘れさせてくれる記事はなさそうだ。

そのとき、「霊能者」という欄にあった彼女の名前が目に留まる。

> フー・ファタム、東インドの科学的ヨギ[4]〔ヨガ行者〕。仕事、恋愛、あるいはその両方など、何でも相談にのります。悩み事がある？　何をやってもうまくいかない？　不満を抱えている？　東インドの「成功の秘油」あるいは「モーゼの聖油」を購入すれば無料でリーディングを行います。フー・ファタムが紹介する不思議な精神世界の本も販売中。

この謎めいた女性は、全米でも歴史があり広く展開しているアフリカ系アメリカ人向けの新聞『ニューヨーク・アムステルダム・ニュース』紙に、ほぼ毎号リーディングや秘油の広告を載せていた。彼女が自分を売りこむ方法を知っていたのは明らかだ。そして、そのタイミングも完璧だった。「悩み事がある？」。この時代、悩み事のない人などいただろうか？　4年前に株式市場が暴落し、今やアメリカの労働者の4分の1が失業している。「うまくいかない？」。ここニューヨークでは製造工場の3分の1が閉鎖され、160万人が政府の支援を受けている。[5]「不満を抱えている？」。セントラルパークには、住む場所を失った人々が建てた掘っ立て小屋が立ち並んでいる。パンの配給に並ぶ列もどんどん膨らんでいった。「万策尽きたら、この店にどうぞ」。普段ならインチキくさいオカルトなど気にも留めないのに、どうやら今夜はマティーニが効いているようだ。それにしても、なぜかこの女性に直接話しかけられているように思えてならない。

1930年代、多くの新聞の広告ページに登場したフー・ファタムなる謎めいた女性は詐欺師とも実業家ともつかない微妙な存在で、そのやり口は驚くほど巧妙だった。ほかの多くの詐欺師と違い、彼女はほとんど法を犯していない。顧客の大半は彼女の仕事に満足しているようだった。たとえ不満を持ったにしても、たいていはわざわざ警察に行くほどではないと思える程度のものだ。また、フー・ファタムは宣伝にかけては天才的で、卓越した実業家と言えた。もちろん、宣伝文句を額面通りに受け取ることはできない。彼女が売る油は必ずしも成功をもたらさないし、モーゼとも関係がない。彼女自身、インド人でもない。これは犯罪だろうか、それとも優れた宣伝に過ぎないのだろうか？

フー・ファタムは本名をドロシー・マシューズという。何世紀にもわたって怪しげな方法でひと財産築こうと目論んできた実業家たちと同じ考えを抱いて、アメリカに渡ってきた。生まれたのは1905年9月9日、ジャマイカのキングストンだ。[6] 母親は黒人で、父方の祖父は日本人。[7] このアジア系の血筋がフーのビジネスの基礎となるのだが、記者たちは彼女の出身がどこか知らない場合も多く、フーも敢えて教えようとはしなかった。中国人だと言う人々もいた。[8] フー自身は「東インドのヨギ」という呼び名を気に入り、巧みなマーケティング手段として利用したようだ。1930年代のオカルトビジネスでは誰もがアジアや中東の血を引いているふりをし、特にインドやエジプトと何らかのつながりがあるとアピールすることが流行っていた。[9] そのほうがエキゾチックな雰囲気を演出できるし、オカルトの世界ではより本物らしく見えるからだ。「DE・ラルズ、インドから来た娘」[10]という看板を掲げた店があるのに、ありふれた名の「ベティ」や「シャーリー」に助言をもらいたがる者がいるだろうか？　ドロシー・マシューズでは需要がなくても、「フー・ファタム」にならら未来を占ってもらいたいと思う人は大勢いるはずだ。

フーは世界のいろいろな場所を知っていた。パナマや日本、全米の50州すべてを旅し（本人の言葉を信じればの話）、「そこそこ裕福なおじ」[11]がときどき仕送りをしてくれる。アメリカに移住したのは15歳になる頃だ。[12]当時、彼女は不思議な力と恐怖に悩まされていた。しょっちゅう「幻やいろいろな夢を見る」[13]と話し、17歳のときにはほんの一瞬だが恐ろしい未来を見る。そのとき、彼女は結婚式を控えてウエディングドレスに身を包んでいた。すると、突然熱気を感じて気が遠くなり、目の前に婚約者の幻が現れたのだ。その15分後、フーは彼が交通事故で死んだ[14]と知らされた。

若い頃フーは自分の帝国を築くためにニューヨークのハーレムに居を構えたが、ハーレムを選んだのは正解だった。１９２０年代から１９３０年代にかけてのハーレムは教会やカルト教団、オカルトショップがひしめく浮世離れした場所で、どこも「あなたをよりよい人生に導く」ことを請け合っていた。日々の生活に苦しむハーレムの住人にとって、こうした店の占い師や着色されたキャンドル（紫色は自己啓発、ピンクは天上の幸福[15]）は世界恐慌のつらさを和らげてくれた。一文無しになって絶望する人々を食い物にして甘い汁を吸う教団や占いの店は、少なくとも信じる者にとっては一時的に慰めを与えてくれる場所だ（ハーレム・ルネサンス［１９２０年代から１９３０年代にハーレム地区で盛んだったアフリカ系アメリカ人の文化運動」の作家クロード・マッケイは「特別な刺激薬に慣れた麻薬依存者のように、信奉者にはオカルトという薬が必要だ[16]」と書き、自身も交霊会に行くのを楽しんでいると認めた）。そして、ある記者が「現代版『奇跡を起こす人[17]』」と呼んだ存在のひとりになることは、多くの黒人女性にとって真の経済的自由を得る手段だった。本当に「インドから来た娘」や「東インドの科学的ヨギ」かどうかに関係なく、自分がそう名乗ればこの困難な時代にかなりの金額[18]を手にすることができるのだ。先述の記者は、オカルト業界は「経済的圧力が強まっているこの時代に繁盛した、ハーレムの数少ないビジネスのひとつ[19]」だと書いている。

1930年代半ばには、フーはこの街のオカルト業界で成功した人物のひとり――マッケイによれば「最も成功した[20]」人物――になっていた。彼女は「夢本」のシリーズを書いてかなりの額を稼いだ。人々はこの本を読んで見た夢を解釈し、ギャンブルのラッキーナンバーを選び、呪文を唱えた。ある記者によればさまざまな夢本が「ハーレムでは聖書と同じくらい広く読まれて[21]」いて、特にフーが書いた夢本は新聞を販売している場所には必ず置かれていた。有名になりすぎて彼女のニセモノまで出現したほどだ。『精神世界を知るマダム・フーの不思議な夢本』は確かに彼女の著書だが、安っぽい作りの『ラッキーナンバーを教えてくれるマダム・フーフの夢本[22]』はニセモノが書いた本だ。また、小麦粉の袋に印刷されたクッキーのレシピに同じメーカーの砂糖が使われているように、フーの著書にも彼女が扱うほかの商品が巧みに紹介されていた。たとえば、恋人と別れるための複雑なまじないの場合。足が汗ばむほど歩いた後で左足の靴にワインを注ぎ、そのワインを玄関に振りまき、ドアを大きく開けて「私の誓いは封印され、私の契約は破られた」と小声で唱えなければならない。しかも、この儀式は「マダム・フー・ファタムの特別な祝福を受けたキャンドルを燃やしながら行う必要がある」[23]という具合だ。

霊能者、作家、実業家として有名になったフーだが、多くの人は彼女の美貌に注目せずにはいられなかった。ある記者は彼女を「夢本を書いた官能的な著者」[24]と呼んだ。また、「曲がりくねった山の勾配よりも曲線的な体つきの、若く美しい霊能者」[25]や「水晶占いのマダム・フー・ファタム、豊かな曲線と丸いヒップの持ち主」[26]と評する者もいた。

丸いヒップの持ち主? 彼女の体型にこれほど注目が集まったのには、ある理由があった。1937年、フーは広告以外でも新聞に登場するようになっていた。ハーレムで最も有名ないわく付きの人物ふたりが関係するドラマチックな三角関係に巻きこまれたためだ。男はスーフィー・アブドゥル・ハミッド。「ブラック・ヒトラー」と呼ばれた労働運動の活動家で、ターバンとカラフルなマントを好んで身に着けていた。女はステファニー・セントクレア。毛皮のコートに身を包んだ魅力的で傲慢な女マフィアで、「マダム・クイーン」と呼ばれている。ふたりは夫婦だが、スーフィーはフーと恋に落ちた。それに気づいたステファニーは、銃に実弾をこめ始めた。

ステファニーとスーフィー夫妻は、少なくとも新聞記事によれば愛し合っていた。ふたりとも自分が属するコミュニティのボスで、ファッショナブルな服装で有名なことも、いつも問題を起こすところも共通していた。

ステファニーはフーより10歳ほど年上で[27]、彼女と同じく外国からアメリカに移住していた。フランス領のグアドループ島で生まれ、若い頃にハーレムに定住したのだ。そして、この界隈の組織的犯罪集団のトップに君臨するのにそれほど時間はかからなかった。スタイリッシュなドレスに毛皮のロングコートを着た彼女は「40人の泥棒」と呼ばれる地元のギャングを率いて、翌日の競馬予想をする違法賭博「数当て宝くじ」を取り仕切るようになった。夢占いやピンクのキャンドルと同じように、人々はこのギャンブルに夢中だった。手軽に、安い金でより良い人生を手に入れることができるかもしれない。ステファニーがこの違法ギャンブルに手を染めたのは、フーがオカルトビジネスに乗り出したのと同じ理由だ。つまり、大金を稼ぐため。1970年代には、「数当て宝くじ」はハーレムの経済活動の60パーセントを占めていて[28]、街全体で10億ドルもの金がこのギャンブルに投じられているという噂だった。

さかのぼって1930年代、ステファニーはニューヨークの白人マフィアと対立していた。白人マフィアは簡単に大金を稼ぐことのできる「数当てギャンブル」の実権を握ることを狙っていたのだ。ステファニーは喜んでこの喧嘩を買った。新聞で競争相手を散々けなし、部下を殺されたら同じ方法で報復した。だが、形勢は不利で、結局は白人マフィアに縄張りを奪われてしまう。「私は820日も刑務所で過ごす羽目になり、儲けの4分の3を失った」と彼女は後に語っている。こうして戦線からは離脱したが、少なくとも金は残った。噂によれば、ステファニーは「数当て宝くじ」[29]で億万長者になったらしい。

足を洗った後、ステファニーの時間は金儲けではなく恋愛に使われるようになる。もちろん「マダム・クイーン」と呼ばれた自分にそこら辺の男は釣り合わない。特別な男でなければ――そして、理想の男が現れた。ある記者は「スーフィー・アブドゥル・ハミッドとマダム・ステファニー・セントクレアの物語――ハーレム発のこの華やかな恋愛は、ほんのいくつかの言葉で表現できる」[30]と書いた。「ふたりは出会い、愛し合い、結婚し、喧嘩し、彼女は彼を撃ち、刑務所に入り、彼は飛行機を買い、墜落して非業の死を遂げた」

スーフィー・アブドゥル・ハミッドは本名をユージーン・ブラウンという。[31]マサチューセッツかペンシルベニアの出身だが、周囲にはエジプトのピラミッドの下で生まれたと語っていた。[32]スーフィーは風変わりで、問題の多い人物だった。善人ぶった詐欺師、大らかな嘘つき、そして何の事業がやりたいのか今ひとつ定まらない実業家。しばらくの間自分を司教、神秘主義者、「東洋の哲学者」として売りこんでいたが、1930年にはシカゴで「仕事をくれる場所で買え」というスローガンを掲げて黒人労働運動を率いるようになった。その後イスラム教に改宗し――実際にそうしたのか言葉だけかはわからないが――「スーフィー・アブドゥル・ハミッド」と改名し、ハーレムに移って労働運動を続ける。

当時、ハーレムは世界恐慌で大打撃を受けていた。失業した白人労働者が仕事を求めて街じゅうからハーレムにやって来て[33]黒人労働者を追い出していたのだ。スーフィーはこの事態に対処すべく、黒人の雇用を拒否する白人経営の店舗に対して何度か組織的なボイコットを行い成功させている。だが、こうした白人店主の多くがユダヤ人だということが明らかになると、スーフィーはとんでもない評判を得ることになった。記者たちが自分を「ブラック・ヒトラー」と呼んでいることを知ると、彼はショックを受けた（と本人は語っている）。そして、ふたりのナチス党員が突然彼を訪ねてきて「どうだ、一緒に活動しないか」と持ちかけたときには唖然とした。「ナチスと協力するなんてあり得ない。クー・クラックス・クラン［南北戦争後に白人至上主義を掲げて結成されたアメリカの秘密結社］と協力するようなものだ[34]」と彼は黒人作家クロード・マッケイに語っている。だが、スーフィーは何かと噂の絶えない男だ。マッケイは彼の言うことを信じたが、彼が反ユダヤ主義だという噂は絶えなかった。ハーレムの黒人指導者たちは反ユダヤ主義全体、そしてスーフィーを名指しして「短慮[35]」で「憎悪を生み出す」と批判した。結局、スーフィーは労働運動から足を洗い、新しいターバンを何本か買って、自分のルーツであるインチキ神秘主義に立ち戻ることになる。

ターバンを巻いた扇動者は1936年6月19日に毛皮を着たマフィアの女ボスと出会い、あっという間に恋に落ちた[36]。ある夜、スーフィーはステファニーのフラットをいったん出たもののすぐに引き返し、ドア越しに「あんたが好きだ。とてもこのまま家には帰れない」とささやいた。ステファニーはドアを開けて彼を黄色い部屋（彼女のフラットの部屋はそれぞれ違う色に塗られていた）に招き入れ、ふたりはカーテンを引いた部屋で夜が明けるまで過ごしたという。スーフィーがプロポーズしたとき、ステファニーは「3日だけ考えさせて」と言った。そして3日目、彼女は「イエス」と答えた。

ふたりは最低限必要な証人、牧師、公証人の立ち会いのもと密かに結婚式を挙げた。[37] このとき署名した契約書の内容は、「この結婚生活は99年間続き、『計画が実現可能かどうか[38]』を検証するために1年間の試行期間を設ける」という奇妙なものだった。ステファニーはおよそロマンティックとは言えないこの結婚に平気な顔をしていた。「ヨーロッパではみんなこうよ[39]」

だが、このような結婚——たとえ金をもらっても修羅場を避けられないほど個性の強いふたりの結婚がうまくいくはずもない。1937年の秋にはふたりの関係は悪化し、ステファニーはその理由を記者にべらべら喋った。「スーフィーは私を怪しげなビジネスに引っ張り込もうとしたの。興味があるのは私のお金だけ。朝まで帰ってこないし、賭け事はするし。とんだ遊び人よ[40]」

しかも、彼には若い恋人がいた。

フー・ファタムがスーフィー・アブドゥル・ハミッドと出会ったのはその少し前、シカゴで夢本の販売を手伝ってもらったのが始まりだ。[41] 当時スーフィーは結婚したばかりだったが、丸いヒップを持つ魅力的なフーに惹かれていた。彼はステファニーとの共通点も多いが、フーとも似た者同士だ。ふたりともブランド戦略に長け、既存のものから新しいものを生み出す能力に優れ、ニセの経歴を吹聴する詐欺師だった。東インド人だと名乗るフーと、エジプトで生まれたと言い張るスーフィー。

ふたりの関係を知ったステファニーは、複数の新聞社の記者に「フー・ファタムは私を毒殺しようと草むらに潜んでいる邪悪な蛇」だと怒りをぶちまけた。[42] ステファニーの話によると、フーはある日突然家にやって来て体の具合が悪いのかと彼女に尋ねたという。誰に聞いて来たのかと聞くとフーは不気味なことを言った。「いいえ、私は病人に親切にするのが好きなんです」。彼女はワインや鶏肉、そのほかの「ご馳走」を持参してステファニーを献身的に看病したが、ステファニーはどんどん衰弱し、体重が減って我ながら「歩く骸骨」のように見えた。ステファニーが新しいフラットに引っ越そうとしたときフーは手伝いを申し出たが、結局彼女から80ドルを騙し取った。その後、フーはライバルに対して奇妙な心理作戦を展開し始める。スーフィーが白人女性との間に子供をつくったとほのめかし、ステファニーのダイヤモンドを借りようとし、フムス[43]［茹でたヒヨコマメにニンニクや練りゴマ、オリーブオイルなどを加えたペースト状の料理］の会社を始めたいからと融資を頼んだのだ（フーに騙されたというステファニーの話は相手の記者によって詳細が異なり、フムスではなく肥料の会社[44]と言うときもあった）。

ステファニーの突拍子もない告発に対してある記者がフーに反論を求めたところ、彼女は「あの女はとても正気とは思えません」[45]と断言した。私は人の結婚生活を壊す気はありません。仕事一筋ですから。「スーフィーと私は密教に関心を抱いています」と彼女は言った。「彼には私が書き上げたばかりの本に出てくる、哲学的文章のアドバイスをもらっています。でも、もうここへは来ないよう言わなければなりませんね。今後私のアパートには入れないようにします」
フーの釈明を聞いても、ステファニーは彼女を信じなかった。それに、スーフィーのことも。「あいつは私の信頼を『詐欺』にかけたのよ」[46]とステファニーは記者に憤った。「そしてあの『女詐欺師』と関係を持って私を裏切った。飼い犬に手を噛まれるとはこのことね」。そして1938年1月18日、ステファニーは実弾の入った銃を手に、弁護士事務所に入っていくスーフィーに襲いかかった。バン、バン、バン。[47]最初の弾丸は彼の口ひげを焼き、歯に損傷を与えた。次の弾丸は彼の服に穴を開け、3発目は額をかすめた。少なくともスーフィーはそう証言している。彼は話を大げさにする癖があったので、この話がどこまで本当かはわからないが。ステファニーは逮捕され、正当防衛を主張したものの2年以上10年以下の懲役を言い渡された。[48]
彼女の判決はフーとスーフィーにとっては好都合だった。ステファニーの有罪が確定した約1カ月後、ふたりは結婚する。ある記者は、「このふたりを見れば霊たちも逃げ出すに違いない」[49]と書いた。「霊に平穏が訪れんことを」
フーは結婚式の前後もほとんど休まずに働き続けた。式から1週間後には仕事に戻り、『W.Y.N.S.勘を働かせて計算する日々の数字』と題したラッキーナンバーの本をある幸運なカップルの特別注文で制作している。[50]この書名の意味するところは、きっと霊にしかわからないだろう。だが、略奪婚をしたばかりにもかかわらず、フーの「勘を働かせて計算する数字」は依然として高い人気を誇っていた。

フーとスーフィーがいわゆる新婚旅行に行かなかったのも驚くことではない。ふたりとも仕事に夢中で、身に着けた民族衣装の下には無限の策略が詰まっていた。ステファニーが反対したスーフィーの提案も、フーはすんなりと受け入れた。「彼はとても優しく、誠実で、献身的で、素晴らしい人です[51]」とフーは新婚の夫について語っている。「家の中ではまるで赤ん坊のよう。30年生きてきていろんな男性を見てきました。でも、彼のような人は初めてです」。彼女はスーフィーに、危険な労働運動の指導者は止めて「東洋の神秘主義の伝道師という安全な仕事[52]に戻ったらどうか」と勧めた。彼女の言葉は大きな効果を発揮する。「8年間の戦いの末に[53]スーフィーは考えを変え、平穏を求めているように見えた」とある記者は書いている。

この頃のスーフィーはまさに平穏そのものだった。少なくとも、マーケティング戦略として「平穏」を前面に押し出し、フーとともに新たなビジネスに着手している。「平穏の聖堂」と名づけた集いの場を作り、「東洋の神の神秘と叡智がついに明かされる！」という新聞広告を打ったのだ。フーの夢本やステファニーの数当て宝くじと同じく、この聖堂はハーレムで最も絶望的な状況にいる人々がターゲットだった。「人生は苦痛か？[54]」と広告に大きな文字が躍る。「ありったけの勇気を振り絞って成功や夢の実現を目指したがうまくいかなかった、そんな経験はありませんか？私たちが、あらゆる手を尽くしてあなたの幸せのお手伝いをします」。噂では、フーはこのビジネスに多額の私財を投じていたという。[55]スーフィーを悪く言う者も多いが、少なくとも自立した強い女性を恐れていなかったことだけは確かなようだ。

1938年の復活祭の日、聖堂は200人以上の聴衆を前にしてその扉を開けた。[56] 照明が暗くなり、どらが鳴り、カーテンが上がるとそこには「アミル＝アル＝ム＝ミミン司教」と名乗るスーフィーが立っている。その出で立ちはローマカトリックの司祭を思わせるもので、「黒と金のビレッタ帽を斜めにかぶり、明るい黄緑色の紋織りした衣の上に22カラットの金の祭服をまとっていた」。彼の信奉者たちは畏敬の念に打たれたが、会場にいた記者たちは無表情だ。お香の煙が立ち上るなか、彼は何やら唱え始めた。「オー、アラハ・ロ・チャ、ギャ・ギャ、ウーン・シー・フーラ。アラー・シー・フーラ、シー・スーザ、シー・スーザ、シュー・シーリー」。これは中国語だ、とスーフィーは言った。「私の前世が中国人でなかったら、中国語を知っているはずはない」と声を上げる彼は、明らかに自分のパフォーマンスに酔いしれている。記者たちは面白おかしく書き立てたが、この聖堂の設立セレモニーは大成功だった。スーフィーとフーはハーレムで大きな影響力を持つ新たなカップルとなり、この街の神々や霊までも味方につけたかに見えた。

その一方で、スーフィーは自分の死の予感に悩まされ始めていた。ある日曜日、彼は瞑想を中断し、「次の日曜日に、おれの写真が国中の新聞の一面に掲載される」とフーに言った。そしてその日のうちに、自分のための儀式のときだけ使用する特別なキャンドルに火を灯した。フーも横に立ってその炎を見つめていたが、「突然、何もないのに火が消えてしまったのです」[57]。少なくとも、彼女は後にそう話している。こういうエピソードは、彼女の「霊媒師」としてのブランドにふさわしかった。

やりすぎと思われるほど過剰な演出（22カラットの金の祭服！）にかけては右に出る者のいないスーフィーが飛行機を買い、「これで自分の母国であるエジプトに向かう」[58]と周囲に話したときも、驚く者はいなかった。これは彼の長年の夢でもあった。1938年7月31日、彼はテスト飛行を決行する。

スーフィーは秘書とパイロットを伴って機内に足を踏み入れた。すぐ近くでフーと彼の信奉者数人が見守っている。離陸した飛行機は上昇し、スーフィーはどんどん太陽に近づいていった。だが、何かがおかしい。飛行機がフリスビーのように回転し始めた。何か、とんでもないことが起こっている。飛行機は見ていて気分が悪くなるほど急降下し、近くの野原をめがけ、墜落した。機内の3人は外に投げ出された。パイロットは即死。秘書は重体で近くの病院に運ばれた。そして、スーフィーは何か言いたげに起き上がろうとした後、地面に倒れこんで息絶えた。[59]フーの愛の物語は、またもや炎に包まれて終わりを告げたのだ。

スーフィーを失い、フーはまたひとりになった。だが、幸いにもフーのマーケティング能力は健在だった。赤いドレス姿[60]でインタビューに応じ、「飛行機事故以来、涙が出ない」と言いつつ多くの記者の前で大泣きするなど、派手に活躍した夫を亡くした妻という役割をいとも簡単にこなしたのだ。ふたりの結婚生活において神秘的なのはスーフィーだけではないことを知らしめるかのように、フーは彼が90日後に死から甦ると公言する[61]。そして、イスラム教、仏教、南部バプテスト派の伝統を融合させた葬儀を二度行った。スーフィーは一度の葬儀で満足するタイプではない。スーフィーの信奉者が最後のお別れをしようと何百人も詰めかけ、フーはその前に立って「不可解な微笑[62]」を浮かべていた。信奉者のひとりは「彼女は生まれたときも笑顔だったに違いない」と感心したように言った。

ある側面から見れば、フーはこの悲劇に完璧に対処していた。彼女が「平穏の聖堂」の新たな指導者になるという噂が流れ、記者たちは「ハーレムに初めて黒人予言者が誕生しようとしている[63]」と書き立てた。だが、別の側面から見ると、この悲劇は一部の人がずっと疑っていたこと、つまり彼女が詐欺師だということを証明したことになる。納得のいかないハーレム住人たちは「彼女は未来が見えるのに、なぜ夫の死を予知し、防げなかったのか？　おかしいじゃないか」といぶかしんだ。やがて、さらに悪評が立ち始める。フーは夫の死を予知していたが阻止しようとしなかった、だから一緒に飛行機に乗らなかったのだ、というものだ。ある記者は「フーは今起きていることを『見通し』、これから起きることを『知って』いた、だからすべての悲劇から遠ざかることができた――それが真実なのだろうか？」と書いた。「ハーレムの住人は真実を知りたがっている[64]」

フーはこうした批判を無視して自分の得意分野、つまりビジネスの世界に戻った。真っ先に「平穏の聖堂」運営に取りかかったが、スーフィーの正式な後継者に選ばれることはなかった（その栄誉はエル・アメヌ司教と名乗り、「平穏！　それは光だ！」[65]とやたらと叫ぶ男に譲られた）。フーはときどき無料で講座を開き、「集中することで隠された魂の力と接し[66]、人を動かして服従させる方法」について教えていた。またあるときは、聖堂の瞑想室で過ごすこともあり、信奉者は彼女を「静かなる祈りを捧げる小さき母[67]」と呼ぶようになった。

スーフィーの死は自分の霊能力をアピールするチャンスだと思ったのか、彼女はよくスーフィーの飛行機が墜落した地を訪れ、彼の霊と交信していると記者たちに話した。確かに、フーがその場所を訪れていたのは事実だ。彼女の運転手はしょっちゅう墜落現場に彼女を送り、夜が明けてから迎えに行ったと認めている[68]。フーによれば「氷と雪が広がる地面で」眠り、ある光景を見たのだという。それがどんなものかは、「近々出版する私の著書にすべて書いてあります」。この本は2巻構成で、書名はシンプルに『彼女』。「『彼女』は『生命の母』を表しています」とフーは謎めいた口調で記者団に語った。「『彼女』はイブが誕生する前から存在していました[69]」

スーフィーの死は痛ましい出来事だが、フーの知名度を上げることにもなった。彼女が持つオカルトの知識が、かつてないほど求められ始めたのだ。1939年、ある記者が彼女のアパートを訪れ、街を騒がせている殺人事件についての見解を尋ねた。その事件は奇妙なものだった。若い男が恋人の目の前で殺され、その恋人は証言台に立つ前に謎の死を遂げる。この不可解な死について霊的な見地からどう思うか、と記者はフーに尋ねた。フーは「彼女は死にたいと強く願っていた」と断言した。恋人はもうこの世にいないのだから。

「その青年は、いわゆる死という変化を経て大いなる未知の世界に入ったに過ぎないという可能性は十分にあります」[70]とフーは説明した。「神が彼を天界に迎え入れ、彼のソウルメイトは後を追った……死への願望は強力な潜在意識の要素になり得ます。そして病気で弱っている人やそうした精神状態に抗えない人を簡単に死に追いやるのです」

もしかしたら、このインタビューはフーの霊能者としてのブランドを高めるひとつの手段に過ぎないのかもしれない。だが、そうではなかったという見方もある。フーは抜け目のないやり手だが、血の通った人間だ。亡くなった女性に共感を覚え、心を痛めていたのかもしれない。フーの本や商品を求める多くの人と同じように、つらい出来事と折り合いをつけるために超自然現象を持ち出したのではないだろうか。彼女自身もソウルメイトを失った身だ。

東インドの「成功の秘油」はインチキかもしれないが、フーのビジネスは誰も傷つけることはなかったはずだ。だが、１９４１年に彼女は重窃盗罪で拘置所行きになる。逮捕までの７年間、彼女は自分に悪霊がついていると思いこんだアイダ・リーマタイネンという女性から金を受け取っていた。アイダは悪霊たちに人生を狂わされるのを阻止するためならフーにいくら払っても惜しくないと考え、フーはこの難しい仕事を喜んで引き受けていた。だが、残念ながらフーは哀れなアイダを悪霊たちから守ることはできず、ある日アイダは自分が騙されていたことに気づく。そして警察に通報し、フーは逮捕された。法廷では彼女は長いベールをかぶって[71]その有名な顔を隠していたが、記者たちは何とか彼女が本物のフーだと確かめることができた。ところが、その後流れが変わり——それとも霊たちが助けの手を差し伸べたのか——フーの友人たちが保釈金を払って彼女を拘置所から出してくれた。フーには最近着手した「使命[72]」があり、友人たちはそれを続行してほしいと望んだのだ。やがて、不思議なことに彼女への告訴は却下された。[73]

その後20年以上、フーはそれまで以上の成功を収め続ける。これまで語っていた東インド出身という経歴はエジプト出身に変更された。亡き夫のこだわりを受け継ぎたかったのかもしれない。「フー・ファァタム・エジプシャン・プロダクツ」という店を開き、「エジプシャン・スイート・エアインセンス」（開封するといい香りが漂う不思議な不燃性のお香）や「オールパーパス・ルクソー・バス」（フーによれば「クレオパトラが使った」のと同じ泡風呂の素）を販売した。この店はかなりの人気だった。[74]クレオパトラになった気分でお風呂に入ってみたいと思わない人がいるだろうか？　1949年に宣伝された新刊『力への飛行[75]』には、「古代の処方」なるものが紹介された。1950年、彼女は店の名前を「ファァタム聖具店[76]」に変え、「最も目の肥えた客も満足できる」店だと宣伝した。1952年末には「フー・ファァタムのミラー・ガイド・グリーンカード[77]」という数秘術の新商品を発売する。彼女の商品は聖具店、ドラッグストア、食料品店、文房具店、新聞販売店でも買うことができた。[78]さらには通信販売にも手を広げ、マダム・ファァタムはあらゆるオカルト市場に君臨した。

彼女は1960年代後半、60歳を過ぎた頃まで新聞で夢本や霊視などの広告を出し続けていた。だが、その頃家具つきの部屋に座ってマリファナを吸い、ベルボトムジーンズを穿き、広告欄をめくる人々の目は、おそらく「ヴァージン諸島から来たマダム・ロザリー」、「インドのヒーラー、ルーカス夫人」、「ジャマイカのミラクル・レディー」といった霊能力者の「飛ばさずにちゃんと読んで！」とか、「3日で絶対に幸せが訪れる！」といった目立つ広告に引きつけられただろう。フー・ファタムの広告の文字は以前より小さく、短くなっていた。たとえその広告に気づいても、読者はすぐにページをめくってしまうに違いない。彼女が誰なのか――あるいは誰だったのか――を知らなければ。

3ドル分の買い物で無料の占い。[79] 仕事、恋愛、あるいはその両方の相談に応じます。万策尽きたら、この店にどうぞ――フー・ファタムは1985年、ドロシー・ハミッド[80]として80年近い生涯を終えた。この頃には神秘ビジネスは引退し、これまで稼いだ金で悠々自適の生活を送っていたようだ。いや、フーのことだから、最後の最後まで仕事を続け、絶望している人に希望を、夢見る人に夢を売り、不可解な微笑みを浮かべていたのかもしれない。

6 ローズ・マークス

別名：ジョイス・マイケル、ジョイス・マイケルズ[1]

1951年〜

ニューヨークのマンハッタンには、悲しみを抱える女性がたくさんいた。彼女たちは高い教育を受け、成功し、そして絶望していた。ＭＢＡを取得し、『ニューヨーク・タイムズ』紙のベストセラーリストに入った本を読み、国際的な金融業界で仕事をしていても、プライベートではＤＶ夫やドラッグ依存の息子、死に直面した母親、うつ病の娘を抱え、恋人に振られ、癌と戦っている。彼女たちに何ができるだろう？　子どもの頃は、大人になれば何か特別なこと、生きがいと思えるものが待っていると信じていたのに、今は心の痛みを感じながら重い足取りで街を歩いている。そのとき、まるで魔法のように何かが現れた。[2]小さな店だ。灯りがこうこうとついている。

正面の看板には「霊能者ジョイス・マイケルズが教える引き寄せの法則」、「飛び込み歓迎」と書かれている。店内には宗教画や彫像が飾られ、霊能者は長いドレスと手首まで隠れるセーターという姿。部屋は閉所恐怖症になりそうなほどではないが、かなり狭い。親密な空間。店は、あの高級なプラザホテルの向かい側にある。セントラルパークからも近く、ブランドショップが並ぶ五番街からほんの数ブロック。ニューヨークの高級住宅街の中心[3]に灯された、静かなスピリチュアリティの光というところだ。ほとんどの客は飛び込みでやって来て、手相や星座による占いに50ドルほどを支払って帰っていく。だが、深い悲しみに打ちひしがれた女性が店に足を踏み入れたとき、この霊能者は本領を発揮するのだ。

「どうされましたか?」。暗い顔の女性は自分の悩みを吐き出す。霊能者は熱心に耳を傾ける。「お役に立てるかもしれません。でも、祈りを捧げ、瞑想するときに個人的な品が必要になります」。個人的な品を貸すのは、ある意味[4]勇気がいる。彼女はイエスと言うだろうか? 「あなたが今着けていらっしゃる、そのブレスレットは? ああ、おばあ様からの贈り物? 理想的です」

翌日、ブレスレットは無傷で戻ってきて、女性は安堵のため息をつく。だが、霊能者は彼女に悪い知らせを伝えなければならない。「あなたは前世の呪いを受けています」。だから夫に虐待されたり、癌になったり、母親の死に直面したりするのだ。次に、霊能者はいい知らせを伝える。「私ならあなたを助けることができます。神の仕事を行うためにここにいるのですから。それに、その仕事は無料です」。そして、いつもの決まり文句。「ただ、この仕事の過程で――あなたが犠牲にしなければならないものがあるのです」

犠牲? 「そう、古代ならこれほど深刻な呪いを解くには、生け贄として犠牲になる人間[5]が必要でした。もちろん、今は誰かを殺したりしませんよ、ご安心を。現代の『犠牲』は、単純にお金です。お金は諸悪の根源ですから、浄化する必要があるのです。もちろん、呪いが解ければお金はそっくりそのままお返しします。ブレスレットもお返ししたでしょう？　すべての状況が好転し、きっとみんなまた笑顔になれますよ。でも、その前に――この向かいにATMがあります」[6]

1951年5月3日[7]、ローズ・イーライは霊的ガイドや霊視がごく身近にある世界に生まれた。彼女の祖先は約1000年前にインドからヨーロッパに移住したロマだ。彼らはそこで迫害を受け、奴隷となり、最終的にはナチスによって虐殺された（ロマはしばしば「ジプシー」と呼ばれるが、これは彼らの起源がエジプトだとする誤った考えに基づく中傷だ）。イーライ一族は20世紀初頭にギリシャからアメリカに渡り、ほかの多くの移民と同じようにアメリカ文化と独自の文化の間を揺れ動いていた。結婚の持参金、見合い結婚、占いといった古代からの決まり事を維持しながらも、アメリカンドリームを追い求めたのだ。

ローズはニュージャージー州ニューアーク郊外で育ち、家族はコミュニティの慣習に従って彼女が小学3年生になってわずか数週間後に学校を辞めさせた。ローズはまだほとんど読み書きもできなかったが、その代わりに別の技術を教わることになる。[8]掃除、料理、夫の世話の仕方、夫の母親に仕える方法、そして占い。まもなく、ローズは家業である占いの仕事を始めた。母親も祖母も霊能者だ。何百年も前から、イーライ一族の女性たちはこうした能力を受け継いでいた。ローズの言葉を借りるなら「神様からの贈り物」だ。もっとも、この能力はある意味呪いでもあった。ローズは9歳のときに初めて予知夢を見たが、それは恐ろしい体験だった。予知夢は祖母の死を正確に予言したのだ。

ローズが10代になると、両親は娘に将来の夫を選んだ。その結婚も、そしてその次の結婚もうまくいかなかったが[9]、次に両親はニコラス・マークスという男性を見つけ、ローズとニコラスは結婚する。ふたりは3人の子どもに恵まれ、ローズは自分の才能を活かして稼ぎ頭となって商売に励んだ[10]。この才能は天性のもので、ほかの仕事をすることは最初から頭になく、またその機会もなかった[11]。

2000年代に入ると、ローズのビジネスは順調に成長し始めた。彼女はジョイス・マイケル（マイケルズと表記することもあった）という別名を使い、マンハッタンに「ジョイス・マイケル占星術」という店を開いて大金を落としてくれる多くの客を引き寄せていたのだ。それ以前、彼女は夫ニコラスとともにフロリダ州南部に移り住み、スピリチュアルの店を開いて小さな帝国を築いていた。妹、3人の子どもとその配偶者、さらには孫娘を雇っての家族経営だ。ほとんどの場合、女性が働き、男性はその仕事を監督し、女性が稼いだ金を使う[12]。それもかなりの大金だ。金で買えないものなどあるだろうか？　高級車、派手なオートバイ、ブランドものの洋服。ダイヤモンド[13]。複数のバスルーム。ローズと夫はフォート・ローダーデールで、ヤシの木が並ぶ海沿いの屋敷に住んでいた。数百万ドルもするガラス張りの寝室が7部屋、バスルームは9部屋ある。ガレージにはクリーム色の1977年製ロールス・ロイス、いくつものクローゼットには数十万ドル相当の宝石類が収納されていた。

これほどの富を得ることができたのは、ローズが極めて優秀な占い師だったからだ。正規の教育を受けていないにもかかわらず、彼女は本を読むように人の心を読むことができた。生まれつきの知性はコールド・リーディング［事前の情報や下調べなしで相手のことを言い当てる技術］、ホット・リーディング［事前に情報を収集したことを隠し、その場で相手のことを言い当てたように思わせる技術］、手相占いなど手際のよさを必要とするビジネスで大いに役に立った。その後、ローズが弁護士を雇わなければならないほどのトラブルに見舞われたとき、その弁護士フレッド・シュワルツは彼女の生まれながらの聡明さに感銘を受けたという。「彼女はほとんど字が読めず[14]、書くのも大変そうでした。でも、とても頭のいい魅力的な女性です。ときには扱いにくいと感じることもありましたが、問題に直面し、分析し、解決する力のある人でした。それが彼女の仕事でしたからね」

ローズの中には悪魔がいたことも事実だ。たとえば、彼女は少々度を過ぎたギャンブル好きだった。大金が入ってもすぐにギャンブルで使い果たしてしまう。だが、仕事では着実に獲物を仕留めていた。家族の若い霊能者たちでは手に負えなくなったり、客が怖じ気づいて消極的になったりするとローズが案件を引き継ぐ。すると、突然その客は前の5倍、10倍、15倍もの金額[15]の小切手を書くようになった。ローズは一族の糸を操る存在だ。霊能者として君臨する家長。客のひとりは後に「実に多くの幅広い知識の持ち主です。[16] 基本的に、彼女がすべての采配を振るっていました」と語っている。別の客はただ一言、「一流の霊能者だった」[17] と言った。

ローズが一流の霊能者だったという証拠は、一番の得意客である悩める女性がローズと電話で話すために年間100万ドルを支払っていたという事実が物語っている。


ローズの一番の得意客は『ニューヨーク・タイムズ』紙のベストセラーリストに何十冊も掲載される大富豪、ロマンス小説家のジュード・デヴローだ。少なくとも、1991年にマンハッタンにある「ジョイス・マイケル占星術」を訪れたときのデヴローは大金持ちだった。他人からは、彼女の人生は順風満帆に見えただろう。名声と富！ だが、その舞台裏は悲惨だった。夫からは精神的虐待を受け、母親になりたいという強い願いはなかなか叶わない。夫以外に愛する人もいる。デヴローはセラピスト、弁護士、友人たちに相談したが、結婚生活から抜け出してもっと豊かな人生を送る方法はなかなか見つからない。多くの問題から逃れる唯一の方法は自殺することだ、そんな考えが頭をよぎるようになっていた。「うつ状態の域を超えていました」[18] と彼女は後に語っている。「すべてを諦めていたのです」。そんなとき、「ジョイス・マイケル占星術」の窓の点滅する明かりが目に入った。彼女はその光に向かって歩いていった。

デヴローは霊能者という存在には半信半疑だったが、「ジョイス・マイケル」は素晴らしく聞き上手で、彼女の心は癒された。そして次の予約を取って2度、3度と訪れることになり、3回目のセッションでローズはデヴローが何よりも望んでいるものを与えると約束する。つまり、平和的な離婚を。デヴローが週に4、5回ローズのもとを訪れるようになるまでそう時間は掛からなかった。

デヴローは、ローズがいわゆる霊界――呼び方は何であれ――と本当につながっていると感じた。彼女はこれから起こることを「知っている」のだ。長年望んでいた離婚が夫から切り出されると予言し、その通りになった。離婚届は午後4時から5時の間に郵送されると言い、なんとそれも的中する。あるとき、ローズはデヴローに電話をかけて「あなたの夫が殺しに来る。今すぐそのマンションを出なさい！」とヒステリックに叫んだ。デヴローはホテルに泊まり、数日後にマンションに戻ると、実際に夫がここに来たことをマンションの従業員たちから聞かされる。「あんなに怒り狂っている人間を見たのは初めてだ」[19]と彼らは言った。

デヴローは少しずつ、ローズを心から信じるようになっていった。ローズが私立探偵を雇い[20]、水晶玉を見るようにデヴローの泥沼の恋愛事情を覗き見していたことなど彼女にわかるはずもない。彼女がわかっているのは、ローズの予言は近い将来に的中するということだけだ。やがて彼女はお抱えの霊能者としてローズを雇いたいと告げ、ローズは年間100万ドルなら、と答えた（後にローズは冗談のつもりだったと主張している）。年間100万ドル出せば昼夜を問わずローズに助けを求めることができる。そうすればすんなりと離婚することができ、新しいソウルメイトと出会い[21]、欲しくてたまらない赤ん坊を産むこともできるに違いない。しかも、「仕事」がすべて完了すれば、年額からわずか1200ドル[22]を除いた金額が返金される。デヴローはこの取引に心惹かれ、ローズの要求通りの額を支払うことに同意した。

そう、ローズは腕のいい霊能者だ。年間100万ドルを要求し、受け取るだけの資格はある。だが、やがて彼女の腕をもってしても止めることのできない、はるかに強大な力が猛威を振るう。

2000年代半ば、ローズは両親と夫、そして7歳になる孫を3年の間に立て続けに亡くしたのだ。彼女は悲しみに打ちひしがれ、薬、アルコール、ギャンブル[23]など、苦痛を和らげられるものなら何でも手を出した。フロリダ州ハリウッドのセミノール・ハードロック・カジノの常連[24]になり、4年間で965万ドル以上を費やした。彼女は暗闇に落ちていった。一番下の息子マイケルは、母の人格が変わり始めていることに気づいた。以前より口うるさくなり、いつも怒っている。[25]彼は、この時期に母親は「ギャンブル依存症[26]」になったと考えている。ギャンブル依存症はアメリカ精神医学会の「精神障害の診断と統計マニュアル」で認められている障害だ（ギャンブル依存症になると、大まかに言えば麻薬のようにギャンブルに依存し、我慢していると強い苛立ちを感じるようになる）。「私は何ひとつコントロールできなくなりました[27]」と後にローズは語った。「依存症に支配されてしまったのです」

悲しみと酒で頭がもうろうとしながらもローズは仕事を続けたが、裏方で采配を振るうことが多くなった。客が店にやって来ても対応は一族の誰かに任せ、偽名で開設した銀行口座に料金を支払わせるように裏で指示した。ローズの一族のなかには、彼女が太ったのは「路上に出て客を捕まえない」[28]からだと不満を漏らす者もいた。だが、家長である自分がなぜ客引きをしなければならないのか？　何十年経っても、ローズは霊能ビジネスのトップに君臨していた。だが、金はあっても心は孤独だ。彼女は自分が予測できなかった悲劇に打ちのめされていた。

チャーリー・スタック刑事は、怪しげな金の怪しげな動きについては熟知していた。フォート・ローダーデール警察の詐欺捜査課で唯一会計学の学位を持っており、デスクの上には毎日のように金にまつわる事件の書類が置かれている。いつもネズミ講や住宅ローンの詐欺事件の対応で手一杯だ。だから、2007年4月に巡査部長から新しい事件が持ちこまれたとき、それが占いに関するものだと知って彼は「やれやれ」とうんざりした――最初のうちは。

アイルランド系カトリックでニューヨーク市警の警官だった父を持つスタックは、初対面ではかなり威圧的に見える。彼はキックボクシングのコーチをしていた。空手ではもと全米チャンピオンだ。潜入捜査で麻薬王やロシアマフィアと対峙したこともあり、ある公選弁護人は彼を「これまで会った中で最もタフな男」[29]と呼んだ。スタックが感情的になることがあるとすれば、それは被害者、特に苦境に立たされた女性に出会ったときだ。これは5人姉妹と育ったせいか、あるいはアイルランドから移住してきた母親がどれだけ苦労してきたかを目の当たりにしてきたせいかもしれない。いずれにせよ、デスクに無造作に置かれた事件の書類をよく見てみると、霊や予知夢騒動の裏には深刻な被害を受けた人々がいることがわかった。

この事件は、「ジョイス・マイケル占星術」なる店で数千ドルの金を失った女性に関するものだった。もともとニューヨークで始まった事件だが、最終的にはフロリダの管轄になっている。銀行の記録によれば、被害女性の金はフロリダに流れていたからだ。スタックがさらに追跡したところ、ある不審なパターンに気がついた。複数の口座の金が最終的に「ローズ・マークス」や「ジョイス・マイケル」の大口の口座に流れていたのだ。たとえばナンシー・マークス（ローズの義理の娘）名義やそのほかの小さな口座への入金は数千ドル程度だが、「ローズ」と「ジョイス」の口座には度肝を抜くほどの大金が振り込まれている。スタックには信じられなかった。25万ドルのときもあれば、30万ドルのときもある。「占いでこれだけの金が動くのかと驚いたよ」とスタックは語っている。

同僚の刑事たちはこの事件を軽く見ていた。だって、誰も死んでいないじゃないか。武器を持った犯人も、コカインをばらまく売人も、復讐に燃える者もいない。これはくだらない魔術を信じて占い師にほいほい金を出した挙句、泣き言を言っている女たちの事件に過ぎない。こうした事件で警察が言うことは決まっている。「犯人は被害者に銃を突きつけて金を奪ったわけじゃない」。だが、スタックはこの事件の背景をもっと捜査する必要があると考えた。彼は友人の連邦検事局やシークレット・サービスの捜査員を訪れ、これは大事件になるかもしれないと告げた。それもかなりの大事件だ。

こうして、ローズ・マークスが君臨する一族に対する4年半にわたる捜査が始まった。スタックはマンハッタンからフロリダまで一族を捜査し、何千枚もの写真を撮り、電話を録音し、さらにはゴミを漁った。ゴミからはカルティエの空き箱など、華やかな暮らしを思わせるものも見つかった。ハイヒールにミニスカート姿のマークス家の女たちがローズの屋敷から出てくる場面にも遭遇した。一族が所有する車はどれも高級車だ。黒のベンツ、真っ赤なポンティアック・トランザム、青のベントレー・コンバーチブル。男たちは高価なオートバイを乗り回していた。ハーレーダビッドソン、ドゥカティ、ヤマハ。「一族はみんな、マフィアのようにニックネームで呼び合っていた」とスタック。「夜になると、本物のマフィアかと思うような場面が繰り広げられる。パーティーで浮かれ騒ぎ、金遣いも荒く、豪勢な暮らしぶりだった」。「ピンキー」[30]というあだ名のローズは、1カ月で10万ドル[31]を使い果たすことも珍しくなかった。

カルティエの時計やドゥカティのオートバイの代金の出所は、多額の金を騙し取られた客だ。その悲惨な状況に、スタックは頭に血が上る思いだった。彼が聞き取りを始めると誰もが恥ずかしさのあまり涙を流し、自分の人生を何十年も捧げ、貯金を使い果たしたのに「何も手に入らなかった」と語った。被害者のなかに、子どもを作ることを夫に拒否されたイギリスの事務弁護士[32]がいた。別れ話を切り出されたうえ、膵臓癌と診断された彼女は、ある若い女性に夫の凍結精子が入った小瓶を託したまま亡くなった。また、脳腫瘍を患った日本人女性もいた。彼女は病気が治ることを信じて霊能サービスに大金を使い、現在家を失いかけている。それから、父の死を悼み、霊の声が聞こえると信じこんでいる統合失調症のトルコ人男性[33]。心臓肥大のアメリカ人女性[34]

は、霊が別れた夫を呼び戻してくれることを願っていた。家族とは疎遠になっていて、彼らは女性が亡くなって初めて全財産を占い師につぎ込んでいたことを知る。

被害者はさまざまだが、詐欺のテクニックはほぼ同じだ。悲嘆に暮れ、藁にもすがる思いの被害者たちはローズや一族の誰かに個人的な品を預け、翌日「あなたは呪われている」という悪い知らせを聞く。ローズは「諸悪の根源はお金」だと告げ、具体的な金額を要求する。「あなたのラッキーナンバーは5だから」[35] 5000ドルにしましょう。そのお金を浄化しますが、もし「仕事」が完了する前に返金を希望した場合、すべては無に帰し、一からやり直さなければなりません。そう説明した後、ローズは必ず客にこう念を押す。「このことは、誰にも話してはいけませんよ[36]」

1日、1週間、1カ月と時間が経つにつれ、ローズの要求は増していく。「仕事」は絶対に完了しない。彼女は真夜中に客に電話をかけ、今すぐこれをしろ、あれをしろと命令する。「今から銀行に急いで！ 霊界の緊急事態です」。また、親切にして信頼を勝ち取ったかと思うと、突然冷たい態度を取ることもあった。口癖は「さあさあ、落ち着いて。ヒステリックになってはだめよ[37]」。もう「仕事」を打ち切ってほしいと客が言うと、「ではあなたの人生は破滅するでしょう[38]」と言い放つ。ローズの要求はエンドレスだ。家を売りなさい、ヨットの売却益を分配しなさい。ローズと一族はかなり具体的な品物も要求した。高級百貨店サックス・フィフス・アベニューやニーマン・マーカスのギフトカード[39]、ランジェリーやマタニティ・ウェア、グッチの靴、「時間を戻す」

ための時計[40]。被害者は呆然としながらも、どんなに奇妙な要求も受け入れてしまう。「さあさあ、落ち着いて」。予言が外れ、ローズにソウルメイトだと言われた恋人が浮気をしても、ローズは客を逃がしはしない。返金を迫ると、そのお金は「犠牲[42]」にせざるを得なかった、あるいは「大天使ミカエル[43]」だけがその場所を知っていると煙に巻かれる。それでも「本気で」抗議したら、ある日ローズの弁護士が家にやって来てわずかな金額の小切手を渡され、「自分はマークス一族による詐欺の被害者ではない」という同意書にサインさせられることになる。

とんでもない話だと思うだろうが、そう思えるのはローズが張り巡らした網にかかるまでの話だ。彼女の網はとても巧妙だ。だが今、その網は丹念に調べられている。マークス家の女性たちが実際には未来を見通すことなどできないと証明するため、チャーリー・スタックは被害者の何人かに頼んで彼女たちに嘘の話をしてもらった。結果、やはりこの霊能者たちが嘘と真実を見分けることはできなかった[44]。

2008年1月15日、スタックはジュード・デヴローを訪れる。有名な恋愛小説家の仮住まいはモーテルの一室だ。彼女はそこで途方に暮れていた。自殺願望[45]もまた頭をもたげている。17年前にローズと出会ったとき、彼女は惨めだったかもしれないが、少なくとも金と財産、そして健康はあった。だが今、そのどれも失ってしまったのだ。

1990年代、ローズがデヴローの離婚に向けて動いていた頃、デヴローは次々と現れる警告のサインに目をつぶっていた。ローズの天性の才能は本物のように見えたが、ときには外れることもある。彼女が約束した「平和的な離婚」は実現しなかった。デヴローの夫は彼女が懸命に働いて手に入れた家、車、そして現金を奪い、すべての支払いはデヴローにのしかかることになった。ローズが「夫は3年以内に死ぬから調停の内容は気にしなくていい」と言い、あらゆる書類にサインするよう勧めたからだ。17年後、彼はまだ生きていた。デヴローは後に「彼には今、何百万ドルもの財産があります」[46]と語った。「私よりずっとお金持ちよ」

それでも、ローズに年間100万ドルを支払って受けるサービスにはそれだけの価値がある、とデヴローは信じていた。何しろ、ローズは「強大な」力の持ち主だ。FBIも自分のところに相談に来る、と彼女はデヴローに語った。それに映画スター、もと大統領、チャールズ皇太子、ローマ法王も。長い歴史の弧さえも、ローズの思い通りに方向を変える。2000年のブッシュ対ゴアの大統領選で行われた票の数え直しや、1987年にテキサスの井戸からジェシカという幼児が救い出された劇的な事件に影響を与えたのも自分だ、とローズは言った。それに、1973年の『エクソシスト』は、実は彼女が扱った事件を映画にしたものだ、と。

ローズの力に畏怖を感じたデヴローは小切手を切り続けた。ときには金額を書かずに渡したこともある。ローズと出会った1991年からチャーリー・スタックと出会う2008年までの間にデヴローは約1700万ドルをローズに渡し、それと引き換えにローズは彼女の全人生を支配するようになった。ローズはデヴローに体外受精をすすめ、[47]卵子と精子のドナーを選び、デヴローの不妊治療の予約に同行し、8回のつらい流産を経験した彼女を慰めた。また、これから生まれるデヴローの子どもが21階のテラスから落ちて死ぬというヴィジョンを見たと言い、彼女にニューヨークのマンションを売るように命じた（デヴローはそれに従い、売却で得た金をローズに渡した）。もしもローズが最大の奇跡を起こさなければ、デヴローはもっと早く彼女に疑いを持ったかもしれない。だが、1997年、50歳のときに彼女はついに念願の息子を出産する。[48]

彼女の息子、サムは素晴らしい子だった。だが、サムが成長するにつれ、ローズはデヴローをさらに自分の網に引き入れ、その網はますます奇妙な様相を呈していく。2001年、ローズは当時の国務長官コリン・パウエルと再婚することになるとデヴローに信じこませた。このロマンスを説得力のあるものにするため、ローズはアリゾナの友人に頼んで「パウエル」からデヴローに宛てた手紙や電子メールを書かせている。ローズ自身はコンピュータを扱えなかったからだ。やり取りを重ねるうち、デヴローはすっかり信用してしまった。あるメールで「パウエル」はこう書いている。「戦争がいつ勃発してもおかしくないという危機的状況を目の前にして、私がどれほど多忙であるかはきっとご想像がつくでしょう。しかし、2月の第2週はコロラドで休暇をとる予定なので、もしかしたら足を伸ばしてあなたに会うことができるかもしれません」[49]。やり取りの相手が本物のコリン・パウエルだと思いこんでいたデヴローは、彼にローズの愚痴をこぼすこともあった。あるメールでは、ローズに1本電話をかけただけで大金をとられるようになったと書いている。「今では彼女に電話するのをためらうほどです[50]」

年月が経つにつれ、デヴローはどんどん金がなくなっていることに気がついた。彼女は執筆を続け、売り上げもよかったが、ローズはデヴローの銀行口座に入金があるとすぐにそれを引き出させていた。やがてデヴローは息子を連れてノースカロライナの田舎に移り住み、質素で金のかからない生活を送るようになる。サムは当時8歳で、釣りや狩りが大好きな遊び盛りの少年だった。ふたりは幸せに暮らしていた。だが、ローズですらコントロールできなかったあの闇の力は、今も密かに猛威を振るっていたのだ。[51]2005年10月6日、その力はデヴローに襲いかかった。

その日の夕方、デヴローは夕食の支度をしていた。サムは子ども用の電動自転車で出かけ、友達と通りで遊んでいた。デヴローは料理をしながら、何度もキッチンの窓の外に目をやった。サムがもうすぐ戻ってくるとわかっていたからだ。外はもう暗くなりかけていた。

友達の家にいたサムは、暗くなってから外に出てはいけないと母親に言われていたことを思い出した。辺りが暗くなり始めた頃彼は自転車にまたがり、母親が夕食を用意して待つ暖かい家を目指してできるだけ速く走った。だが、その田舎道には明かりがなかった。闇は急速に深まっていく。

時速60マイルで走るトラックの運転手は、サムに気づかなかった。[52]

サムを失ったデヴローは悲しみに崩れ落ち、それを受け止めたのはローズだった。デヴローに代わって葬儀と埋葬を手配し、[53]ノースカロライナの家を売った。デヴローはここに住むことに耐えられなかったからだ（売却して得た現金はローズのものになった）。彼女はデヴローのためにフロリダにアパートを借り、そこでデヴローは2年半、胎児のように身を丸めて泣き暮らした。[54]

ローズの言動は親切で思いやりのある友人そのものに見えた。だが、その裏で彼女は網をますますきつく張っていたのだ。「仕事」は死によって終わることはない、とローズは言った。むしろ、この「仕事」はこれまで以上に重要だ。自分がいなければサムの魂は地獄に堕《お》ちるかもしれない。デヴローはただ座って、地獄の炎や天罰について、そしてサムに永遠の呪いをかけるために前夫に雇われた「危険極まりない黒魔術師たち」の話をぼんやりと聞いていた。そして、ローズが小切手を切るように言うと、おとなしくそれに従った。

ローズの話はどんどん奇想天外になっていく。自分はサムが死ぬことを初めから知っていた、だから8年前にデヴローが体外受精をしたときの胚をひとつこっそり取っておいたと言い出したのだ。彼女によれば、この胚はシンシア・ミラーという処女に渡され、その処女はサムの弟にあたる男児を産んだという。やがてデヴローが死ぬとその魂はシンシアの体内に宿って生まれ変わり、あの有名俳優ブラッド・ピットと結婚する。そう、実際ブラッド・ピットとアンジェリーナ・ジョリーの関係は問題をはらんでいた。ローズの話が真実だと証明するかのように、「彼」はデヴローにlegend0999@yahoo.comというアドレスから電子メールをよこすようになる。

後にデヴローは、自分がそんな話を信じたなんて正直信じられないと認めた。だが、当時は絶望の霧に包まれ、ローズの嘘を見抜くことができなかったのだ。彼女の話はデヴローにとっては命綱と同じ。彼女は遺言書を書き換え、将来自分の生まれ変わりとなる「シンシア・ミラー」にすべてを遺した。また、自宅を施錠するのを止めた。あなたが死んだら私が家に入って持ち物を調べる、とローズに言われたからだ。そしてある日、彼女は自分の未来を占ってもらうためにローズと海岸で落ち合った。ローズが遠くを指さした。ひとりの女性と男の子が砂浜を歩いている。あれは「シンシア・ミラー」と彼女が産んだあなたの息子よ、ただし魂の抜けた空っぽの体だけど、とローズは言った。砂浜を歩くふたりの姿を見て、デヴローの心に希望が灯った。

チャーリー・スタックがデヴローのモーテルのドアをノックして、ローズ・マークス、別名ジョイス・マイケルを詐欺で捜査していると言ったとき、彼女はスタックを信じなかった。この刑事の言うことなんかでたらめだ——だが、やがて彼女はちょっとした、だが残酷な事実を彼女に伝える。サムの弟を産んだ処女、謎の女性「シンシア・ミラー」は神秘的な未来の世界の住人ではない。ローズの義理の娘だった。

「頭をハンマーで殴られた気分でした[55]」とデヴローは語る。「騙されていたと初めて気づいたのです」

それから3年半後、チャーリー・スタックの捜査はようやく完了する。2011年8月16日火曜日、ローズ・マークスとその家族は電信詐欺、郵便詐欺、郵便詐欺および電信詐欺の共謀、マネーローンダリングなどの61の訴因で逮捕、起訴された（占い自体、そして霊を信じることは違法ではない[56]。そのため、マークス一族の裁判の焦点となったのは金銭だった）。『サウス・フロリダ・ビジネス・ジャーナル』紙の記者は「これまで南フロリダで起こった多くの詐欺事件を報じてきたが、この事件はかなり奇妙で驚きを隠せない」[57]と書いている。

デヴローは捜査を左右する存在になった。モーテルでスタックと話し合った後、彼女はローズを裏切り、捜査に協力しておとりになったのだ。スタックはローズと連絡を取り合い、彼女の心理戦につき合うようデヴローに頼んだ。彼はふたりの電話でのやり取りを録音し、その一部はローズの裁判で再生されている。その電話でデヴローは返金を迫った。浄化して保管しておくとあなたが言った私の数百万ドルは、今どこにあるの？

ローズは答えを用意していた。「あなたに渡すお金はないわ」とローズはきっぱり言った。

「あのお金をどうしたの？」とデヴロー。

「なくなったわ。すべて燃えてしまった」

「燃えた？　なぜ？」

「火災よ。９・11の。[58]すべて燃えて、なくなったの」

たしかにデヴローの金はほとんどなくなっていた。ただし、それは2００1年9月11日に起きたアメリカ同時多発テロで世界貿易センタービルが燃えたせいではなく、ローズとその一族が使い果たしたからだ。マークス一族に対する長い起訴状の中心となったテーマは、圧倒的に現金だ。だが、なかには2万7０００ドル分の個人小切手と37万375０ドル分の電信送金による詐欺だけでなく、もっと奇妙な容疑も記載されていた。たとえばある被害者の母親が結婚式で着けたベールを持ち去ったり、「仕事」を続けるためにベッドシーツを持ってくるように要求したりした罪（また、起訴状では「約188万4630ドル相当の金貨[59]」の権利を放棄するよう一族に求めている。一族はしばしば被害者たちに金貨を要求したが、これはバンク・オブ・アメリカが発行する小切手よりも神秘的な雰囲気を演出できたからだろう）。

最終的に、ローズ以外の8人は有罪を認めた。一族は被害者たちに何百万ドルもの賠償金[60]を支払うよう命じられたが、刑は懲役数年、執行猶予、自宅謹慎数カ月などかなり軽いものだ。だが、ローズだけは自分の有罪を認めようとしなかった。そのため、2013年8月に裁判が行われた。デヴローをはじめ、ローズの客だった多くの被害者が証言台に立ち、赤裸々に語った。どれだけ悲しみに沈んでいたか、ローズに出会ってどれだけ希望を抱き、挙句の果てにどれだけのものを失ったか。ときには、裁判長もローズの弁護人も、「世の中にこれほど騙されやすい人がいるのか」と、被害者たちの話に懐疑的な態度を示すこともあった。被害者の多くは裕福で教養もある。占い師が「大天使ミカエルがそうすることを望んでいると言ったから」という理由で自宅を売るとは、いったい何を考えているのだろう？　あるとき、ローズの手口は「巧妙だった」と主張した連邦検察官に裁判官はすかさず反論した。「いや、馬鹿げたくだらない手口です。[61]『巧妙』？　被告の話は荒唐無稽だ。ただ、それが真実だと信じたり、あり得るかもしれないと思いこまされたりした被害者がいるだけのことです」

被害者たちの話は、確かにどれも馬鹿げたものだった（ある被害者は、霊が掃除機を欲しがっているので買うようにローズに言われたと告白している）。だが、証言台に立った被害者たちは自分の行動を正当化しようとはしなかった。ただ、自分がいかに無力だと感じていたかわかってほしかったのだ。ある被害者は「ジョイス・マイケルがやれと言ったことは何でもやりました[62]」と言い、別の被害者はこう語った。「普通ならしないようなこともやっていました[63]。もともと私は軽く見られるタイプではないし、誰の言いなりにもなりません。でも、あの頃は本当に奇妙な感覚で――まるで誰かに操られているような気分でした」

地獄の炎、金貨、掃除機など法廷ではいろんな言葉が飛び交ったが、ローズの裁判の本質は詐欺という平凡な犯罪だ。確認したいことはただひとつ。ローズは客に返金を約束しながら、それを守らなかったのか？　1カ月近く証言が続いた後、陪審員たちはその答えが「イエス」であることを確信した。すべての訴因で、ローズは有罪となった。

現在、ローズはイリノイ州の連邦刑務所で10年の刑に服している。やったことを後悔してはいるが、それでも自分は無実だと信じていると息子たちは語る。彼女にとって客はすべて友達だった。「友達」。判決の日、ローズはまさにそう口にした。ときどき呼吸困難に陥りながら[64]、嗚咽まじりに謝罪の言葉を述べた。「私たちはともに年を重ね[65]、お互いの私生活の一部始終を共有しました」と彼女は涙した。「一生に一度の友情を永遠に失ってしまったことを、私は生涯悔やむでしょう」

ローズは自分が罪を犯していると自覚していたのだろうか？　それとも、友達を助けていると本気で信じていたのか？　一番下の息子マイケルは、夫と両親、そして孫を失った頃からローズは変わり始めたと考えている。「母は客にいろんなことを約束するようになりました」[66]と彼は言う。「最後のほうは、ギャンブル依存症が母の行動に大きく影響していたのでしょう。だから料金を上げ、どんどん金を請求したのです」。それでも、マイケルは母親が有罪だとは思っていない。自分の仕事をしただけだし、しかも人々に慰めを与えたのだ。いずれにせよ、母はそれほど特殊な存在ではない、と彼は語る。「ほかの占い師と大きく違うことをしたわけではありません。捜査が入ったために注目されただけだと思います」

ローズ・マークスの人生の中心に巣くっていた悲劇は、自分が客にした約束を果たすことができると本気で思っていたかどうかは「ほとんど問題ではなかった」ということだ。彼女は占い師になるべく育てられ、8、9歳の頃から働いていた。ほかの生き方を選ぶチャンスはなかったのだ。2016年、ローズの家族は彼女に判決を下した裁判官に手紙を送り、判決を取り下げてくれるよう懇願した。「ローズ・マークスが犯した事柄は、すべて私たち一族の文化の大きな部分を占めてきたものです。[67]彼女はそれを受け継いだわけですが、もうその文化は消え去りました。今後復活することもないでしょう」。この一族の女性として生まれたときから、ローズの運命は決まっていた。もちろん、頭に銃を突きつけられて強制されたわけではない。それでも「悲劇だと思います」とマイケルは言う。「母はとても聡明な女性です。大統領にだってなれたかもしれません」

65歳のとき、ローズは刑務所の中でGED（高校卒業認定資格）を取得した。彼女の家族は裁判官に宛てた先ほどの手紙でこの功績を讃えている。「たいしたことではないと思われるかもしれませんが、ロマのコミュニティにとっては偉業です。ローズは学校に行ったことがなく、読み書きがほとんどできなかったのですから」。GEDを取得した後、ローズは辞書の重要性を痛感し、自分で辞書を作ることを思い立つ。[68]昔のニックネームを使って、インターネット経由の小売企業Amazonから『ピンキーの辞書』を自主出版した。この辞書には「英語からロマ語に翻訳された1000以上の単語が掲載」されているという。表紙はピンクで、金貨が舞い散るイラストが描かれていた。この出版を受け、家族から裁判官への申し入れも、早期釈放の嘆願もすべて却下された。

ジュード・デヴローとチャーリー・スタックは親友になった。デヴローは彼にボクシングを教わり、[69]それをきっかけに現実の世界に戻って執筆を再開することになる。最近は殺人ミステリーを書いているらしい。自身のホームページによれば1年の半分近くを世界一周の船旅に費やし、船上で「貪るように」執筆しているということだ。「嫌なことがあっても、その出来事をどう小説に取り入れるかを考えることで心が落ち着くことがよくあります」と、彼女はFAQコーナーで述べている。「今は殺人ミステリーを書いているので、私が殺したいと思う人物のリストを作っています[70]」

ローズが服役している現在も、世界中で何かを信じたいと願う人々が財産を巻き上げられ続けている。2019年春、『ニューヨーク・タイムズ』紙は「霊媒師は新たなウェルネス・コーチ[71]〔心身の健康を指導する職業〕」という記事を、続いて「占星術というベンチャービジネスに金をつぎ込む投資家たち」と題した記事を掲載して「霊的サービス市場[72]」は21億ドルの価値があると結論づけた。何かを信じることで成り立つ世界は、絡み合う糸のようなものだ。信じさせる側は訴えられる者もいれば崇められる者もいる。信じた側は警察に駆けこむ者もいれば、最後まで疑いを持たない者もいる。誰もが何かを信じたいと願い、確かな根拠を求めている。この思いが人に優しさや希望をもたらし、無防備にする。そして、ときにはまんまと騙されてしまうのだ。

現在、シリコンバレーにある多くのＩＴ企業が多額の利益を上げる一方で、かつてローズが帝国を築いた店の跡には別の占い師が店を構えている、とマイケル・マークスは話す。「マフィアと同じですよ。ある一族を消したところで、その空いた場所を別の一族が乗っ取るだけです[73]」。今も、悲しみに沈む女性が明かりの灯る小さな窓を見ながら、この店に足を踏み入れるべきかどうか迷っている。

作り話の名人

Key Item

下手なロシア訛りの話し手……ふたり
上手なガーナ訛りの話し手……ひとり
刺激的なドイツ語の見出し……ふたつ
自費出版の本……1冊
自費でレコーディングした曲……2曲
ジャガイモの山……ひとつ
ニセモノの夫と恋人……たくさん
NFL選手のクレジットカード……1枚
妊婦の振り……7回（8回の可能性あり）
本物の妊娠……4回
『ドクター・フィル』の番組出演……1回
ヌーディスト・コロニー……1カ所
作り話に利用された本物の傷跡……ふたつ
悪夢のような住み込みのベビーシッター……ひとり
ある有名人の名前にちなんだパスタ料理……1品

7 アナスタシアたち

1918年〜

ドイツ、ベルリン、1920年2月のある寒い夜、橋から若い女性が川に飛びこむのをひとりの警官が目撃した。彼は女性を川から引き上げ、毛布にくるんで事情を聞こうとした。だが、彼女は何も話そうとしない。警官は彼女を地元の病院に連れて行った。女性は医師や看護師にも口を閉ざしたままだ。病院は仕方なく彼女をフロイライン・ウンカベント（見知らぬお嬢さん）と呼ぶことにした。

フロイライン・ウンカベントに会った人はみな魅了された。過去に何かつらい経験をしたことは明らかだ。歯は腐り、体中に傷があり、足には銃剣[1]でつけられたような跡がある。だが、同時に不思議な育ちの良さを感じさせた。いったい何者だろう？　これまでどんな経験をしてきたのか？　病院で頑なに口を閉ざす彼女は精神病院に送られたが、そこで過ごした約2年間も決して喋ろうとはしなかった。

1921年の秋、フロイライン・ウンカベントは精神病院の図書室で雑誌『ベルリーナー・イルストリールテ・ツァイトゥング』[2]に目を留めた。表紙の写真は、もうこの世にはいないと思われる若く印象的な女性たち。最後のロシア皇帝の娘で、ロマノフ家の皇女たちだ。3年以上前のロシア革命で全員銃殺されたというのが大方の見方だった。だが、なかにはありそうもない希望を抱く人々もいる。雑誌の写真の下には、こんな見出しがついていた。「ロシア皇帝の娘は生きている？」

ロシア皇帝の娘は生きている？

フロイライン・ウンカベントは顔を上気させ、震え始めた。[3]

悲劇のロマノフ家4姉妹がおとぎ話の登場人物になったとしたら、アナスタシアは波瀾万丈《はらんばんじょう》の人生を送るべく生まれた皇女として描かれるだろう。彼女はロシア最後の皇帝の末娘で、意志薄弱なニコライ2世と国民に不人気な妻アレクサンドラ・フョードロヴナとの間に生まれた。アナスタシアの姉のオリガ、タチアナ、マリアは夢見がちで愛らしく、弟のアレクセイは病弱で甘えん坊だった。そしてアナスタシアは、楽しいことが大好きな子ども――いわゆるお転婆娘だ。姉たちが白いドレスを着て衛兵たちとふざけながら歩いていた頃、彼女は木に登って石を詰めた雪玉を投げていた。ある女官は彼女を「災いの源」[4]と呼んだ。「いたずらにかけては、彼女はまさに天才でした」[5]とかつての遊び友達は回想している。

16年間、アナスタシアは変化のない恵まれた生活を送っていたが、ある日革命が勃発する。ロマノフ家は3世紀にわたってロシアを支配してきたが、この最後の皇帝の優柔不断さに国民の不満は高まっていた。1917年3月、ストライキを起こした労働者と怒れる兵士たちはアナスタシアの父である皇帝を退位に追いやり、一家は全員逮捕された。同年秋にはウラジーミル・レーニン率いるボリシェヴィキが、ニコライの退位後に設立された臨時政府を掌握する。その翌春、もと皇帝一家はエカテリンブルクという反皇室派の多い敵地に移送され、イパチェフ館に幽閉された。一家は自分たちの運命を他人が決定するのをただ待つしかなく、レーニン率いるボリシェヴィキはこの忌まわしい皇帝一家をどうするのが一番いいか議論を続けていた。

1918年7月16日のうちに、革命派は決断を下す。警備兵が皇族たちを起こし、地下室に降りるように命じた。

その後何が起こったかは、何十年もの間謎に包まれていた。ロマノフ一家は皆殺しにされたと確信する者もいたが、誰の遺体も見つかっていない。やがて、噂が立ち始めた。一族は全員逃げおおせた、いや、何人かは死んだが生き延びた者もいるらしい。ひょっとしたら皇女は逃亡したのではないか。情報は少なく噂は多かったことが、皇女のニセモノを生み出す「肥沃な土壌になった」[6]とある歴史家は語っている。

まず数人のニセモノが現れ、命からがら生き延びたというドラマチックな話を売りこみ、同情を誘ってロシア人に金を要求した。それが数十人になり、数百人になり[7]、ニセモノの皇太子や皇女は「家族は全員命を落とし、選ばれし者である自分だけが生き残った」と主張するようになる

（ロマノフ一族はヨーロッパ中の銀行に多額の隠し財産があるという噂があり、貧乏な詐欺師が1、2カ月皇族になりすましてあわよくばと思うのは当然だった）。最初に自称アナスタシアが登場したのは1918年秋、イパチェフ館の地下室で起こった謎の事件からわずか数カ月後だ。彼女はあるロマノフ家の元皇太子の妻に謁見を許されるが、まともに取り合ってはもらえなかった。数カ月後、シベリアの修道院にいた女性が自分はアレクサンドラ皇后で、一緒にいるふたりの子どもはアレクセイとアナスタシアだと言い出した。ボリシェヴィキは結局彼女の嘘を暴いたが[8]、ニセモノは後を絶たなかった。

タチアナ、オリガ、マリアのニセモノはもちろん、ときにはロシア皇帝を名乗る大胆な詐欺師もいた（皇帝の顔は広く知られているので、これはかなり危険な橋だ）。だが、最も注目を浴びるのはアナスタシア――4姉妹の末っ子でやんちゃな皇女のニセモノだった。彼女たちの話は甘ったるいお涙頂戴もののだったが、ほとんどの場合世間の関心を集めることに成功する。つまりはタイミングの問題だ。彼女たちが語る物語は、ハッピーエンドを切望していた当時の世界にぴったりだった。第一次世界大戦後の影響に苦しみ、あちこちに革命の気配が漂い、タイタニック号が沈没し、王朝が滅亡する世界で、どうすればおとぎ話などを信じることができるだろう？　もっとも、プリンセスが墓から蘇えるなら話は別だ。そして、奇妙な期待が世界中に広がっていった。皇帝の娘は死んでいなかったのか？　もしかしたら、と人々は考えた。地下室で起こった惨劇を生き延びた人物がいるとすれば、それはアナスタシアのような少女に違いない。

『ベルリーナー・イルストリールテ・ツァイトゥング』を手に精神病院の廊下をさまようフロイライン・ウンカベントは、実はフランツィスカ・シャンツコフスカという若いポーランド人女性だった。だが、ベルリンの病院でそのことを知る者はいない。そこで彼女は、自分はアナスタシア・ロマノフだ、このたくさんの傷はつらい経験[9]でできたもので、そのために口を利くことができなかった、と厳かに告げる。人々は仰天し、強い関心を示し始めた。

フランツィスカは、自分が特別な人物になるべくして生まれたといつも思っていた。先祖は高貴な家柄[10]だが、彼女が生まれた頃には一族の最後の富の名残りも消え失せていた。財産もなく、憧れの目で見られることもない。目の前にあるのは畑仕事だけ、そして彼女は畑仕事が大嫌いだった。しょっちゅう畑から抜け出しては丸くなって本を読んでいた[11]。父親とは周囲には少し奇異に映るほど仲が良く、その親密さと彼女と母親の不仲から察するに、父親と近親相姦[12]の関係にあったのではないかと考える歴史家もいる。それが事実なら、彼女が現実から逃れたいと願っていたとしても不思議ではない。もっとも、ほかの多くの少女のように、単にプリンセスに憧れていただけとも考えられる。「彼女はいつも偉い人、一目置かれる人になりたいと話していました[13]」と当時の友人は語った。

だが、大人になってからの生活はそんな理想にはほど遠く、むしろ不幸が暗雲のようにつきまとっていた。父の死後ベルリンに移り住んだ彼女は、軍需工場で爆発の危険性のある手榴弾を磨

彼女の魅力からは絶対に逃げられない

世界を騙した女詐欺師たち

トリ・テルファー／富原まさ江訳

豪奢なドレス、気品あふれる表情、誠実な言葉——出会ったら好きにならずにはいられない女詐欺師たち。何事にも動じない勇敢さで数々の障壁を突破し、ターゲットは痛みを感じる暇もなく騙されていく。華麗なる手口をご覧あれ。

四六判・1800円（税別）ISBN978-4-562-07254-5

ホロスコープ作成ツールの変化に対応、より便利に

鏡リュウジの占星術の教科書Ⅰ 第2版

自分を知る編

鏡リュウジ

鏡リュウジ流の西洋占星術のメソッドを基礎から徹底解説。代表的な占星術ポータルサイトを使用したホロスコープを作成する方法を改めて詳解。ネイタルチャート（出生図）に表れる、性格、心理、人生の目的を読み解けます。2018年12月刊のリニューアル版。

A5判・2200円（税別）ISBN978-4-562-07256-9

自然の驚異を凝縮した石の魅力と文化

図説 宝石と鉱物の文化誌

伝説・迷信・象徴

ジョージ・フレデリック・クンツ／鏡リュウジ監訳

「パワーストーン」の思想のルーツとなった伝説的名著。20世紀初頭、ティファニーの副社長をつとめた鉱物学・宝石学の権威が、宝石にまつわる伝説や迷信、象徴や宗教的意味などを世界中から収集。2011年1月刊の新装版。

A5判・3800円（税別）ISBN978-4-562-07257-6

最新の研究成果を踏まえた決定版！

近現代軍事戦略家事典

マキャヴェリからクラウゼヴィッツ、リデル・ハートまで

今村伸哉監修／小堤盾、三浦一郎編

16世紀のマキャベリに始まる「軍事戦略思想」の推移・進歩を、その歴史に影響を与えた70名あまりの戦略家の生涯・業績・評価として事典形式で詳述。分かりやすい記述と同時に最新の研究成果を踏まえた決定版。

A5判・3800円（税別）ISBN978-4-562-07253-8

古今東西、人は移動しながら何を食べてきたのか。

冒険・探検・歩く旅の食事の歴史物語

エベレスト登山、砂漠横断、巡礼から軍隊まで

デメット・ギュゼイ／浜本隆三、藤原崇訳

太古から人が用いてきた移動手段、徒歩。未知の世界を歩くには食べ物が必要だ。登山家や探検家は綿密な計画を練り、軍隊のためには保存食が開発される一方、都市部ではスナックが簡単に手に入る。歩き旅の食事の多様性に迫る。

四六判・2300円（税別）ISBN978-4-562-07200-2

ファンタジックで奥深い「幻想動物」世界の入り口

図説 異形の変態

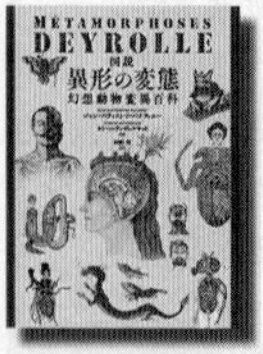

幻想動物変異百科

ジャン＝バティスト・ド・パナフィユー／河野彩訳

ハエ人間にブタ男、樹木娘、クモ女……。驚くほど多様性に富んだ「動物への変態」、「昆虫への変態」。その変異の過程と形態を詳細な「解剖図」とともに紹介。伝説・ファンタジーを超えた幻想動物世界を垣間見る希有の書。

B5変型判・2800円（税別）ISBN978-4-562-07241-5

「事実は小説よりも奇なり」運命に翻弄された20の物語。

運命が変えた世界史 上・下

上　アレクサンドロス大王からナポレオンまで
下　ペリー公暗殺から人類初の月面着陸まで

フランク・フェラン／（上）神田順子、田辺希久子、濱田英作訳
（下）神田順子、清水珠代、村上尚子、濱田英作訳

アレクサンドロス大王の大事業が未完のまま終わった運命に始まり、ルイ一六世とマリー・アントワネットの結婚、ブリュメール一八日のクーデターの不手際。北京の離宮円明園の略奪、ヴェルサイユ条約締結、月面着陸にいたるまで、歴史を揺るがした 20 の興味深い運命の物語。

四六判・各2200円（税別）（上）ISBN978-4-562-07244-6
（下）ISBN978-4-562-07245-3

新たな「ヒトラーの実像」が見えてくる。

20の視点から見た ヒトラーの真実と伝説 上・下

クロード・ケテル／土居佳代子訳

ヒトラーは不幸な子ども時代を過ごしたのか？　ずっと反ユダヤだったのか？　『わが闘争』の作文が少しも熟慮の上ではなかった。戦略家として実にお粗末だった。さまざまな角度からヒトラーを検討し、その実像を浮き彫りにする。

四六判・各2000円（税別）（上）ISBN978-4-562-07246-0
（下）ISBN978-4-562-07247-7

猫は文学の最良の友

名作には猫がいる

ジュディス・ロビンソン、スコット・パッ

古来から人間は猫に惹かれ、その姿
てきた。愛らしいペット、気まぐれな
対象、魔性の存在など、人間との複
映したさまざまな顔がある。猫が文
してきた消えない足跡をたどる。

四六判・1800円（税別）ISBN

大切にしている本はありますか？

書籍修繕という仕事

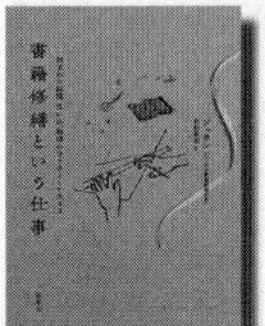

刻まれた記憶、思い出、物語の守り

ジェヨン／牧野美加訳

壊れかけた本をそこに込められた思い出
する「書籍修繕」。らくがきでいっぱいの絵
てバラバラになった辞書、祖母が何十年
帳。今までもこれからも、大切にされて

四六判・2000円（税別）ISB

村上たかし氏推薦！「読み終えた今、なんだ

ナポレオンを咬んだパグ、死

絵で見る人と動物の歴史物語

ミミ・マシューズ／川副智子訳

ナポレオンに咬みついたパグ、ヴィクト
れたペキニーズ、ディケンズが愛したカ
人物たちもペットには甘かった？　心温ま
化を変えた驚きの逸話まで集めた動物

四六判・2300円（税別）ISB

科学者が注目する超長寿のしくみ

「老いない」動物がヒトの未来

スティーヴン・N・オースタッド／

400 歳のサメ、100 歳を超えても生
ゲ、70 歳でも数千キロを飛ぶ海鳥
長寿動物の驚異的な機能の解明が
康寿命」のカギを握る。老化研究
かす驚きの長寿の秘密。

四六判・2500円（税別）ISB

地
ファ
太田
化、
とい
る。

好評既刊

地図
新版
イヴ
発と
廃棄
地図

新版
カト
界が
労働
健康
ろうか

続刊

既刊

く仕事に就いた。この頃すでに体調を崩しがちだった彼女はある日仕事中に気を失い、持っていた手榴弾を落としてしまう。手榴弾は現場監督の方に転がっていき、爆発して現場監督は木っ端微塵になった。フランツィスカは神経衰弱になり、入院。退院後はアスパラガス畑で働くが、あるとき仕事仲間の男に暴行を受けた。その傷跡は、後にボリシェヴィキが銃剣でつけた傷と勘違いされるほどひどいものだった[14]。

1920年にベルリンで橋から飛び降りたとき、フランツィスカは傷つき、トラウマを抱え、罪悪感に苛まれ、悲嘆に暮れていた。救出された後は自分の話をすることを拒否し——と言うより話すことができなかったのかもしれない——その後2年間一言も口を利かずに過ごした。そしてある日、彼女は別世界の住人のような女性たちの写真が表紙を飾る雑誌を目にする。見出しには、フランツィスカの目を釘づけにする問いがあった。まるで彼女に挑むかのように。

ロシア皇帝の娘は生きている?

フランツィスカはしばらく雑誌を見つめていたが、やがて看護師にアナスタシアと自分は似ていると思うかと尋ねた。看護師が「確かに少し似ている気がします」と答えると、フランツィスカは頬を紅潮させ、震えながら話し始めた。私はアナスタシア本人です。イパチェフ館の地下室で家族全員が殺されましたが私は気絶しただけで済み、目が覚めると荷車に乗せられていました。あるポーランド兵の手引きでルーマニアに密入国しましたが、長く意識を失っていた間にその男に暴行を受けました。私は妊娠し、ルーマニアで陣痛が始まって出産し、その後ベルリンに向かったのです。屈辱を受けた皇女として生きる代わりにベルリンで死ぬつもりでした。これがアナスタシア・ロマノフの本当の物語です。

フロイライン・ウンカベントが自分をアナスタシアだと言い始めたという話が街中に広まると、地元の亡命ロシア人たちは自分の目で確かめようと考えた。彼女は本当に皇女なのか？ 精神病院で彼らが見たのは、怖じ気づくとシーツを被ってしまう奇妙な女性だ。正直に言えば、彼女は行方不明とされる母国の皇女には似ても似つかない。ただ、彼女はアナスタシアと同じ年ごろで（なんと奇妙なことだ！）、特徴的なブルーグレーの瞳も同じ（こんな偶然があるだろうか？）。しかも、嘘のような話だが、この女性もアナスタシアと同じ外反母趾に悩まされている。亡命ロシア人たちは、彼女がアナスタシアではないと断定することができなかった。ひょっとしたら、という偶然があまりにも多すぎる。

そこで、彼らはフランツィスカの記憶を呼び覚ますためにロシア皇室の話をいろいろ聞かせ、フランツィスカは今後に利用するため、すべてを頭に入れた。彼女は飲み込みが早く、新聞や写真、訪問者の話から得た印象的な「内部事情」を会話の端々に盛りこんだ。そして、このやり方が通用しないときはただ黙りこむ。これは最も単純にして効果的なやり方だった。沈黙するフランツィスカはいかにもロシア皇女という雰囲気で、彼女に会った多くの人は、皇女でないにせよ彼女が貴族であることは間違いないと確信した。「頭ではそんなはずはないと思いましたよ」[15]とフランツィスカに会ったアナスタシアのおばのひとりは語った。「でも、心の中に『あの娘はアナスタシアだ』という声が聞こえたのです」

あの女はろくでもないニセモノだ、と断言する者もいた。アナスタシアのおばにあたるプロイセン王子妃イレーネは、彼女に会った後「彼女が私の姪であるはずがない、とすぐにわかった」[16]と記している。また、1925年にはドイツ皇太子妃ツェツィーリエ[17]が「彼女には母である旧ロシア皇后の面影はまったくない」と書いた（もっとも、それから数十年後には考えを改め、「彼女がニコライ2世の末娘であることは間違いないでしょう」と述べている）。アナスタシアのもと音楽教師はフランツィスカを一目見て「私の愛する生徒とは少しも似ていません」[18]と断言した。

フランツィスカは何度か名前を変えた後に「アンナ・アンダーソン」と名乗るようになり、現在もその名で広く知られている。アナスタシアとしての演技は大根役者そのものだったので、人々があれほどのぼせていなければ笑い話で片づけられたかもしれない。そもそも、彼女はロシア語を話せなかった（「両親を殺した犯人がロシア語を話していたことがトラウマになり、それ以来喋れなくなった」と彼女は言い訳をした）。外見も似ているとは言えない。[19]唇はフランツィスカのほうが厚く、鼻は長く、横から見るとまったくの別人だ。また、ロシア正教会[20]の礼拝がどのように行われるのかも知らず、イパチェフ館の地下室で何が起こったのかという質問に対する答えには驚くほど一貫性がなかった。ある時はオリガの後ろに、ある時はタチアナの後ろに隠れたと説明したり、別のときは「気絶していた」と言ったり、「殴られて意識を失った」とか「首を撃たれた」と言うこともあった。

だが、彼女をアナスタシアだと信じる人々は、話の綻びや矛盾を常にトラウマというレンズを通して受け入れてきた（銃声が響くなか、どの姉の死体の陰に隠れていたかなんて覚えているわけがないだろう？そう思わないか？:)）。彼女は世間にとって鏡のような存在になった。彼女を見ると、そこには自分が見たいものが映っている。たとえば、彼女が無言でロマノフ夫妻の写真を見つめていたとする。疑いを持つ者の目には彼女が詐欺に備えて復習しているように映るが[21]、彼女を信じる人々には過去の亡霊と交信している皇女に見えるのだ。

フランツィスカが川に飛びこんでから7年後の1927年、ベルリンの新聞が彼女の正体を突き止め、「剝がれた仮面」という見出しの劇的な暴露記事を掲載した。この記事では、謎の傷跡を抱えるこの女性がロシア皇女アナスタシア・ロマノフではなく、ポーランドの農家の娘に過ぎないと断言している。この暴露はフランツィスカが短期間で築いた地位を台無しにするかに思えたが、実際はそうはならなかった。彼女がアナスタシアだと信じる人々はこの記事を黙殺したのだ。

こうした人々は、彼女がわがままにふるまい始めてからもひたすら信じ続けた[22]。精神病院から出た後、フランツィスカはロシア人支援者らの施しによってあちこちに移り住むようになる。食事も住まいも、豪華なドレスも与えられた。だが、支援者に対する彼女の態度はひどいものだった。無礼で、不機嫌で、ロシア皇女らしい怒りを爆発させることもあった。彼女はときどき「通りに敵の頭蓋骨を敷き詰めてやる！」[23]とわめき、支援者たちは「彼女はやはり本物だ」とますます確信を深める。当然のようにわめき散らし、途方もない要求を突きつけてくる女性はそうそういない。その権利があるのはプリンセスだけだ。

海の向こうでは、別の女性がロシア皇女ブームに乗って我が物顔で振る舞っていた。シカゴで25年間、施しを受けて生活してきたユージニア・スミスというウクライナ人女性だ。いや、「施し」という言葉は適切ではないかもしれない。彼女は優雅に暮らし、名誉ある客人としてもてなされていた。支援者は、自分たちはロマノフ王朝最後の皇女に食料を調達し、家を提供し、保護していると前向きに考えていた。

ユージニアは1922年にアメリカに渡って以来ずっと、自分がアナスタシアだとほのめかしていた。そして長い間シカゴで雑用仕事をしながら断続的に回顧録の執筆に取り組み、ロマノフ家が滅亡したことを残念に思うシカゴの富裕層からの援助を受け入れていた。フランツィスカと同じように、彼女もまた傍若無人だった。「一緒に暮らすのは大変でした[24]。いつも不機嫌で、私の友人たちのあら探しばかりしていましたよ」とユージニアの支援者のひとりは語っている。「でもとても心細そうで、力になりたいと思ったのです」

フランツィスカは「アナスタシア」としてますます有名になり、1956年の映画『追想』ではイングリッド・バーグマンが彼女を演じたほどだが、アメリカのユージニアはまだ無名のままだ。1963年に彼女の我慢は限界に達し、自分こそ本物のアナスタシアだと宣言する。今こそ世界が彼女について語り始めるときだ。

そして、64歳になったユージニアは大量の原稿を収めた箱を抱えてニューヨークへ行き、出版社ロバート・スペラー&サンズの門を叩いた。ロシアの衝撃的事実が満載のこの原稿を、ぜひ出版してほしいというのだ。出版社は原稿を読んだ。当初ユージニアは本物のアナスタシアの友人だと名乗っていたが、スペラー社はユージニアの原稿がかなり踏みこんだ内容であることから、彼女はここに書いていないこともいろいろ知っているのでは、と考えた。「実に信ぴょう性がありました」とロバート・スペラー・シニアは語る。「かなり主観的な立場から書かれ、『これは私が実際に体験したことだ』というメッセージが伝わってきました」。スペラーたちが彼女に問いただすと、ついにユージニアは事実を認めた。私はロマノフ家の友人ではなく、アナスタシア本人です。[25]

間もなく『ライフ』誌がユージニアのもとを訪れた。彼女についての記事を書き、手記の一部を抜粋して掲載するためだ。「新しいアナスタシア現る」と題した記事は1963年10月18日に掲載された。その記事にはユージニアが30時間におよぶ嘘発見器のテストに難なく合格したとあり、高名な精神科医の言葉が紹介されている。「面談を重ねた結果、ユージニア・スミス夫人がロシアのアナスタシア皇女である可能性は高いと思われる」（大西洋の向こうで、フランツィスカはこの記事を読んで怒りを爆発させたという）[26]

もっとも、その記事は全員に好意的に受け取られたわけではない。[27] フランツィスカのときと同じように本物のアナスタシアと面識のあった人々がユージニアに会いに来たが、その多くはがっかりして帰ってしまった。アナスタシアのいとこは「顔はどこも似ていない」、「ロシア訛りが違う」と言い放った。人類学者たちがアナスタシアとユージニアの写真を比較したところ、アナスタシアの顔はユージニアよりも左右対称であり、鼻の形も大きく異なっていることがわかった。また、筆跡も明らかに違い、しかもユージニアはロシア語の綴りに苦戦していた。たとえば、「挨拶」とロシア語で書こうとしても綴りを間違い「接種」と書いてしまう。これでロシア人だと言い張るのは無理な話だ。

だが、こうした疑いの目も気にせず、ユージニアはアナスタシア候補としての新しい人生に突き進んでいく。ロードアイランド州ニューポートに移り住み、ロシア正教の聖画や「両親」であるニコライ2世とアレクサンドラ皇后の肖像画でアパートを埋めつくした。何時間もかけてボルシチも作った。アレクセイだと名乗るニセモノにも会い、彼は長い間行方不明だった弟に間違いないとコメントを出した。これは辻褄が合わない。彼女が出した回想録では、アレクセイは殺されたことになっているからだ。

だが、プリンセスに対する憧れがユージニアのどんな矛盾をも吹き飛ばした。彼女を信じたい人々はそうすることを選び、その思いが揺らぐことはなかった。奇妙な話だが、ユージニアの話に最も心を打たれたのは彼女自身だったかもしれない。ロマノフ家の処刑から45年目、ユージニアはロシア正教会の追悼式に出席している。手袋を着け、花柄の帽子をかぶって、キャンドルを握りしめた彼女は、礼拝の間まっすぐ前を見つめていた。その姿はまるで言いようのない喪失感にとらわれているかのようで、目には涙が溢れていた。[28]

20世紀のほとんどの期間、全世界はロマノフ家の遺体は行方不明だと思っていた。もし遺体があるなら、つまり一家全員が本当に殺されたならばの話だが。ロマノフ一家はイパチェフ館の地下室に連行されてから、跡形もなく姿を消したようなものだ。レーニン政権はあのやっかいな旧皇帝一家に「何が起こったのか見当もつかない」としらを切った。死んでしまったのだろうか？生き残ったのか？　逃亡したのか？　地下深くに埋められたのか？　それは誰にもわからなかった。1924年、ニコライ・ソコロフ[29]という犯罪捜査官が一家の遺体を見つけようとしたが、見つかったのは少々の灰と骨、切断された指1本だけ。彼は、ロマノフ一家は間違いなく殺され、遺体は切り刻まれた上に酸をかけられて完全に焼かれたと結論づけた。一家で生き残った者がいないにもかかわらず遺体がないことについて、これしか説明がつかないとソコロフは考え、世間の大半は彼の結論に納得した[30]。

だが、半信半疑の人々もいた。普通の火で、11人の遺体だけでなく11人分の歯まで焼き尽くせるものだろうか？　それから数十年後の1979年、地質学者アレクサンドル・アヴドニンと映画監督ゲリー・リャボフはロマノフ一家の遺体を掘り起こそうと思い立った。ふたりはイパチェフ館の警護隊長だったヤコフ・ユロフスキーの息子に会い、ロマノフ一家殺害の決定的な証拠となるものを手渡される。あの地下室で何が起きたのか、ユロフスキーが政府に提出した報告書だ。ふたりは報告書の情報をもとにロマノフ一家の埋葬場所と思われる場所を探し当てた。地面をひたすら掘り、ひざまずいて手で土を探る。すると、何か冷たいものに触れた。「9体以上の遺体の一部だった」[31]とリャボフは言う。「複数の頭蓋骨や、ニコライ2世の腰骨も出てきたよ」

だが、リャボフもアヴドニンも自分たちが触ったものについて誰にも話さなかった。当時のロシアの緊迫した政治情勢を考えると、このニュースは衝撃的すぎると考えたからだ。ふたりは骨をまた埋め直し、1989年までその事実を公表することはなかった。1991年夏、ボリス・エリツィン大統領が遺体発掘調査委員会を発足させ、正式に発掘が開始される。骨の状態からは、ロマノフ一家が受けた損傷がいかにひどかったか[32]がうかがわれた。骨には銃弾の跡があり、頭蓋骨はライフル銃の弾丸で打ち抜かれている。「トラックに轢《ひ》かれたかのように」潰れた頭蓋骨もあった。この発掘の中心を担った考古学者は「これほどひどく傷つき、乱暴に扱われた遺骨は見たことがない。気分が悪くなりましたよ」と語っている。

それにしても、何かがおかしい。あの夜処刑されたのは11人（ロマノフ家7人、使用人3人、主治医ひとり）のはずなのに、埋葬場所にあったのは男性4人、女性5人の遺体9体だけだ。若いアレクセイと皇女のうちひとりの遺体がないことは明らかだったが、その皇女が誰なのか科学者の意見は分かれた。ロシアの科学者たちはマリアだと主張し、アメリカの科学者たちは行方不明になっているのはアナスタシアだと確信していた。1993年になってDNA鑑定が行われ、遺骨がロマノフ一家のものであることが確認される。ただ、最後の2遺体は行方不明のままだ。希望が見えた。もしかしたら、ニセモノたちのうち、ひとりは真実を語っているのかもしれない。

フランツィスカ・シャンツコフスカの晩年は常軌を逸したものだった。何十年も他人と暮らしてきた彼女は、ひとり暮らしを始めるととてつもない数の動物を飼い始める。窓には板を打ちつけ、庭には有刺鉄線を張り巡らせた。他人を立ち入らせないためにウルフハウンドを何頭も飼い、さらに60匹以上の猫を引き取った。自分はごくわずかしか食べず、猫たちが自由に食べられるように食べ物を床に置くため、家の中は腐った食べ物だらけになった。動物が死ぬと地面に浅い穴を掘って埋めるか、家の暖炉で火葬する。あまりの悪臭に近隣から苦情が出るほどだった。[33]

1968年にアメリカに渡り、ジョン・マナハン博士という風変わりな男と結婚する。ふたりはバージニア州シャーロッツビルに家を買ったが、この家もすぐに猫や猫の死体、腐ったドッグフード、新聞の山、ゴミ袋、フランツィスカが侵入者にそなえて準備した奇妙な「罠」、そして乱雑に積み上げられた品々――たとえば、理由はわからないがジャガイモの山など――で溢れかえった。[34] 彼女は地元の好奇の視線の的、そしてからかいの対象になった。世間は彼女を「アニー・アップル」［「馬鹿なアニー」の意］と呼び、シャーロッツビルのあるレストランは「2、3杯飲めば、あなたもアナスタシア・ロマノフの気分になるでしょう」とワインを宣伝した。[35]

フランツィスカは見え透いた嘘を重ねる人生を重荷に感じることもあったようで、自分が二重生活を送っていることを訪問客にほのめかすことがあった。また、自分の嘘を楽しんでいるように見えることもあった。あるとき、彼女は夕食に招いた客にこう言った。「私は私ではないかもしれない。[36] でも、そうかもしれない。私が今考えているのは、このアイスクリームを食べることだけ！」。ロマノフ家は全員自分の替え玉を雇っていて、処刑されたのはその替え玉だと言い出したこともある。別のときには、そもそも誰も殺されていないと断言した。[37]

人生の終盤に近づくにつれ、フランツィスカは自分がアナスタシアではないことを忘れ始めていた可能性がある。ニコライ2世の従兄弟のひとり、ニコライ・ロマノフ公は『ワシントン・ポスト』紙に「人生が終わろうとしている今、彼女は自ら作り上げた物語を信じ、自分自身の人生を忘れてしまったらしい」[38]と語っている。フランツィスカを診察した多くの医師は、彼女は「神経が張り詰めているのは確かだが、極めて正気である」[39]という見解で一致している。今日、彼女の伝記作家の一部は「現代なら心的外傷後ストレス障害に分類され得る境界性人格に苦しんでいた」[40]かもしれないが、「精神疾患があったという診断には当たらない」と考えている。相変わらず、彼女は謎に包まれた存在だ。だが、本人は自分がロマノフ家の皇女だと主張し続けた。1984年2月12日、彼女はこの世を去った。墓碑銘は「アナスタシア」。

その後、事実を客観的に判断する優れた手段、つまりDNAを用いてアナスタシアと名乗ったふたりの女性の検査が行われた。1994年、科学者たちはフランツィスカの髪の毛と腸の一部を調べ、彼女がアナスタシア・ロマノフでないことが確定した。翌年、ユージニアは検査のため血液を提供するよう依頼されるが、1滴たりとも提供しないと拒んだ。彼女は95歳まで生き、自分が本物の皇女だと主張し続けるも注目されず、1997年にこの世を去った（同じ年に20世紀フォックスのアニメ映画『アナスタシア』が公開され、この映画でもアナスタシアは生き残ったことになっている）。『シカゴ・トリビューン』紙のロマノフ家に関する記事ではユージニアにも触れているが、「彼女の話を信じている者は皆無と言っていい」[41]とあっさりしたものだ。ロシアの歴史専門家はユージニアの死を伝える記事のなかで、彼女の話は「まったくのナンセンス」[42]だと語った。この頃、本物のアナスタシア・ロマノフが最後に目撃されてから90年近くが経っていた。これでアナスタシア皇女の物語は終わりとなるはずだ――だが、そうではなかった。

ロマノフ家の運命について人々が長い間頭を悩ませていた疑問が、2009年にようやく解き明かされる。9人の遺体が見つかった場所からそう遠くない別の場所で、残りふたりの遺体がようやく発見されたのだ。DNA鑑定により、これがアレクセイと4姉妹の末娘の骨であることが確認された。[43]イパチェフ館の地下室から生還した者はいなかったのだ。アナスタシアと名乗る女性は世界中にいたが、誰も真実を語ってはいなかった。本物のアナスタシアは17歳で命を落としていたのだ。

彼女の物語の幕引きは次の通りだ。1918年7月17日午前1時ごろ、黒い髭を生やした冷血漢、イパチェフ館の警護隊長ヤコフ・ユロフスキーが一家を起こし、服を着て地下室に降りるように言った。街で騒ぎが起きている、地下にいたほうが安全だと。一家は寝ぼけながら彼に従った。ユロフスキーは地下室に入ると部屋の奥の壁に一家を並ばせ、これから写真を撮ると説明した。その時、11人の男が列をなして部屋に入ってきた。全員が武装している。

一家と使用人が撮影されるのを従順に待っていると、ユロフスキーが1枚の紙を取り出し、早口で読み上げた。「貴殿らの親族がソビエト・ロシアへの攻撃を継続しているという事実を鑑み、ウラル・ソビエト執行委員会は貴殿らを処刑すると決定した」

「なんだって?」とニコライ2世は驚きの声を上げ、その瞬間ユロフスキーは皇帝の胸を撃ち抜いた。[44]

ロシア最後の皇帝は床に倒れ、皇后は十字を切って祈り始めた。彼女は頭部を至近距離から撃たれ、使用人と主治医もすぐに殺害された。処刑部隊は残った4姉妹と弟を狙い撃ちにした。部屋に煙が充満し始める。悲鳴。わめき声。どういうわけか5人はまだ死なない。それどころか、弾丸は彼女たちの服に当たって跳ね返っているように見えた。処刑部隊はパニックに陥る。彼らは知らなかったが、5人の洋服には宝石が縫いこまれていて、その隠れた宝石が鎧の役割を果たしていたのだ。とうとう処刑部隊はアレクセイを囲み、銃剣で刺し、それから頭を撃ち抜いた。皇女たちは互いにしがみついて叫んでいる。処刑部隊は4姉妹のほうを向いた。

彼らはオリガの頭を撃ち、タチアナのあごを撃った。マリアとアナスタシアはなかなか死ななかった。男たちはふたりを撃ち、銃剣で刺し、その後何度もその行為を繰り返す。やがて、ふたりの皇女は倒れて静かになった。そのとき、使用人のひとりアンナ・デミドヴァ(アレクサンドラの侍女)が突然起き上がって「神よ、感謝します! 助けてくださったのですね!」と叫んだ。処刑部隊のひとりが彼女に飛びかかり、再び倒れるまで銃剣を突き立てた。床は血でぬるぬるしている。

だが、まだ終わりではなかった。部隊が外で待たせているトラックに遺体を運ぼうとしたとき、マリアとアナスタシアが体を起こし、むせながら泣きじゃくり出した。ふたりはまだ生きている。ダイヤモンドが皇女たちを守ったのだ。部隊のひとりがライフルの銃床でふたりの顔を叩き潰し始めた。[45]それを見ていたほかの兵士らは吐き気をもよおし、[46]逃げ出した。彼らは11人の死体を坑道まで運んで投げ捨てたが、その後戻って来て遺体を秘密の場所に移すことにする。ユロフスキーは部下を坑道に潜らせ、胸まである水に浸っていた11人全員の遺体を引き上げた。遺体は膨張し、ユロフスキーには使用人とロマノフ一家の区別もつかなかった。

これがアナスタシアの物語の結末だ。彼女の命は皇女の証である宝石によって、恐怖とともに引き延ばされた。

100年近くかけて全容が明らかになった彼女の最期は、あまりに悲惨だった。細かすぎるほど当時の状況が明らかになり、その残忍さは目を覆うほどだ。ハッピーエンドとは対極の物語。このような場合、取るべき道はただひとつ。事実は無視して、おとぎ話にしがみつくしかない。アナスタシアを名乗るニセモノはその後も後を絶たなかった。2011年、『アナスタシア・ロマノフの真実：孫娘が語る、ロシア革命後のアメリカでの人生』という自費出版本がAmazonで発売された。2012年、『インクワイアラー』というウェブサイトに「フィリピンの『おばあちゃん』がロシア皇女アナスタシアだった?」[47]という記事が掲載される。2014年には『デイリー・メール』紙が、ある「一流のロシアの歴史家」が著した「衝撃的な新刊」のなかでフランツィスカが本物のアナスタシアだったことが証明されたと報じた。[48]そして2018年、「自分は真実を知っているという思いが頭から離れなかったアマチュア系図学者」[49]が、ユージニア・スミスこそ本物の皇女だと確信して彼女の手記を再出版している。彼はある記者にこう語った。「ユージニアは多くの芸術作品を残しました。[50]そして、アナスタシアがロシアで10代の頃に絵を描いていた写真が何枚もある。これは単なる偶然でしょうか?」

こうしたことは、悲劇に対するとても人間らしい反応だ。ニコライ・ロマノフ公は従兄弟であるニコライ2世の死を振り返って「人は例外となる出来事を探し、過去を変えようとする」[51]と語った。「だが、歴史とは残酷さをもって物事を終結させるものであり、そのやり方は陰惨かつ単純だ」。だが、誰が陰惨で単純な話を聞きたいと思うだろう? 銃剣の跡だらけの膨張した遺体の話を聞くより、アナスタシアがトラックの荷台で目覚め、生き延びたと考えるほうがずっと素敵だ。自分のお気に入りのアナスタシアが真実を語っていると信じるほうが、鼻の形やロシア訛りについて議論するより夢がある。自称アナスタシアの女性たちが与えてくれたのは、ある種の救いだ。世界は残酷だし、死は無慈悲だ。死が17歳の少女に訪れることもある。だが、真実を示すものはすべて無視しよう。歴史は寛容で、男たちは慈悲深く、皇女は生き延びたと信じるほうがずっといい。

8 ロキシー・アン・ライス

通称：ケネス・ヒューストン夫人、アンディザ・ジューザン医師、ロキシー・アン・クリスチャン、ロキシー・ヒューストン、ララ・ボルガ、ロクサーヌ・A・ハリス[1]

1955年〜

電話の女性の話にはひどく興味をそそられた。強い訛りのある話し方で、自分には有名人の知り合いがたくさんいるとほのめかす。だが、今日は1974年12月7日、つまりフットボールの試合の直前だ。デトロイト・ライオンズのリック・フォルツァーノには記者と話をしている暇はなかった。彼はこのナショナルフットボールチームのヘッドコーチだ。才能に溢れた、とびきりハンサムな若い選手ぞろいのフットボールチーム――もっとも、リック・フォルツァーノにとってそんなことはどうでもいい。彼の頭にあるのは翌日の試合のことだけだ。これから行われるチームの食事会にはすでに遅刻決定だ。電話でゆっくりおしゃべりしている時間はない。

だが、電話口の女性を無下にするのももったいない気がする。彼女は在米ガーナ大使館に勤めているという。ガーナ？　なるほど、強い訛りがあるわけだ。ガーナ人の担当者を派遣して、アメリカン・フットボールの素晴らしさについてあなたにインタビューを行いたい、と彼女は言った。そして、「私の上司はシャーリー・テンプルなんです」とついでのようにつけ足した。あの巻き毛の愛らしい子役が、大人になって駐ガーナアメリカ大使を務めているとは。「シャーリー・テンプル」という名前が決め手になった。フォルツァーノは子どもの頃からこの女優の大ファンだ。突然、予定でぎっしり埋まったスケジュールなどどうでもよくなり、その晩チームの食事会の後でインタビューに応じることにした。ガーナの担当者が、シャーリー・テンプルのサイン入り写真を子どもたちのために用意してくれることを条件に。

数時間後、ガーナの担当者が彼を訪れ、アンディザ・ジューザン医師と名乗った。身長およそ180センチの堂々たる体格で、ガーナの民族衣装とヘッドラップ〔頭に巻く布〕を身に着けている（フォルツァーノにはガーナのヘッドラップとアメリカのヘッドラップの区別もつかなかったはずだ。そもそも、ガーナがどこにあるかも知らなかった）[2]。彼女は自分の経歴を話した。オックスフォード大学で学び、農園とダイヤモンド鉱山を所有する父親には6人の妻がいるという。

彼女と話すうち、フォルツァーノはインタビューを受けることにしたのは正解だったと思った。ジューザン医師はとても魅力的で、フットボールのコーチにしては小柄だとフォルツァーノをからかった。「あなたはコーチには見えませんね。だって、笛をぶら下げていないもの！」。医師は選手たち——あの才能に溢れた、とびきりハンサムな若い選手たち——の写真を撮ってもいいかと尋ね、彼は承諾した。取材が終わるころにはふたりはすっかり打ち解け、医師は「今度ガーナに遊びに来てくださいね」とフォルツァーノに言った。この誘いはかなり魅力的だった。医師の父親が所有する農園に泊まらせてくれ、しかもガーナの伝統的なもてなしとして、父親の6人の妻が毎晩代わる代わるベッドで相手をしてくれるという。

翌日、デトロイト・ライオンズはシンシナティ・ベンガルズに4点差で勝利した。フォルツァーノは、ジューザン医師との楽しいインタビューがこの勝利を導いてくれた気がしてならなかった。彼は嬉々としてフットボール道具を箱一杯に詰め、医師が教えてくれた約8800キロ離れたガーナの住所に送った。その上シャーリー・テンプルにも手紙を書き、彼女が派遣した「優秀な担当者」を誉め称えた。

ジューザン医師からの返事は届かず、フォルツァーノは不思議でならなかった。ガーナに招待までしてくれたのに。実にがっかりだ。意気投合したと思ったのは勘違いだったのか。あんなに素敵な女性が突然消え去るとは理解不能だ[3]、と彼は思った。

ロキシー・アン・ライスの人生は、表面上は退屈だった。気が滅入るという表現のほうがふさわしいかもしれない。高校を中退し、10代で妊娠。セントルイスで母親と暮らしていた。父親は亡くなり、兄は自暴自棄な生活をしている。彼女の前には、お決まりの人生が果てしなく続いていた。

ロキシーは1955年3月11日、働き者の母親と麻薬依存の父親の間に生まれた。[4] 兄弟は全部で6人。中学のテストでは「成績優秀」と判定され、高校では進学コースに入る。だが1年で高校を中退し、無料で教育と職業訓練を受けることができる連邦労働省の宿泊型プログラム「ジョブ・コア」に参加した。もしかしたら、単に地元を離れる口実が欲しかったのかもしれない。彼女は「ジョブ・コア」のためにニューメキシコ州アルバカーキに向かい、そこで高校卒業資格を得る。さらにこの時期、ロキシーは自分にある才能があることに気がついた。つまり、詐欺の才能が。

ロキシーはまず、よくある詐欺をふたつほど働いた。自分の推薦状を偽造し、地元の女性を騙して家政婦として入りこんだのだ。[5] そしてその女性のクレジットカードと小切手帳を盗んで街から逃げた。1972年の秋にはルイジアナ州バトンルージュにあるサザン大学に入学するが、高校と同じで長くは続かなかった。妊娠したため、[6] 最初の学期を終えたところで退学して母親のもとに戻ったのだ。その年、父親が麻薬がらみのトラブルで撃ち殺された。[7]

1974年の秋、ロキシーはセントルイスにあるゼネラル・アメリカン生命保険会社で退屈な仕事をしていた。母親は再婚し、家計を支えるために複数の仕事を掛け持ちしている。その年の初めには、ロキシーの兄ロデリックがミシシッピ川に架かった大きな橋から飛び降り自殺を試みた。ライス家の誰にとっても、生活は楽ではなかった。だが、雑誌を開けば世界中の誰もが踊って、飲んで、楽しんでいる。ロキシーには縁のない世界。

1970年代のアメリカは公民権運動後の新たな時代で、あちこちで黒人が記録を次々と塗り替えていた。[8] ニューアーク、ロサンゼルス、アトランタ、デトロイトでは初のアフリカ系アメリカ人市長が誕生し、ピューリッツァー賞戯曲部門では史上初めて黒人の劇作家が受賞した。また、連邦議会黒人議員幹部会が設立され、黒人女性が一流ファッション誌の表紙を初めて飾り、初の黒人政治家が大統領候補として選挙運動を行い、黒人歴史月間と全米黒人フェミニスト組織が設立され、黒人の野球選手がベーブ・ルースのホームラン記録を更新し、アフリカ系アメリカ人向けにライフ・スタイル誌『エッセンス』やビジネス誌『ブラック・エンタープライズ』が創刊された。この時代、社会が完全に黒人に開かれていたわけではない。むしろ、道のりはまだ遠かった。それでも1970年代のアメリカは、『エッセンス』誌のページを開いた夢見がちな10代の黒人が、自分と変わらない人たちが「自分の」夢を叶えていると実感できる時代だった。

そして、ロキシーはいつも夢を描いていた。

電話の女性の話にはひどく興味をそそられた。相手はデイルという名で、ガーナの孤児に関する衝撃的な話があるといって電話をよこしたのだ。それは実にひどい話で、喪失、虐殺、血、そして孤独に満ち溢れていた。電話のこちら側で聞いていたフレッド・クリスチャン[9]はすっかり心を奪われ、力になりたいとデイルに申し出た。何でもしますよ、どうすればいいでしょう？

クリスチャンはセントルイスの平凡な車のセールスマンだが、1マイル先からでも嘘を嗅ぎ分ける自信があった。ガーナの孤児に関する電話を受けたのは初めてだ。だが、この女性――つまり「デイル」の話はとても説得力があった。あなたとは以前ロサンゼルスのパーティーでお会いしました、とデイルは言った。たしかにクリスチャンはロサンゼルスでパーティーに出席したことがある。デイルという女性に会った覚えはないが、彼女がそのパーティーの様子をかなり細かく話したため、そこにいたことは間違いないと判断した。

デイルは友人のことが心配で電話したと説明した。ガーナからやって来て、医学部を卒業したとても立派な女性です。でも、かわいそうに最近親も夫も亡くしてしまいました。ガーナで起こった民族主義的独立運動、マウマウ団の乱で殺されてしまったのです（マウマウ団の乱は、実際には1950年代にケニアで起こったものだが、フレッド・クリスチャンは知らなかった）。私の素晴らしい友人は、世界でたったひとりきりになってしまいました、とデイルは言った。彼女の面倒をみてもらえたら助かるのですが。街を案内したり、立ち直るまで援助したり、そのほかいろいろ――そしてデイルは、ついでのようにこう付け足した。彼女は21歳になったら7万ドルを相続する予定です。

フレッド・クリスチャンは興味をそそられ、デイルの申し出を受けることにした。

両親と夫を失ったガーナのアンディザ・ジューザン医師と名乗る女性に会った途端、彼は魅了された。「異性として」という意味ではなく、彼女は素晴らしく話し上手だったのだ。クリスチャンはアンディザを夕食に連れ出した。「彼女はこれまでに会ったなかで最も素敵な人物でした」と彼は後に言った。「女性としての魅力は感じなかったが、とても穏やかで優しい人でしたよ」。ふたりはすぐに打ち解けた。ときにはクリスチャンが彼女の勤める病院に迎えに行くこともあった。また、受付の若い女性が館内放送で彼女を呼び出し、間もなくアンディザが同僚の医師らと楽しげに話しながら下りてくるのを見たこともある。ジューザンは近くのモーテルに住んでいたが、騒音に悩まされていると聞いたクリスチャンはしばらく自分の家に住まわせることにした。

穏やかで優しい性格とは言え、ジューザン医師には説明しがたい何か——まるで別の星から来た人物と接しているような感覚があった、とクリスチャンは語る。「彼女が火星人だと言っているわけではありません。ただ、彼女は私が考えていることを見透かしていました。とにかく何でも知っているんです。私が話していないことでも」。ときどき、クリスチャンはアパートに自分しかいないと思っていたのに、何時間も前から座って窓の外を見つめていたジューザン医師に気づいて驚くことがあった。故郷はガーナとかいう国らしいから、セントルイスの街並みが珍しくて見とれているのだろう、と彼は自分に言い聞かせたという。また、何百ドル分もの遠距離電話をかけ、彼が多額の電話代を支払う羽目になることもあった。ただ、彼が現金を置いたまま出かけてもそれがなくなることはなかった。電話といえば、クリスチャンは、ジューザン医師がいるときはデイルから電話がかかってこないことに気がついていた。デイルとは少なくとも5回は会う約束をしたが、必ず直前になってキャンセルされた。

もっとも、そんなことはどれもたいした問題ではなく、ジューザン医師に弟エイドリアンを紹介してほしいと頼まれたときもクリスチャンは快く応じた。彼は友人としてジューザン医師と楽しく過ごしていたが、エイドリアンは完全に彼女にのめりこんだ。「弟はあの女性に夢中でした。取り憑かれたと言ってもいい」とクリスチャンは後に語った。出会って2週間後、ジューザン医師とエイドリアンは結婚を決める。

結婚式は土曜日に行われた。そして次の月曜日、ジューザン医師は姿を消した。

クリスチャン兄弟は狐につままれた気分だった。フレッド・クリスチャンは車のセールスマンだ。職業柄、作り話を嗅ぎ分ける術を身につけていた。彼は「駐車場を横切る男を見て、彼がどのタイミングで嘘をつくか少なくとも3回は当てる自信があったのですが」と首を振った。結婚して3日で捨てられたエイドリアンのショックはさらに大きかった。「自慢じゃないが、自分では頭のいいほうだと思っていた。だが、まんまと騙されたんだ。彼女は僕が思っているような女性じゃなかった」

ジューザン医師が姿を消して初めて、兄弟は彼女がいかに変わっていたかに気がついた。「彼女は筋金入りの嘘つきだ」とエイドリアンは言った。「彼女がいろんな嘘をついていたことは知っていた。しゃべり続ければそのうちボロが出るものだからね」。クリスチャンは唖然としながらも、ジューザン医師の手口に感心せずにはいられなかった。「彼女は抜け目なく、頭の回転が速かった」。たとえ朝の早い時間でも彼女の「ガーナ訛り」は完璧だった、と彼は振り返る。

1974年12月7日、ロキシー・アン・ライスは地元のモーテルにふらりと入り、自分はあるプロフットボール選手の妻だとオーナーに言った。

その秋、ロキシーはいろんな作り話を考えるのに忙しかった。ゼネラル・アメリカン生命保険会社の仕事をわずか36日で辞めた彼女にとって、今や物語の創作が本業と言っても過言ではない。ある物語ではデイルなる人物になってフレッド・クリスチャンに猫なで声で電話をかけ、ロサンゼルスで知り合ったと信じこませた。その後身寄りのないガーナの未亡人で、7万ドルを相続する予定のアンディザ・ジューザン医師として登場。彼女は地元の病院に長期間出入りし、ここで働いているとフレッド・クリスチャンに思わせた。次はエイドリアン・クリスチャンとの結婚だ。そう、結婚！　そして今、彼女はデトロイト行きの飛行機に飛び乗り、デトロイト・ライオンズのヘッドコーチ、リック・フォルツァーノにインタビューしようとしていた。今度はオックスフォード大学で学び、ガーナ大使館から派遣された職員で、ダイヤモンド鉱山のオーナーの娘という役回りだ。フレッドやエイドリアン・クリスチャンのときと同じように、フォルツァーノも彼女を気に入るに違いない。穏やかで優しいこの女性に彼が興味を示さなければ、架空の父親の6人の妻と寝ることができると誘えばいい。そして、リック・フォルツァーノのインタビューが終わったらチームのフットボール選手たち、つまり彼女が愛してやまない才能に溢れた、とびきりハンサムな選手たちに会わせてほしいと頼むのだ。

　デトロイト行きの飛行機に乗る数時間前、ロキシーは別の詐欺、別の物語の種を植えつけていた。セントルイスにあるロイヤルティ・モーテルのフロントに行き、自分はナショナル・フットボール・リーグ（NFL）で働いている者だとオーナーのヒュー・ロブネットに告げたのだ。私の仕事は全米を回り、フットボール選手がアウェイで試合をするときに泊まるモーテルを選ぶことです。年に一度、全米のプロスポーツチームの代表が集まってお気に入りのモーテルを選ぶことになっています。もし手数料として600ドルをいただけるなら、このロイヤルティ・モーテルを喜んで推薦しますよ。もちろん、ロブネットは彼女の言葉を信じた。彼女はNFLのスーパースター、ケン・ヒューストンの愛妻ロキシー・ヒューストンなのだ。おや、今ちらっと見えたのはケン・ヒューストンのクレジットカードだ[11]！

ケン・ヒューストンはワシントン・レッドスキンズ［現在はワシントン・コマンダースに改称］のディフェンシブ・バックで、身長1メートル90センチの引き締まった体格の持ち主で、トレーディングカードにもよく登場する選手だ。もみあげが濃く、片方の頬だけを上げて笑う癖がある。才能に溢れ、ハンサムで、理想の夫。彼にはすでに妻がいたが、ヒュー・ロブネットは彼女の顔を知らなかったので、ケン・ヒューストン夫人だと名乗るロキシーを疑わなかった。ロキシーが言う600ドルを払うかどうかは決めかねていたが、少なくとも彼女の話を聞くだけの興味は持っていた。

「ケン・ヒューストン夫人」ことロキシーはロブネットと話をした後、今度は「アンディザ・ジューザン医師」としてリック・フォルツァーノと会うためにデトロイトに向かった。1カ月後、彼女はロイヤルティ・モーテルに再び現れ、ロブネットに600ドルの料金を払うようせっつき、ケン・ヒューストンのクレジットカードで部屋代を支払った。この時点で、ロブネットは彼女の話に違和感を覚えていた。そこで彼は、ケン・ヒューストン夫人だという10代にしか見えないこの女性に600ドルを払う前にちょっと調べてみることにした。まもなく、ケン・ヒューストンの本当の妻はガスティという名で、今はテキサスにいることがわかる。彼は警察に通報した。警察はロキシーを空港まで追跡し、そこで逮捕となった。

ロキシーは留置場行きになり、巡査部長はケン・ヒューストンに電話をかけた。彼は驚き、クレジットカードは11月になくしたものだと認めた。[12] 意外なことに、ヒューストンはロキシーのことを知っていると巡査部長に言った。ワシントンD.C.の彼の家に泊まったこともあるという。ただし、ヒューストンは彼女をロキシー・アン・ライスではなく、ガーナから来たアンディザ・ジューザン医師だと思っていた。ふたりの出会いは1カ月ほど前だ。『エボニー』誌の担当者から電話があり、ヒューストンのことを記事にしたいと言った。取材の前に彼女の友人であるアンディザ・ジューザン医師を空港まで迎えに行ってほしいと頼まれ、ヒューストンは引き受ける。「ジューザン医師」は彼と妻の住む家に2日間滞在し、ガーナでの生活やアメリカでの目標などを楽しげに話したという。3日目、彼女はヒューストンの電卓とクレジットカードを盗んで姿を消した。

警察は、このセントルイス出身の19歳の少女がどうやってケン・ヒューストンの自宅に泊まることに成功したのか、不思議に思った。だが、その奇妙な細部を除けば、ロキシーの犯罪はかなり単純だ。彼女は盗んだクレジットカードをロイヤルティ・モーテルで使用した。その罪状は「50ドル以上の窃盗未遂」とあっさりしたものだ。手っ取り早く金を手に入れようとした、よくある10代の窃盗に過ぎない。重大な犯罪とは言えないし、特殊な事件というわけでもない。

そのとき、ロキシーは別の話を始めた。

9月にある人と友達になりました、[13]とロキシーは言った。

初めて聞くその話は衝撃的で、ほとんど信じられない内容だ。だが、警察としては彼女を信じないまでも、最低限の事実確認はしなくてはならない。もしロキシーの話が真実なら、これはアメリカのスポーツ界を震撼させる大事件になるだろう。そこで、警察はロキシーが語る物語をじっくり聞くことにした。昔々、あるところに――

まだ生命保険会社に勤めていた9月のある昼休み、パット・クリーブランドというキューバ人女性と知り合った、とロキシーは言った。話すうちにふたりは打ち解け、ロキシーはクリーブランドに悩みを打ち明ける。息子が病気なのに家計は苦しく、不安だと。

クリーブランドの目が輝いた。お金が必要？ それなら会わせたい人がいるわ。

その人物、トニーは50代の白人で、最も危険で捉えどころのない麻薬、つまりマリファナを扱う入り組んだ麻薬の国際組織を牛耳っていた。クリーブランドとトニーには第三の人物が必要だった。飲み込みが早く、外国語訛りをうまく話すことができ、他人になりすますのが得意で――まさにロキシーのような人物だ。トニーとクリーブランドはロキシーに、取引相手である全米のプロスポーツ選手に薬を運んでほしいと説明した。もちろん「ロキシー・アン・ライス」として運び屋になるわけにはいかない。新しい身分が必要だ。そこでふたりはロキシーにガーナの歴史やガーナ訛りを教えこんだ。ガーナの伝統的な髪の結い方も教え、白衣と聴診器を与えた。そして「アンディザ・ジューザン医師」と書かれた偽のＩＤを渡したのだ。

ロキシーはヘッドラップと新しく覚えたガーナ訛りを武器に、富と陰謀、そして才能に溢れたとびきりのハンサムに囲まれた生活に足を踏み入れる。自分がどこに行くのか事前に知らされることはなかった。空港に行きさえすれば、あとはクリーブランドとトニーにお任せだ。あるときはマイアミに飛び、リムジンに乗って海辺の屋敷に行った。家の中はグレートデン、キャビンアテンダント、フットボール選手で溢れていた。ロサンゼルスに行ったこともある。ほかにもダラス、シカゴ、シンシナティ、クリーブランド、デンバー、サンディエゴ、ヒューストン、ワシントン、ニューオーリンズ、カンザスシティ。ブリーフケースにドラッグを詰め、ＮＦＬのステッカーを貼って持ち歩き、指定された引き渡し場所で空のブリーフケースと交換する。パット・クリーブランドと一緒にフットボールの試合を観戦していると見知らぬ人物が近づいてきて札束を渡し、ロキシーはそれをポケットに突っこむ（念のため、彼女はいつも大きなポケットのついた服を着ていた）。コーチやＮＦＬの経営陣と話をし、選手たちにも会い、そのうちの数人とは同じ部屋にも泊まった。アメリカで最も完璧な肉体を持つ男たちと会える華やかな仕事だが、怖い思いをすることもある。トニーは冷酷な上司だった。ロキシーの仕事ぶりが気に入らないと、こう言って彼女を脅す。「欲を出したら息子の命は保証しないぜ」

これで話はおしまい、とロキシーは言った。

セントルイス警察の面々は耳を疑った。全部嘘に決まっている。そうだろう？　警官たちはとりあえず39ページにわたる調書を書いたが、署内の誰かがその内容をすべてマスコミにリークしたため大騒ぎになった。マスコミは当然ながら、この話に色めき立った。ロキシーは「どんな服装」で、「誰に」薬を届けたのか？　1月22日には、全米の新聞がロキシーの奇想天外な話を面白おかしく書き立てた。その多くは、彼女の身長、体重、そしてカラフルなヘッドラップをからかい、彼女が決して人混みに紛れるタイプではないと指摘した。あんな出で立ちのティーンエイジャーが、一体どうやってこの国の最高レベルのスポーツ機関に潜入したのだろう？　あまりに奇抜すぎて、まじめに取り上げる気にもならない。馬鹿なロキシー。

その翌日、嘲笑していた人々はみんな真顔になった。[14] 少し調べただけで、ロキシーが取り調べで供述した多くの都市に実際に滞在していたことがわかったのだ。NFLチームのカンザスシティ・チーフス広報宣伝部長ジェス・ピータースや、同じくヒューストン・オイラーズ〔現在はテネシー・タイタンズに改称〕のソロモン・フリーロン選手などは彼女に会ったことを覚えていた（ロキシーはフリーロンに、水質汚染と癌の関係について研究していると話していた。「（薬物のことは）話題にも出なかったよ」とフリーロンは語った。「とにかく、水質汚染について熱心に話していた」[15]）。カンザスシティ・チーフス、デトロイト・ライオンズ、ミネソタ・バイキングスなどのチームから特別待遇[16]を受けていた記録もある。ロキシーの話は、細かいところまで信ぴょう性があった。

デトロイトで、リック・フォルツァーノ監督はロキシーに会ったときのことをばつが悪そうに、だが洗いざらい報道陣に語った。「すっかり騙されたよ。[17]本当はガーナがどこにあるのかさえ知らないんだ」

それからの数週間、マスコミ、警察、NFLはロキシーの話を確かめるために奔走した。また、ロキシーがパット・クリーブランドとともにバスケットボールの試合で麻薬売買をしていたことをほのめかしたため、麻薬取締局（DEA）やアメリカン・バスケットボール・アソシエーションも動く事態になる。留置所の中でロキシーは「あの話は全部作り話」だと言ったが、もう手遅れだ。DEAセントルイス支部の担当者は、彼女の話には「本格的な捜査を行う根拠となるじゅうぶんな情報[18]が含まれている」と報道陣に語った。ロキシーの供述がほんの一部でも事実なら、NFLはこの不名誉を挽回するのは難しいかもしれない。当時はNFLチームのサンディエゴ・チャージャーズ[19]〔現在はロサンゼルス・チャージャーズに改称〕が「広範に及ぶ薬物使用」で4万ドルの罰金を科されるという恥ずべき薬物スキャンダルを乗り越えたばかりだったが、ロキシーが語った内容はもっとひどい。彼女はNFLでは薬物が蔓延しており、ステッカーを貼ったブリーフケースで堂々と持ちこまれていると言ったのだ。聞き流していい話ではない。状況はかなり深刻と言わざるを得なかった。

ロキシー・アン・ライスは19年間無名だったが、今やその名前は全米の見出しを飾っていた。ある記事の見出しでは彼女を「ハリウッド向きの素材」[20]と評している。記者たちはエイドリアン・クリスチャンとのあまりにも短い結婚生活——ロキシーが事もなげに終わらせた——を掘り起こし、かつての夫とその兄フレッドは彼女の風変わりな詐欺の手口をこと細かにマスコミに話した（思い返せばロキシーを自宅に住まわせたときからすべてが奇妙だった、と兄弟は言った。たとえば、フレッド・クリスチャンは「ランプを壊してしまった」と彼女に言われたことがある。だが、ランプは壊れたのではなく分解されていたのだ。そして、部品の一部に何かベタベタしたものがくっついていた。接着剤だろうか？　フレッドは気味悪さを感じたが[21]、その予感が的中していたのかどうかは今でもわからずじまいだ）。記者たちはロキシーの母親にも話を聞きに行った。「あの子はとても頭がいいの[22]。でも、その能力を正しく使うことができなかった」。世間の注目を一身に集めたロキシーは圧倒され、恐怖を覚えたに違いない。留置所の中で、彼女は警察が「無駄な努力」と呼ぶ行為に及んだ。左手首を切って自殺を図ったのだ。彼女は病院に運ばれ、「社会病質性ヒステリー[23]、軽度のうつ病、自傷行為あり」と診断されて治療を受けた。

マスコミは大騒ぎだったが、ロキシーの本来の罪状はクレジットカードの不正利用だけだ。裁判は3月3日に行われることになり、彼女は保釈[24]される。スポーツ界はロキシーの話が真実かどうか固唾をのんで見守っていた。留置所にいた間に、彼女はフレッド・クリスチャンに3度電話をかけている。彼はなぜ自分を騙したのか教えてくれと頼んだが、彼女はそのたびに「心配しないで。私はただ命令されてそうしただけ」[25]と答えた。

だが、彼女に命令した人物などいなかった。2月7日、麻薬取締局の特別捜査官が、ロキシーの話はただの作り話だと世間に発表する。彼らの捜査では、ロキシーが全国を股にかけて麻薬密売をしているという事実を裏づける証拠は何ひとつ見つからなかった。ロキシーは「かなり腕のいい詐欺師」にすぎず、彼女が騙したNFLの選手たちは「人の話を真に受けやすい」だけで「まったくの無実」[26]だと特別捜査官は述べた。謎めいたパット・クリーブランドや邪悪なトニーの痕跡も、どこを探しても出てこない。このふたりはロキシーの豊かな想像力から生まれた架空の人物だった。捜査官によれば、「すべては彼女の単独犯行」[27]だ。

ロキシーの話は嘘の上塗りであり、実体のない鏡の館のようなものだった。薬物売買の話は嘘だが、NFLの選手と会ったというのは本当、だが選手たちと会えたのは彼らについた嘘のおかげだった。ガーナ訛りをマスターし、クレジットカードを盗み、クリスチャン兄弟を騙し、電話で架空の人物を演じた。そして逮捕されると、ガーナ訛りを教え、クレジットカードを盗んだり、クリスチャン兄弟を騙したり、電話で架空の人物を演じたりするよう命じた黒幕がいると主張する。後から彼女の話をよく考えてみると、すべてがでまかせだということは明らかだった。「トニー」には名字がない。ガーナにまつわる話には大きな間違いも多かった（マウマウ団の乱の話もそうだ）。そして、フレッド・クリスチャンが報道陣に語ったように、「マリファナを売るためにそんな面倒なことをする人間はいない」。だが、彼女の話には聞く者の想像力をかきたてるだけの真実味があった。

ロキシーの話にはどれもおとぎ話のような要素があった。ダイヤモンド鉱山、6人の妻、殺された両親とガーナ人の夫、マイアミの海辺にある屋敷で飼われている何頭ものグレートデン。ある新聞は彼女を「不思議の国の悪女[28]」と呼んだ。だが、そもそも彼女はなぜこの不思議の国を作り上げたのだろう。もし彼女が単独犯で、誰からも強制されたわけではないとしたら、一体目的は何だったのか？


その手がかりは意外なところにあった。ロキシーが実は麻薬の運び屋ではなかったと発表した麻薬取締局は、捜査の証拠としては珍しいあるものを提示して世間の関心を引いた。それは『エボニー』誌のひとつの記事だ。

ロキシーのNFL関係者への接触は、1974年11月に始まっていた。同じ月、『エボニー』誌11月号が発行されている。そして、143ページに紫色のドレスに身を包んだパット・クリーブランドというモデルが載っていたのだ。彼女はこの年代を代表するスーパーモデルで、大手エージェント会社と契約したアフリカ系アメリカ人モデルの先駆者だ。そして、166ページからはもっと興味深い記事があった。その年に活躍した黒人フットボール選手の特集だ。カメラに向かって笑顔を向けたり、遠くを見つめたり、フィールドを疾走したりする選手の写真が何ページにもわたって掲載されている。そのなかにはケン・ヒューストンもいた。ソロモン・フリーロンも。ページ上には、ロキシーが後につながりがあると主張したすべてのNFLチームの選手がいた。次から次へと登場する、才能に溢れたとびきりの男たち。夢見がちな10代の少女にとっては、めまいがするほど魅力的な写真だったに違いない。

そもそもこの雑誌全体が、セントルイスの生活とはほど遠い、素敵な暮らしをイメージさせるもので溢れていた。[29]ウイスキーや航空旅行の広告、「ラストラシルクのスカルプクリーム」、「後ろで結ぶタイプの、体にフィットしたランジェリー」、ワールド・ワイド・ダイヤモンド社の「最高級の指輪の特売品」。きっとロキシーはその秋、退屈な仕事に行き詰まり、金銭問題を抱え、家族のトラブルを重荷に感じていたときにこの雑誌を目にしたのだろう。これを見れば彼女のような少女が夢を抱き、後ろで結ぶタイプの体にフィットしたランジェリーを欲しくなっても不思議はない。だが、おそらくロキシーは夢を見ているだけの生活に嫌気が差したのだ。夢を現実にしたかったのかもしれない。だから彼女は電話をかけた。

ロキシー・アン・ライスの「マリファナの運び屋」の話はアメリカのスポーツ界を揺るがすものではないとわかった途端、彼女は世間から忘れ去られた。彼女はただのロキシー、10代の泥棒に戻ったのだ。彼女の名前は新聞の見出しから消えた。3月26日、クレジットカード詐欺の裁判が行われ、ロキシーは有罪を認めて50ドルの罰金という判決と1年間の保護観察処分を受けた。ある記者はこう書いている。「まったく拍子抜けだった[30]」

ロキシーは平凡な詐欺師に戻った。10月には小切手の不正使用で逮捕され、11月にニューメキシコに送還され[31]、何年も前に犯した偽造と詐欺の罪を償うことになる。ジョブ・コア時代に雇い主の小切手帳を盗んだ罪だ。1976年1月、彼女はふたつの罪でそれぞれ1〜5年の刑を言い渡され、服役することになった[32]。

1978年の秋にロキシーは出所して保護観察処分になるが、約束に反してニューヨーク州バッファローに向かう。そこで彼女はおなじみの嘘[33]をついた。自分は医師だと周囲に告げたのだ。しかも、今回は医者だと触れ回るだけでなく実際に医師として働き、自己流の医療行為で合計2万8000ドル[34]を稼いだ。ロキシーはある夫婦が所有するマンションの部屋を借り、夫婦は「同じ建物にお医者さんがいれば安心」だと疑いもせずに喜んだ。そして生まれたばかりの赤ん坊の診察を頼み、ロキシーはそれに応じている。その後、飼い犬が夫の顔に嚙みついたときも夫妻は彼女に治療を依頼した。どちらの場合も治療は申し分なかったため、誰も不審に思わなかったという。

バッファローで彼女は再び妊娠し、医学生だという理由で地元の病院に出産費用を安くしてほしいと頼みこんだ[35]。だが、やがて赤ん坊の病気や犬に嚙まれた傷を治療するこの若い医師を怪しむ者が現れ、FBIが捜査を開始する。1978年10月、彼女は詐欺窃盗罪及び医師を装うことを禁じる州法違反の罪で逮捕、起訴された。この奇妙な事件について、地元当局はロキシーには「いろいろな種類の訛り[36]と職業を演じる才能がある」と語った。

医師になりすました詐欺師は、ロキシーが最初でも最後でもない。フランク・アバグネイルやフェルディナンド・ウォルド・デマラのように、不正な医療行為で有名になったニセ医者もいる。ハリウッドでは彼らの人生が映画化された。ある意味、彼らは愛される存在になったのだ。だが、犬に噛まれた傷をニセ医者に治療されたと怒っているわずかなバッファローの住民を除けば、ロキシーの詐欺行為には誰も気づいていなかった。結局、彼女の怪しげな才能を評価したのは、彼女の逮捕に関わった面々だけだった。直接逮捕したバッファローの刑事は「賢い女性だ」[37]と言った。「想像力豊か」[38]と評したのはロキシーを告発した麻薬取締局の捜査官だ。セントルイス時代の彼女を調べた記者は「彼女は馬鹿じゃない」と言った。「頭が鋭く、あらゆることを考えて犯行に及んでいる」

そして、ロキシーを家に住まわせ、3日だけ義理の兄となったフレッド・クリスチャンはロキシーが想像力だけで得た不思議な力を賞賛せずにはいられなかった。1973年に公開された、手の込んだ詐欺をテーマにした映画を引き合いに出し、「『スティング』よりよくできた話ですよ」と言った。「ロキシーのほうが一枚上手だ。だって映画と違って小道具もないんですから」[39]。クリスチャンにとって、ロキシーのでまかせは感心するほどの出来であり、荒唐無稽なミステリーだった。「19歳の貧しい黒人の娘が有名人たちを巻きこみ、まんまと騙した」と彼はつぶやくように言った。「まったく奇妙だとしか言いようがありません」[40]

確かに奇妙な話だ。映画化はされていないが、感動的ですらある。バッファローで軽犯罪を犯したことを認めたロキシーは、40日間の懲役を言い渡された。そして1978年11月20日に刑期を終えて釈放され、雑誌や新聞の紙面から姿を消した。それ以来、表舞台には戻っていない。保護観察処分の期間を満了していなかったため、ニューメキシコに戻されたのかもしれない。あるいは、セントルイスに戻って母親とともに子どもを育てているのかもしれない。それとも、その秋すぐにバッファローを出て新しい町に向かったのだろうか。ロキシーは犬に噛まれた傷を治し、車のセールスマンを騙し、麻薬取締局を振り回し、フットボール選手たちと水質汚染について語り合い、シャーリー・テンプルが上司だと嘘をつき、NFLの裏側の世界に入りこみ、国を騙した。しかも、この時点で彼女はまだ23歳だった。語るべき物語はまだまだたくさんあるに違いない。

9　悲劇のヒロインたち

ルクサナ

新聞の見出し[1]には怒りに満ちた言葉が躍っていた。

悪徳女詐欺師
保険金泥棒
卑劣なペテン師
冷酷無比
恥さらし

問題の44歳の女性による犯罪は、表面上はごくありきたりのものだ。罪状は保険金詐欺。保険会社から金を騙し取っただけで、赤ん坊を誘拐したわけでも殺人を犯したわけでもない。それなのに、なぜ紙面には憎しみに満ちた言葉が並ぶのだろう？

ルクサナ・アシュラフは1970年代にパキスタン[2]で生まれ、スコットランドのエディンバラで育った。一家はまるで呪われてでもいるかのように不運続きで、父親は亡くなり[3]、姉はひどい交通事故に遭って職を失い、兄はスコットランドでも有名なヘロイン売買の中心人物[4]として投獄された。ルクサナはひとりで年老いた母親の世話をすることになる。しかも、ルクサナ自身も多くの問題を抱えていた。浴びるように酒を飲み、ギャンブルにのめりこみ、2度の恋愛も破綻した。失業して、イギリスの生活保護に相当する給付金で生活する彼女には、家族の誰も知らないもうひとつの顔があった。

2012年[5]、ルクサナは老朽化したヴィクトリア朝の邸宅をアパートに改築した建物に母親と姉と暮らしていた。彼女の部屋は紙とハサミ、携帯電話のSIMカード、住所録で埋もれた小さな洞窟[6]のようだ。家族は彼女が部屋でひとり何かを切ったり貼ったりしているのを見かけたことを覚えている。ルクサナはさまざまな名前、住所、電子メールアドレス、銀行口座を組み合わせて、いくつもの住宅保険を契約していたのだ。契約してしばらく経つと、彼女は所持品――それも高級品がなくなったと騒ぎ始める。手口はこうだ。ルイ・ヴィトンの財布を買い、翌日には返品してレシートだけを保管しておく。そして「ルイ・ヴィトンの財布がなくなった」と訴えて保険金を請求するのだ。「ほら！　レシートもあるわ」。そのレシートに不正な細工をして、また同じ犯行を繰り返した。

ルクサナの経歴はこの種の詐欺にはもってこいだ。エディンバラ・ネピア大学でコンピュータ関係の学位を取得し、その後、生命保険や年金を扱うスコティッシュ・ウィドウズ社に就職している。退職し、言わばフリーランスになったときには保険契約と保険金請求をいくつも同時にこなす知識を身に着けていた。ハサミやノリ、コピー機を使ってレシートを改ざんし、ＳＩＭカードを入れ替えて複数の保険会社にそれぞれ別の番号で電話をかける。保険証券に記載する住所は、最近持ち主が変わった家を探して使用した（新しく引っ越してきたばかりなら、他人の名前が入った郵便物を受け取っても不審に思われないと彼女はわかっていた）。こうして、完璧なテクニックを駆使しながらルクサナは次々と「品物がなくなった」と言い続けた。たとえばグッチの革製ローファー、ルイ・ヴィトンのムーンシャドウ・アンクルストラップ・サンダル、iPadやiPhone、そして金の延べ棒。[7]

もうひとつの顔で生活するルクサナはかなり巧妙だったが、創造的とは言えなかった。彼女の訴えはどれも似たり寄ったりで、やがてある保険会社が不審に思い始める。そしてロンドン市警察の保険詐欺執行部（ＩＦＥＤ）に通報し、ＩＦＥＤは捜査に着手した。だが、彼女は口を割らず、また有罪にするほどの証拠は集まっていなかったため、警察は彼女を釈放する。

危ないところだった。ルクサナはようやく「iPhoneをなくした」と何度も同じ手口で保険会社を騙すことはできないことに気づく。別の方法を考えなければ。新しく、手垢がついていない方法。どんな要求にも保険会社が応えざるを得ないような事故。

ちょうどその頃、イギリスを悲劇が襲う。まず２０１７年5月22日、マンチェスター・アリーナで行われたアリアナ・グランデのコンサートが終了し、ファンが会場の外に出ようとしたとき、自爆テロリストがナットやボルトを大量に使った自作の爆発物を爆発させたのだ。金属片が人々の手足を吹き飛ばし、心臓を貫き、22人の客が死亡、100人以上が負傷する。その多くは子どもだった。それから12日後、今度はロンドン橋をバンで走っていた3人の過激派が楽しげな人々の群れに突っ込み、車から飛び出してナイフで襲い始めた。犯人たちは警察に射殺されたが、それまでに8人を殺し、48人に怪我を負わせていた。さらにその11日後、スプリンクラーも火災報知器もないロンドンの公営住宅、グレンフェル・タワーが大火災に見舞われた。72人が命を落とし、廊下では互いに抱き合ったまま[8]息絶えた家族の遺体があちこちで見つかったという。

1カ月足らずの間に、3つの惨劇が起きたのだ。ルクサナは事件の成り行きをじっと見守っていた。[9]

アシュリー

新聞の見出し[10]には馬鹿げた言葉が躍っていた。

存在しない夫
詐欺のために妊婦を装う
でっち上げの消防士

ブラウスの下に詰めこんだクッション

もともと山火事が多いカリフォルニアだが、2018年の山火事の季節は史上最悪だった。カリフォルニアが炎に包まれる様子を、全米が恐怖に震えながら見つめていた。何か自分にできることはないだろうか？　人々は山火事救済基金やカリフォルニア火災基金に寄付をし、Amazonの「ほしい物リスト」〔匿名で品物を送ったり受け取ったりすることができる機能〕を通じてTシャツやペットボトルの水を買った。避難している被災者に自宅を開放した人もいる。誰もが、ただじっと座って何もしないことにいたたまれなかった。消防士の妻でブロンドの美しいアシュリー・ベミスがカリフォルニアで火災と闘う勇敢な夫のために募金活動を始めたときも、人々は進んで寄付をした。

8月10日、アシュリーは地元のFacebookグループにある投稿をする。夫のシェーン・グッドマンが、南カリフォルニアで2万3136エーカーを焼き尽くし、数千人が避難を余儀なくされた「ホーリー火災」[11]と戦っている——その文章からは彼女の切羽詰まった様子が伝わってきた。「シェーンはカリフォルニア州森林保護防火局に勤めていて、[12]ホーリー火災を食い止めるために出動しています。家族の別のふたりと多くの友達も現地で戦っています。そして、カリフォルニアではホーリー火災以外にも火災が起きています。今日シェーンから来たメールには、予測不可能なこの『地獄の炎』と戦うのはまさに生き地獄だ、とありました」。アシュリーは続けて「シェーンや彼の同僚のために寄付をしていただけたらとても嬉しい」と書いた。「物資を寄付してくれる人がいたら、直接受け取りに行きます」[13]。さらには夫と同僚たちが必要としている品物のリスト[14]もあった。ボトル入りの水、靴下、下着、フェイシャルタオル、ゴールドボンド社のボディパウダー、プロテインバー、Tシャツ、エアマット、耳栓、キャンディー、それから……

1週間も経たないうちに、1万1千ドル相当の現金と物資が集まった。ホーリー火災はまだ燃え盛っていて、彼女のハンサムな夫は——そう、言うのを忘れていたが、Facebookのプロフィール写真のシェーンはとてもハンサムだった——まだ地獄の最前線にいるのだ。地元からの圧倒的な支援は、恐怖に怯える無力な妻にとって願ってもないハッピーエンドだ。

それまでのアシュリーの人生はバッドエンドの連続だった。彼女の第一の目標は家族を、それも「素敵な」家族を持つことだったが、その願いは何度も裏切られた。幼い頃に両親が離婚して父親は去り、彼女は「自分と母親は見捨てられた」と感じたという。その後母親に恋人ができるが、それは下劣な誰にも言えない恋愛だった。相手が既婚男性だったからだ。アシュリーはふたりに腹を立て、母親はこの男に利用されているだけだと思いこんだ。そして彼にレイプされたと誰彼構わず言いふらした。

だが、本気で耳を傾ける者はいなかった。その後アシュリーの人生に登場した男たちも、みんな彼女を失望させるだけだ。しばらくは祖父が父親代わりとして彼女の人生に関わるが、祖父が「再婚した妻に言われたことを信じた」ことがきっかけで、関係は悪化する。アシュリーは具体的な内容は明かしていない。とにかく、それ以来彼女は祖父との交流を断った。恋人も同じようなものだ。みんな彼女に嘘をついた。浮気もした。彼らに捨てられ、自分が「壊れた」ように感じた、とアシュリーは後に話している。やがて、彼女はこんなひどい男たちに悩まされ続けるより、現実の生活から遠ざかるほうがまし[15]だと考えるようになる。すべてが自分の思い通りになる空想の世界を作り上げるのだ。そして、猛烈な地獄の炎ほど空想的な世界はないだろう。

タニア

新聞の見出し[16]には終末論的な言葉が躍っていた。

攻撃
戦争行為
忍び寄る恐怖
「恐るべき」死亡者数
殺りくのダンス
アメリカ最悪の日

2001年9月11日のよく晴れた朝、ハイジャックされた2機の飛行機が世界貿易センターのツインタワーに激突した。ビジネススーツに身を包んだ男たちが窓から飛び出し、煙がマンハッタンを覆い尽くした。タワー内部の人々は外に出ようと必死だった。だが助かる見込みはほとんどない。煙の中からかろうじて逃れることのできた人々は、つらい重荷を背負うことになった。生き残った罪悪感だ。

生き残った罪悪感がどんなものか、タニア・ヘッドほど実感している者はいないだろう。その日の朝、彼女はサウス・タワーの96階にあるメリルリンチ社で会議を終えたばかりだった。向かいのノース・タワー98階で働いている夫のデイブとは、家を出る前にちょっとした諍《いさか》いがあった。取るに足らない夫婦喧嘩だが、仲直りはできていない。午前8時46分、最初の飛行機がノース・タワーに激突したとき、タニアはもう夫と仲直りするチャンスはないと悟った。

だが、今はまだデイブの死を悲しむときではない。「ここから出ましょう。早く!」。タニアはパニックになっている同僚たちに叫んだ。彼女とアシスタントのクリスティンが78階まで何とか降りたところで、2機目の飛行機が轟音を上げながらこっちに向かってきた。タニアは飛行機の翼が大きなガラス窓を突き破るのを見た。みんなここで死ぬ。体が宙を飛び、彼女は気を失った。

意識を取り戻したとき、彼女の体には火がついていて、クリスティンの体が横にあった。頭を失った体が。

突然、赤いバンダナを鼻と口に巻いた男が彼女の背中を叩いて、燃えている火を消そうとした。

そして「起きるんだ、階段まで連れていくから」と言った。立ち上がったとき、タニアは自分の右腕がほとんど切断され、皮一枚でつながっていることに気がついた。彼女は腕が完全に取れないように上着の内側に押しこみ、燃える床を歩き始めた。

ぞっとするような光景だ。おそらく生存者のなかでも最も悲惨な体験に違いない。タニアが当時のことを話すたびに人々は震え上がり、涙した。タニアが当時のことを口にするまでには長い月日が必要だった。9・11アメリカ同時多発テロの生存者の多くは、自分が見たものについて話すことができずにいた。そして、自分たちはアメリカから完全に忘れられたと感じていたのだ。アメリカの人々の思いは当時初期対応に当たった消防士や救急隊員、犠牲者の家族、そして何千人もの死者に捧げられていた。タニアのような生存者、つまりボタンダウンのシャツを着てタワーから這い出てきた普通の人々は感動を呼び起こす対象ではない。9・11の2周年には、グラウンド・ゼロでの追悼式典に出席できなかった生存者もいる。こんな仕打ちに生存者たちは傷ついた。生き残ってもPTSDや自殺願望を抱えて疲れ果て、死にたいと思う人も多いと周囲に理解してもらうのは困難だ。そこで彼らは、自分と同じ境遇の人がいないかネットで調べるようになった。

実はタニアも9・11の生存者が自分の苦しみを語るためのオンライン・フォーラムを立ち上げていたが、しばらくは自分の話はせずにウェブサイトの奥に身を潜めていた。やがてようやく勇気を出して自分の経験を語り出すと、生存者たちは畏敬の念を持って耳を傾けた。タニアがあまりにも悲惨で生々しい話を事細かに話すのを聞いて、自分なんかが「トラウマを抱えている」と言っていいのかと罪悪感を覚える生存者もいたほどだ。こんなことで弱音を吐くべきじゃないかもしれない。だって、タニアはあんなひどい経験を乗り越えてきたのだから。

やがて、タニアは生存者の非公式な代弁者としてコミュニティをまとめるヒーローになった。自分のオンライン・グループを世界貿易センタービル生存者ネットワークと統合することを提案し、問題を抱えた人々が各自で作っていたコミュニティを一本化することで、生存者たちを実権のある存在に徐々に変えていったのだ。タニアは参加者を募ってグラウンド・ゼロへの旅行を企画し、ワシントンにも働きかけている。コミュニティのために彼女が果たした役割は大きかった。

タニアがときどき扱いにくい女性だったのは事実だ。心身の不調に悩まされることも多く、強烈なフラッシュバックに苦しみ、「私は救おうとしたのよ！」と叫んだ。友人たちにひどく当たることもあった。過去の記憶があやふやになり、デイブを「婚約者」と呼ぶかと思えば次の瞬間には「夫」と言った。だが、あの日に起こったことを思えば、タニアを責めるのは酷というものだ。2機目の飛行機が激突したとき、彼女はあの78階のフロアにいた。そして、マルワーン・アル＝シェッヒーが操縦する飛行機の翼が自分に向かって突進するのを見ていたのだ。生存者のひとりが言ったように、この事件は彼女にとって「個人的な」[17]体験だった。

誰もタニアを批判することなどできない。[18]

「分け前をもらうチャンスかもしれない」

悲劇が起こると、大半の人はどうにかして力になろうとする。財布が開き、多額の寄付が怒涛のように寄せられる。2016年にオーランドのナイトクラブ「パルス」で銃撃事件が起こったときは多くの人が献血を申し出、[19] ある血液銀行のウェブサイトは閲覧できなくなった。別の血液銀行では自分の血が少しでも役に立てばと、600人以上が献血の列をなした。

慈善団体の格付けや評価を行うアメリカの独立機関、チャリティ・ナビゲーターのCEOマイケル・サッチャーは、このような行動は人間ならではの素晴らしい社会的共感を象徴しているが、その心理は複雑だと語る。「人は自分より不運な人を気にかけますが、それが脆さにもつながるのです。美しい脆さと言うべきでしょうね。この脆さにつけ込む連中もいるわけです」

つまり、世間は悲劇にまったく正反対のふたつの反応を示すということだ。そこで女詐欺師の出番となる。この悲劇のヒロインたちは、世界が崩壊するのをいつも待ち構えている。危険の気配に耳をそばだて、数キロ先から血の匂いを嗅ぎつける。これほど社会の一般常識からかけ離れた無慈悲な人間はいないだろう。悲劇のヒロインたちにとって爆撃は千載一遇のチャンスであり、津波は金を騙し取る絶好の機会なのだ。

「危機的状況が起こったときこそチャンスなのです」[20] とサッチャーは言う。「こうした邪悪な人間は、世間が心も財布も開く頃合いを見計らって『分け前をもらうチャンスかもしれない』と考えますから」。テキサス州サザーランドスプリングスの第一バプテスト教会で起こった銃乱射事件、ラスベガスでの大量殺人事件、ノートルダム寺院の火災、ボストンマラソンでの爆破事件、2011年の日本の津波、2015年のネパール地震、コロナウイルスの流行、そして、奇妙な話だが俳優ロビン・ウィリアムズの死後にもこうした「悪意ある人間」たちが現れた。オーランド銃乱射事件の後にはあまりにも多くの詐欺が横行し、国税庁は消費者に注意を促す警告を発したほどだ。[21] 悲惨な事件の見出しが新聞に掲載されると、すぐに涙を流して頬をマスカラで汚した悲劇のヒロインが登場する。「夫も撃たれました！」、「あの炎に包まれた建物に甥がいたんです！」、「妹の恋人の親友がハリケーンの中に吸いこまれました。どうか助けてください」

危機的状況では、こうした発言が事実かどうかじっくり検証する時間はない。それに、こんなときに根掘り葉掘り聞くなんて人でなしのような気がしてためらわれる。もっとも、悲劇のヒロインは万が一に備えて詳細な物語を用意しているものだ。「午前9時3分、飛行機が私のいたタワーの78階に衝突したんです！」。そして、もしも話に矛盾があると指摘されたら、「トラウマ」のせいだと言えばいい。大惨事に巻きこまれた女性には誰も批判の目を向けないことを、彼女たちは本能的に知っている。

悲劇のヒロインたちは即興の演技ができる究極のパフォーマーでもあり、いつでも不幸な物語を思いつく。サッチャーいわく「そのためにはある程度の賢さが必要です。頭の回転の速さと行動力が重要ですね」。[22] 次の火事や高層ビルの倒壊がいつ起こるかは誰にもわからない。だから、悲劇のヒロインたちはいつでも動けるように身構え、災害の炎から利益を得る準備をしているのだ。

ルクサナ

ピート・ガートランド刑事はルクサナ・アシュラフの寝室の前に立ち、今すぐ出てこなければドアを蹴破って突入すると冷静に警告していた。金切り声で返ってきた言葉は「今、裸なのよ！」。ガートランド刑事はルクサナ・アシュラフの犯罪を2年前から調べていた。これまで出会ったなかで最も天才的な詐欺師というわけではない。もっと巧妙な犯罪者との出会いや大がかりな事件はいくつもあった。だが、驚かされるのはルクサナの周到ぶりだ。「彼女は他人の名前や住所の集め方を実によく考えていました」と彼は振り返る。「詐欺をスムーズに運ぶための段取りに多くの手間や時間をかけていたのです。実に巧妙に[23]正体を隠し、人々を騙したと言えます」。ほかの悲劇のヒロインはもっと派手でオリジナリティがあったが、ルクサナは堅実な脇役俳優のようなものだ。スターとまではいかないが、とにかく安定した報酬を手に入れていた。

捜査を進めると、彼女の手口にはいくつか綻びがあることがわかった。請求した保険金の振込先はすべて同じ銀行口座だし、偽の電子メールアドレスはどれも同じフォーマットだ。しかも、保険金の請求の際に使用された住所はどれも、最終的に入金される銀行口座からは何百キロも離れた場所だった。たとえばニューヨークの自宅で紛失したブランドシューズの保険金請求を行い、小切手を隣のバーモント州で現金化するといった具合だ。パターンは明白で、すべてがルクサナの犯行であることを示していた。そして2017年7月5日、ガートランド刑事とマット・ハッシー刑事は彼女が母親と姉と暮らすアパートを訪れる。ふたりはありふれた保険金詐欺師を逮捕するつもりだった。

姉が刑事たちを中に入れ、ルクサナは寝室に駆けこんで鍵をかけた。そして証拠隠滅をはかりながら、刑事の呼びかけに「服を着ていないからドアを開けられない」と答え続けた。「ドアを蹴破ることになる、と丁寧に告げると、彼女はドアを開けました。ちゃんと服を着ていましたよ」とガートランド刑事は語る。彼が「アラジンの詐欺の洞窟」と呼んだように、彼女の部屋からは令状に記載されたすべての証拠品や、それ以上のものが発見された。偽の運転免許証やパスポート、偽造書類、不正な領収書、そして彼女がこれから申請するつもりだった保険金請求の書類。「普通の詐欺事件だと思っていたが、それ以上だということがわかりました」とガートランド刑事は言う。「彼女から騙し取られるはずだった数万ドル分は、未然に防ぐことができたと思いますよ」[24]

だが、最も驚いたのは、これまで似たり寄ったりだった保険の請求内容が最近になって変わっていたことだ。ルクサナは、自分が事件に巻きこまれた被害者だと言うようになっていた。マンチェスター・アリーナの爆弾テロやロンドン橋でのテロ。そして、グレンフェル・タワー火災の際にもその公営住宅に住む家族を訪ねていたと主張した。この3回とも、彼女は多くの高価なブランド品を現場に置いたまま「慌てて逃げた」[25]ため、その補償金を請求していたのだ。

これまでとは違う内容の請求を受け、保険会社はすぐに支払いを行った。ほかに何ができただろう？　あんなに悲嘆に暮れている女性を無視することなどできるわけがない。保険会社は、ルクサナのような「生存者」が支払いを拒否されたことが知れ渡れば悪い評判が立つと恐れていたのだ。ルクサナはそれを見越していたに違いない。だから、この短期間に起きた3つの大きな悲劇を利用したのだろう。保険会社に迅速に対応してもらえるように、誰もが知る大惨事を口にしたのだ。まるで、クラブの用心棒に有名な友人の名を囁いて、列に並ばずに中に入るように。

もちろん、ルクサナはどの悲劇の現場にもいなかったが、なぜこの3つの事件を利用したのか語ろうとしなかった。刑事たちにわかったのは、本当のルクサナ・アシュラフは無口で謎めいていて、横柄だということだ。ハッシー刑事は「彼女は秘密主義者でした[26]」と語る。「自分の犯行を家族にも隠していたくらいです」。取り調べの際も質問には一切答えようとせず、スコットランドのエディンバラから3時間かけてイングランドの警察に護送される間も一言も喋らなかった。また、法廷でも「あなたの名前は？」などの単純な質問にさえほとんど口を開かなかった。

「彼女はどんな権力者のことも徹底的に軽蔑していました」とガートランド刑事は言う。「それは保険請求のやり方にも表れています。グレンフェルやマンチェスターの事件の悲惨さを、ルクサナ・アシュラフは意にも介していません、大事なのはとにかく自分がやりたいことをやり、金が手に入ることだけです」

自分以外の人間を蔑ろにしたことが、ルクサナに関する報道の方向性を決定づける。逮捕のニュースが流れたとき、世間は愕然とした。衝撃を与えたのは彼女の保険詐欺ではなく、多くの血が流れ、炎に包まれた事件の現場に自分がいたと主張する厚かましさだ。『スコットランド・サン』紙には「エディンバラの卑劣な女詐欺師」という記事が掲載され、『デイリー・レコード』紙は「スコットランド史上最悪の詐欺師」と騒ぎ立てた。2018年12月に判決がくだされたとき、裁判官は「恥ずべき行為」と断罪した。

刑は3年とかなり軽いものだった。ルクサナは有罪を認めたが、重い判決が出なかったのは彼女の健康状態が悪かったこと、さらには当時年老いた母親の面倒を見なければならないという経済的なプレッシャーにさらされていたことが考慮されたからだ。[27] 彼女は保険会社から総額5万116ポンド［当時のレートで約730万円］を受け取っていた。さらに12万9030ポンド［当時のレートで約1900万円］分の保険金請求を行ったが、この請求はすべて退けられていた。ルクサナは3つの保険会社で合計70以上の保険に加入し、50の架空請求をしていたことになる。

世間を揺るがす大事件というわけではなかった。被害総額は10万ドルにも満たず、たった3年の禁固刑。だが、新聞には史上最悪の事件のような見出しが躍った。冷酷。下劣。邪悪。悲惨な事件を利用して儲けようとしたルクサナは社会からつまはじきにされた。皮肉なのは、彼女自身も社会の一員になることを少しも望んでいなかったと思われることだ。他人の痛みに露ほどの共感もない。ルクサナは誰のためでもなく、自分のためだけに行動する。

アシュリー

ホーリー火災が燃え続けるなか、アシュリー・ベミスの資金調達活動は順調に進んでいた。問題はひとつだけ、それは彼女の過去だ。

アシュリーを直接知る人々は、彼女が真実を誇張する傾向があることを知っていた。だから「ホーリー火災と戦う夫」が寄付を必要としているという彼女のFacebookの投稿を見たとき、彼らはすぐに怪しいと感じた。そのうちのひとりは、アシュリーの夫とされる人物が勤めるカリフォルニア州森林保護防火局の職員だった。職場のデータベースで調べたが、「シェーン・グッドマン」という名前はヒットしない。[28]そこで彼らは警察に通報した。

警察の調べでわかったのは、アシュリーが10年来結婚や妊娠を手段に奇妙な詐欺を繰り返していたことだ。彼女は何年も前から「シェーン・グッドマン」のことをSNSに書きこんでいたが、警察が逆画像検索［画像を検索することで詳細な情報を得る方法］をしたところ「シェーン」の正体はオーストラリアの俳優ジェシー・スペンサーで、『シカゴ・ファイア』というテレビドラマで消防士を演じていたことが判明する。

これは氷山の一角に過ぎなかった。アシュリーのSNS投稿の多くはありもしない妊娠と、他人の赤ん坊を自分の子どもだと偽って掲載した写真だった。そして、実はこれよりずっと前から妊娠したという嘘をついていたのだ。高校時代、母親の不倫相手にレイプされたと言いふらしたときも妊娠したと主張していた。月日が経つにつれ詰め物を入れてお腹を膨らませ、友人たちにベビーシャワー［出産を控えた妊婦を祝うパーティー］まで開いてもらっている。彼女はそのときにもらったプレゼントの一部を売ったり寄付したりしたが、気に入ったものは手元に残しておいた。いつか本当に子どもが生まれたときに使うためだ。

本当に子どもが生まれることはなかった。代わりにアシュリーはまた妊娠を装い、それが幾度となく繰り返される。素敵なマタニティフォトや、大きなお腹でリビングルームを踊りまわる馬鹿げたビデオを投稿した。驚くほどリアルな膨らんだお腹は、折りたたんだ毛布を妊婦帯で固定し、臍《へそ》の部分に丸めたティッシュペーパーをつけたものだ（後日逮捕されたアシュリーは、作りもののお腹を買って使っていたという疑惑に腹を立てているようだった。彼女はあのお腹は自作だと主張した）[29]。彼女はインターネットから超音波写真をダウンロードし、同僚に見せていた。同僚たちはベビーシャワーを開き、アシュリーは出席して笑顔で感謝し、すべてのプレゼントを受け取った。そして、しばらくすると死産だったとか、生まれてすぐに死んでしまったと話す。よく使ったのは「心臓に異常があった」という説明だ。周囲は悲しみ、アシュリーはお悔やみの言葉を神妙に受ける。そして、しばらくするとまた彼女は「妊娠」した。

２０１０年、アシュリーはエミリー・ストリックランドという女性宅に住み込みで雇われ、息子ブレイクのベビーシッターになった。そしてストリックランドが知らないうちにブレイクを連れ出しては、まるで自分が母親であるかのように振る舞った。ブレイクの写真をFacebookにアップすることもある。また、彼に女の子の服を着せ、別のFacebookアカウントに娘の「シャイアン」だといって写真を投稿することもあった。

アシュリーはストリックランドに妊娠していると告げ、ストリックランドはしばらくそれを信じていた。アシュリーのお腹はきれいな丸みを帯びていたし、よく医者から電話がかかってきているようだったからだ。だが、ある日彼女は、自分の車に向かうアシュリーがシャツの下から枕を引っ張り出しているのを目撃する。

ぞっとしたストリックランドはSNSを検索し、アシュリーがブレイクを自分の子どもだと言って写真をアップしていることを知った。アシュリーはすぐにクビになり、SNSに「飲酒運転の車が突っこんできてブレイクが死に、自分も流産した」と友人たちに向けて投稿した。「シャイアン」のことを投稿していたFacebookページでは、娘は心臓発作で死んだことにした。「子供を失う辛さは言葉では言い表せません[30]」と彼女は書いた。いつものように、Facebook上の友人たちからは多くの励ましが寄せられた。

アシュリーは双子を含め計7回の妊娠を偽装した。その物語には常に悲劇がつきまとっている。双子のときは早産だったと言ってNICU（新生児集中治療室）にいる小さな赤ん坊ふたりの写真を掲載したが、それはハフィントン・ポスト［アメリカのオンラインメディア。現在は「ハフポスト」に改称］の記事から勝手に使用した写真だった。彼女の物語には「シェーン・グッドマン」なる男性がよく登場するが、その役割は一貫していない。あるときは完璧な夫、あるときは暴言を吐く裏切り者。一度だけ、彼も「死んだ」ことになっている。[31]

そして今、ホーリー火災が猛威を振るうなか、アシュリーの過去が徐々に明らかになっていった。警察が捜査を続けるなかアシュリーはトーク番組『ドクター・フィル』に出演し、世間に自分のことを語る機会を得る。青いドレスに身を包んだ彼女は緊張の面持ちで、険しい目でテレビに登場した。そしてホーリー火災の募金活動は純粋なもので、1万1000ドル相当もの寄付を着服するつもりなど毛頭ない、ただ募金が集まりやすくなると思って消防士の夫をでっち上げただけだと主張した。「私個人が支援を呼びかけても、誰もまともに取り合ってくれないと思いました」とアシュリーは言った。「募金の必要性を訴えるにはこの方法しかないと思ったんです」。ドクター・フィルに妊婦の振りをしたことを聞かれると、アシュリーは泣き出した。「それが本当だったらいいと思ったからです。知り合いはみんな、私が何よりも子どもを望んでいることを知っています」。彼女はまた「注目されたかった」とも言った。「大切にされている」と感じたかったのだと。それに、自分で作り上げた小さな空想の世界では、彼女が物語をコントロールできる。「空想の世界を離れて現実の人生に戻れば傷つくことばかりです。裏切られたり、嘘をつかれたり……」[32]

現実の世界は厳しいものだが、アシュリーはその世界に引き戻された。2018年12月に彼女は逮捕され、3月には1件の重窃盗罪、4件の第2級強盗罪、目撃者が通報するのを止めた6件の罪、そして24件の詐欺罪を自ら認めた。判決は177日間の禁固刑だ。

その頃にはホーリー火災は鎮火していた。だが、ようやく最後の炎が消えたときには18棟の建物と2万3千エーカー以上の土地が焼き尽くされていた。アシュリーと同じように、ホーリー火災も自分の力では手に入らないものを貪欲に求めたのだろうか。

タニア

2007年には、タニアは誰もが認める「生存者の女王」だった。親友の言葉を借りるなら「世界貿易センターのスーパースター」[33]だ。小規模だった生存者のオンライン・グループを一目置かれる支援団体に育て上げ、その会長に就任した。ニューヨーク市長のグラウンド・ゼロ視察のガイドを務めたこともある。記者たちは彼女の言葉を数え切れないほど記事に引用した。『ニューヨーク・タイムズ』紙はタニアの特集記事を組む計画を立てている。彼女は影響力が強く、逆境と闘ってきた。つまり、アメリカ人気質を代表するあらゆる美と芯の強さを凝縮した女性なのだ。その特集記事は、当然ながら彼女に好意的な記事になるはずだ。だから、タニアが取材を断ったと聞いて友人たちは困惑した。記者が食い下がれば食い下がるほど、彼女は苛立った。事実関係を確認するための単純な質問――たとえば「ご主人はどんな仕事をされていたのですか?」――にすら、タニアは取り乱して泣き崩れる。ハラスメントを受けた、と彼女はグループの仲間に訴えた。私を責めているのよ! どうしてあの記者はトラウマを思い出させるようなことをするの?

夫（あるいは婚約者）のデイブが働いていたノース・タワー98階に1機目の飛行機が突入し、その数分後の午前9時3分には自分がいたサウス・タワー78階に2機目が激突した。彼は死んでしまった。しかも、その日の朝ちょっとした喧嘩をしたまま出勤し、それが最後だったのだ。

タニアが逃げれば逃げるほど、『ニューヨーク・タイムズ』紙の記者は取材を続けた。そして、記事は2007年9月27日に掲載される。見出しは『ある9・11生存者の物語：事実と大きな食い違いが見つかる』。記事を読んだタニアの友人はみんなショックのあまり気分が悪くなった。タニアはメリルリンチに就職したこともなければ、ノース・タワーで働くデイブと結婚したこともない。当然、あの朝夫婦喧嘩もしなかった。頭を吹き飛ばされたというアシスタントのクリスティンは存在しないし、赤いバンダナの男に助けられてもいない。そもそも、タニア・ヘッドは世界貿易センターにすらいなかった[34]。

本当のタニア・ヘッドは、テロとはまったく関係ない事故の生存者だった[35]。本名はアリシア・エステベ・ヘッド、バルセロナの裕福で恵まれた家庭に育った。子どもの頃アメリカ文化に強く惹かれ、寝室の壁には巨大なアメリカ国旗を飾っていたほどだ。いつも男の子とデートしたという作り話をして、友人たちはそれが嘘だと知りつつもアリシアの個性の一部として受け入れていた。18歳のときにひどい自動車事故に遭い、車から投げ出されて右腕が完全に切断された（何とか再接着手術は成功し、その傷跡は後に9・11の話の信ぴょう性を増すために利用された）。あくどい実業家だった父親と一番上の兄が横領罪で刑務所行きになり、タニアはますます空想の世界に引きこもるようになる。２００１年９月11日、実際には彼女はバルセロナでビジネススクールの授業を受けていたとされる。[36] 卒業後、彼女はニューヨークに移り住み、そこで世界に衝撃を与えるあの物語を作り上げた。

タニアの詐欺の巧妙なところは、話の内容がかなりデリケートだったことだ。もし彼女が話したくない素振りを見せたり、記者が単純な質問をしただけで激怒したり、辻褄の合わないことを言ったりしても、友人たちは彼女がトラウマを抱えているため当時のことを振り返ることができないのだと考えた（それに、彼女の話には絶妙なさじ加減で事実も盛りこまれていて、疑う余地はほとんどなかった。サウス・タワーの78階にいたという、赤いバンダナの男は実在した。彼の名はウェルス・クラウザー。[37] あの日、彼は実際に多くの人を救った後炎に焼かれて命を落としている。奇妙な偶然だが、タニアは以前彼の家族と食事をしたことがあった）。彼女は多くの共感を呼びながらも、深入りされることを避け続けた。『欲望という名の電車』のヒロイン、ブランチ・デュボアのように、あるいは世間の批判を恐れた保険会社がすぐに保険金を支払ったルクサナのように、あるいは夫が危険と隣り合わせだという話をでっち上げて多くのオンライン募金を集めたアシュリーのように、タニアの物語も見知らぬ人々の厚意に頼るものだった。

悲劇のヒロインたちにとって、９・11は特別な魅力を持っていた。多くの死者が出たため、話を捏造する余地が十分あったからだ。何千人もが命を落とした事件で、ひとつひとつの悲劇を事実確認したり情報をたどって真偽を確かめたりする時間や能力のある者がいるだろうか？　当時

9・11詐欺が横行し、タニアもそんな詐欺師に遭遇したことがある。ある男が大胆にも彼女の9・11生存者フォーラムにログインし、テロの生存者だと嘘をついたのだ（「世界貿易センタービルの生存者だと嘘をつく人がいるなんて」とタニアはある友人に怒りを滲ませた手紙を書いた。「あの事件は私にとってとてもつらい経験よ。なのに、彼はただ注目を浴びたいとか、とにかくろくでもない目的でフォーラムに入ってきた」）。9・11生存者のなりすましにあまりにも多く遭遇した精神科医のジーン・キムは、『ワシントン・ポスト』紙に論説を寄稿している。「これまで医師として長年働いてきたが、これほど多くの嘘を誘発した事件はほかにない」[38]

なりすましの目的は必ずしも金銭だけではなかったようだ。タニア自身も政府から送られた被害者補償の小切手を一度も換金していないし、運営する組織から1ドルも受け取ってはいない。その代わり、キム医師の寄稿から引用すると「あらゆる人種や社会経済階級の人々が、この種の出来事によって得る注目や歴史的事件と関わったという感覚——そしてその背後に潜む力を感じ取ったのだろう」。力。世界を騒がせた悲劇と自分が関わっていたと主張することはある種不可解な存在感を放つことにつながり、悲劇のヒロインたちにとってはその存在感はひどく魅力的だった。悲惨な事件の本物の生存者は、自分の運命を他人に押しつけたいと思ったりしない。だが、悲劇のヒロインたちは本物の生存者のことなど気にもかけていなかった。

事実発覚後にタニアは自分が立ち上げた生存者グループを追われ、それきり姿を消してしまった。友人たちや本物の生存者は精神的苦痛を負い、タニアの裏切りに心を痛めた。だが、彼女は一度も謝罪せず、起訴もされなかった。作り話を語ることを禁じる法律はないわけだし、優れた作り話の多くがそうであるように、彼女もほんの少しの真実をもとに巧妙な物語を作り上げたのだ。タニア自身、トラウマというものをよく知っていた。だが、彼女の個人的な悲しみは世間を騒がせ、注目を集めることはない。だから自分の役を作り直し、思いつく限り最大の悲劇の中心に身を置くことにした。スポットライトのように彼女を照らす炎の中に。

「このような事件は後を絶たないということです。そう思いませんか？」

新聞に悲惨な見出しが出るたびに、悲劇のヒロインたちが現れる。チャリティ・ナビゲーターのCEOマイケル・サッチャーは、「あらゆる悲劇のなかに詐欺は横行していると思います」と言う。「巧妙な詐欺は発覚せず、犯人はまんまと逃げおおせてしまうのです[39]」

悲劇のヒロインたちは人々の感情を逆手にとって詐欺を行うが、自分は他人に対して不思議なほど何の感情も抱かない。パトカーの中で何時間も無言を貫いたルクサナや、謝罪もなく姿を消したタニア、子どもを案じる親が撮影したNICUでの写真をインターネットから無断でダウンロードしたアシュリー。金や世間の注目が欲しかったにしろ、嘘をつかずにはいられないという病的な理由からにしろ、彼女たちの関心は常に内側に向いている。自分に直接関係がない限り、悲劇は単に演じるための台本に過ぎないのだろう。

彼女たちが世間から忌み嫌われるのはそのためだ。憎まれると言ってもいい。人は心のどこかで知的な詐欺やロマンス詐欺を楽しむことはあるかもしれない。だが、悲劇のヒロインとなれば話は別だ。彼女たちは無情にも死や災害を利用して利益を得、目に見えない倫理の一線を越えてしまった。だから世間は彼女たちを決して許さない。タニア・ヘッドに関するネット記事のコメント欄には「地獄で焼かれろ」、「この太った嘘つき女は、死かほう助自殺に値する」、「タニア・ヘッドに必要なのは悪魔払い」、「胸が悪くなる」、「まさに反社会的人間の代表」、「世の中にはいろんな悪事があるが、これは最悪の部類に入る」[40]などの言葉が並んでいる。世間が彼女たちを憎むのは、自分が騙されたというだけでなく、本物の犠牲者から多くのものを騙し取ったからだ。金、注目、そして本当の生存者の物語。マンチェスターの爆破事件の生存者が、ルクサナ事件の影響で保険金をなかなか支払ってもらえなかったことを誰が知っているだろう？　アシュリーの呼びかけに応じて集まった総額1万1000ドルの募金は、本来なら本物の消防士たちに寄せられたものだったかもしれない。タニアのメロドラマ的な独白の陰で、どれだけの9・11生存者の真実の物語がかき消されただろう？

悲劇のヒロインはいつの時代にも存在したし、これからも登場し続けるだろう。1888年9月、ロンドンのホワイトチャペル地区の狭いダットフィールズ・ヤードに横たわるエリザベス・ストライドの遺体が発見された。自分自身が悲劇に見舞われる10年前、エリザベスは他人の悲劇を利用して生き延びていた。「プリンセス・アリス」号という蒸気船が別の船と衝突して約700

人の死者が出たとき、エリザベスは自分もその惨劇の場にいたと主張することにしたのだ。当時ロンドン市民は何万ポンドもの義援金を集めていた。そこから少しだけ分け前をもらっても差し支えないはずだ。そこで彼女は事故に遭ったときの状況を周囲に訴えて回った。「私の夫はあの沈没事故で死にました[41]。それに、ふたりの子どもも」

それから124年後、大西洋を隔てたアメリカのコネチカット州ニュータウンにあるサンディ・フック小学校で、銃を持った男が20人の生徒と6人の教師やスタッフを射殺した。事件発生から4時間も経たないうちに、ブロンクスに住むノウル・アルバという女性が殺害された子どものひとりは自分の甥だと名乗り出る。彼女はSNSの投稿や電子メール、さらには電話を通じて甥の「葬儀代」の寄付を募り[42]、甥の体は弾痕だらけだったと嘆いてみせた。

CNNのレポーターは「とても衝撃的な詐欺事件でした[43]」と伝えた。「でも、最も衝撃的なことは、このような事件は後を絶たないということです。そう思いませんか?」。人生は続き、死者の数はこれからも増える。そしてどこかで、新しい悲劇のヒロインが台本に目を通し、マスカラを塗り、幕が上がるのを待っているのだ。

10 ボニー・リー・バクリー

別名：フローレンス・ポーラキス、サンドラ・ガフロン、リーボニー・バクリー、エリザベス・ベイカー、ロレイン・ドレイク、シルヴィア・ステファノウ、アレクサンドリア・キング・ダニエラ、クリスティーナ・シャイアー[1]

1956～2001年

ハリウッドで命を落とすのはある意味不公平だ。体が冷たくなる前に悪い評判が広がるかも知れないのに、本人に何ができるだろう？　死人に口なしだ。ボトックス注射をしていたブロンドのボニー・リー・バクリーは気の毒にも夫の車の助手席で倒れているのが発見され、それから1週間もしないうちに家族や友人は彼女の秘密をマスコミにぺらぺらと喋り始めた。母親は、ボニーは「好んで危険と隣り合わせの生き方をした[2]」と語った。異父弟はある雑誌に「マザー・テレサとは程遠い人物[3]」だったと言い、姉は「ボニーはロックスターをしょっちゅう追いかけ回していた[4]」と振り返った。

彼女の人生の汚点も次々と浮かび上がってきた。通販のポルノ・ビジネス、犯罪歴、有名人への執着。生々しい、なりふり構わずの行為がすべてむき出しになったが、ボニーにはもはや自分を守る術はない。奇妙なのは、彼女にとって都合の悪い事柄のほとんどが「悲嘆に暮れる」夫の口から出たことだ。彼が自分の弁護士に話し、弁護士がそれをマスコミに伝えていた。

ボニーの事件を担当していた刑事たちから見れば、夫が徹底的に妻の評判を落とそうとしていることは明らかだった。[5] ロサンゼルス市警の広報担当者は、「ある意味、不公平です[6]」と考えこむように言った。「ある人物が殺され、周囲がこぞって彼女を悪者に仕立て上げる。捜査の焦点は彼女の過去ではありません。われわれが集中すべきは一点だけ、誰が彼女を殺したかということです」

皮肉なのは、頭を撃たれて死んでいなければボニー自ら有名人への執着や通販のポルノ・ビジネスについて喜んで語っていただろう、ということだ。生前は自分の野心を悪びれもせず口にしていたし、ボニー・リー・バクリーほど自分の人生を事細かく記録に残した者はいない。彼女は何十年もの間電話での会話を録音していた。また、自分のヌード写真のコレクションをきちんと整理し、それを国中の顧客に送っていた。タブロイド紙を読まなくても、彼女の不道徳な二重生活については簡単に知ることができる。ボニーに会えば、本人がすべてを話してくれ、ついでに一杯おごってくれた。

有名人への執着は、祖母の家で暮らしていたときから始まっていた。祖母と暮らすことになったのは、彼女の人生に登場する最初の男、つまり父親が虐待を伴うアルコール依存者だったからだ。1956年6月7日、ニュージャージー州モリスタウンで6人兄弟の長女として生まれた彼女は、成長するにつれ神経質な性格になった。父親はしょっちゅう妊娠中の妻の腹を殴り、金を使い果たす。ボニーの妹によれば、6人のうち3人の子どもが養子に出されたという[7]。破産して一家でガレージに住んでいたこともあり、子どもたちはネズミをペット代わりにしていた。ボニーが7歳のとき、陣痛が始まった母親が病院に行った後で父親は彼女に性的虐待をしようとした[8]。

やがてボニーは祖母の家に預けられることになった。父親から逃れるためだったのか、あるいは父親に経済的余裕がなくなったためかはわからない。祖母は変人で金に細かく、森の中に住んでいた。子どもの頃に経験した大恐慌の影響で水不足を病的に恐れ、ボニーに髪を洗うことを禁止していたという。幼いボニーは脂ぎって固まった髪で学校に行き、同級生からの苛めの対象になった（大人になると、ボニーは贅沢な長風呂を楽しむようになった）。そんな彼女の唯一の逃げ場はテレビだった。テレビの中では女の子はみんなきれいな髪をしていて、男の人はみんなハンサムだ。好みのタイプは、母親や祖母も夢中になったようなタフガイ[9]だった。ハンフリー・ボガート、ジェームズ・キャグニー、エルヴィス・プレスリー、そしてロバート・ブレイク。

数十年後、ボニーは友人と電話でお喋りをするうちに（当然この会話も録音されていた）、自分の過去を思い出し始めた。「私は学校のみんなに嫌われていたの。貧乏で、小ぎれいな洋服も持っていないし、いつも馬鹿にされてひとりだった」と彼女は言った。「だから、子どもの頃からずっとこう思っていた。『いつかみんなを見返してやる。今にわかるわ。私は映画スターになるんだから』」[10]

ボニーはやがて、映画スターになるのは難しいがヌードモデルなら簡単になれると気がついた。少なくとも彼女の場合は。ブロンドで肉感的な体つきのボニーは、ハリウッドのセクシー女優というよりは身近によくいる無造作な格好をしたちょっとかわいい女の子だった（ボニーのファッションは、一歩間違えば「だらしなく」見えた。古着屋で買ったような服を好んで着ていたからだ）[11]。それに、ボニーは裸になるのが好きだった。10代の頃、妹と一緒にあるヌーディスト村に泳ぎに行ったことがある。妹にとってこの体験は驚くべきものだったが、ボニーはおおいに気に入った[12]。若いボニーの写真はヌーディスト雑誌の巻末を飾り、モデルとしてのいい宣伝になった。彼女は笑顔でポーズをとり、報酬を得るとすぐにバスの切符とコンサートチケットを購入してお気に入りのミュージシャンを見に行った。一時期はフランキー・ヴァリに夢中で、その後エルヴィスが彼女のすべてになる。それからジェリー・リー・ルイス。普通の少女はこうしたミュージシャンたちのポスターを壁に貼って満足したかもしれないが、ボニーはもっと積極的だ。彼らのガールフレンドになるためにまず警備員やスタッフに近づき、ツアーで全国を回る彼らについて行った。エルヴィスの邸宅があるグレイスランドの塀を乗り越え[13]、木に登って寝室をのぞいたこともあったが、警備員につまみ出された。それでも彼女は後に、自分はエルヴィスの「恋人だった」[14]と言うようになる。

高校を中退後、バルビゾンモデル学校でモデルの資格を得たボニーはニューヨークに移り住み、有名女優を目指して先の見えない努力を続ける若い女性の列に加わった。家族には「映画俳優組合に入り、セクシーな映画『ナインハーフ』に出演が決まった」と明るい展望を語ったが、いずれもまったくの嘘だった。[15] 女優として一番大きな仕事と言えば『ターク182』という作品にエキストラとして出演したことで、この映画は評論家ロジャー・エバートに「観客の知性に対する侮辱[16]」と酷評された。

また、女優になれなかったときの保険として、彼女は歌にも挑戦している。女優として有名になれなかったとしても、次の「クイーン・オブ・ポップ」にはなれるかもしれない。ボニーは「リーボニー」というシンガー名で「ジャスト・ア・ファン（ただのファン）」、「レッツ・ノット・ドリーム（夢を見るのはよそう）」という奇妙で宿命論的なシングルをレコーディングする。その歌声は調子外れで、歌詞はどことなく不吉な感じがした。「私は有名人を追いかける／彼が私にとってどれだけ大切かは神様だけがご存じ／これからどうなるのかわからない／でも、どこにいようと未来はない。そうでしょう?」（数十年後、このシングルはYouTubeにアップロードされ、「1970年代のストーカーソング」と評されることになる）

女優や歌手としての道を模索する一方、彼女はヌードモデルも続けていた。ある日、ギリシャ人のエヴァンゲロス・ポーラキスという男性がヌーディスト雑誌の巻末に掲載されていた彼女の情報を見つけて連絡をよこした。自分はグリーンカード（アメリカ永住権）を手に入れたいと思っている、協力してくれるならもちろん金は払う、というのだ。ボニーは結婚を承諾した（彼女は彼との結婚式に遅刻している）が、ポーラキスから虐待を受けるようになったため別れ、彼は強制送還された。[17] ボニーは自分の時間、体、薬指の指輪のために金を払う獲物はほかにたくさんいることを知っていた。数十年後に彼女の名がようやく有名になったとき、『ローリング・ストーン』誌の記者は「バクリーの夫の数については、9人から100人以上までさまざまな情報が寄せられた[18]」と書いている。

ヌードモデルという仕事の問題は、ボニーの体はひとつしかなく、1回の仕事につき1カ所の写真スタジオにしかいられないということだ。そこで彼女はもっと金になる可能性があるビジネス、つまり通信販売ポルノに方向転換した。これなら思わせぶりなことを書いた手紙を大量にコピーするだけで、国中の何百人もの男に自分の商売道具を送ることができる。

ボニーは雑誌に新しい広告を掲載し始めた。「孤独な女の子が文通相手を探しています。できれば年上の男性希望」。広告を見た男が連絡をしてきたら、彼女は色っぽい言葉を連ねた自己紹介の手紙を送る（同じ文章をコピーした手紙だが、男たちはそんなことは知らない）。手紙のなかで、彼女は「もし前払いしてくれるなら、写真を何枚か——つまり、『特別な写真』を送ります」と書いた。文通を続けるうちに、ボニーは相手の男からできるだけ多くの金を巻き上げるために、彼の情報を詳細に記録するようにした。名前、住所、電話番号、その男に彼女が使っている偽名、そしてもちろん、彼の性的嗜好。あるメモに、彼女はこう書いている。「テレホンセックスを好む」客を満足させるために、彼女はポルノ写真の膨大なコレクションを構築した。自分の写真に加え、大きな胸や小さな胸、細いウエストや太いウエスト、そしてあらゆる肌色の女性たちの写真だ。また、同じ内容の手紙をやり取りするだけでも、ボニーは男に特別な感情を抱かせる非凡な能力を発揮した。彼女は男たちを翻弄し、惑わせ、金を巻き上げる。男たちは、そのうち何もかも放り出した彼女が裸にトレンチコートを着ただけの格好で家の玄関に現れるかもしれないと期待した。

　ボニーの通販ポルノは、写真を送って現金を手にするという単純なビジネスではなかった。彼女は手紙に「今月の家賃が払えない」、「医療費の支払いがある」、「大切な人が入院している」などお涙頂戴の話を織りこんだ。ときには「バスの切符代をくれたら、あなたに会いに行ける」と書くこともあった（もちろん、約束の日の前に必ずトラブルが起こって行けなくなる）。彼女がばらまいた手紙の文面はいかにも純情な、若い女の子らしいものだった。「休暇を一緒に過ごす人もいないんです。あなたはどう？[19] 私の家族は遠くにいるの。今度の休暇を一緒に過ごしてもらえませんか？」

　スナップ写真1枚で10ドルにしかならないこともあったが、ボニーは自分のために「金をいくらでも出してくれる」男を嗅ぎ分ける天才だった。男たちの信用調査を行い、資産を把握した後、社会保障番号を調べて署名を偽造し、小切手を自分宛に郵送する。相手がかなりの金持ちだったり、生命保険に加入している年寄りだったりしたら、本当に結婚することもあった[20]（彼女の「的」

のひとりが死んだとき、成人した子どもたちは父親の遺産の一部を受け取る権利がある「婚約者」の存在を初めて知ってショックを受けたという)[21]。彼女のパターン化した手紙には8つのレベルがあった[22]。レベル1はヌード写真の代金を要求するもの、レベル8は男の遺言書に名前を加えてほしいと頼むものだ。ビジネスが大きくなるにつれ、ボニーは親戚に切手を貼ったり他人の胸の写真を封筒に入れたりするのを手伝ってもらうようになる。大金を手に入れ、その金で家を何軒も買った。

1977年秋、ボニーはいとこのポール・ゴーロンと結婚する。ゴーロンは彼女がこれまで関わった多くの男と同じように暴力を振るうようになり、鼻を骨折させたこともあった。だが、それ以外のときはある意味ボニーに従順だった。夫婦の間にできたふたりの子どもを家で世話するのはゴーロンで、ボニーは有名人を追いかけ、家賃を稼いだ。通販ビジネスが大きくなると、ゴーロンは彼女の下で働き始める。ボニーはパターン化した手紙を手書きで書くのを好んだ――そのほうがより温かい印象を与える――ため、ゴーロンは「あなたの毛深い睾丸を舐めることを想像すると、濡れてくるの」などという文章を毎日丁寧に書き写した。

ゴーロンは後に「別の方法でこの才能を発揮していたら、大物になったかもしれないのに」と語った。「とても残念だね。ボニーのビジネスはすべてが不正行為だった[23]」

ボニーは男たちの妄想をかき立てることで家賃を稼いできたが、自分の夢を諦めたわけではなかった。むしろ、思いはこれまで以上に熱く強くなり、ゴーロンとようやく離婚したときには

「次は絶対に有名人を捕まえる」と固く誓った。そう、以前レコーディングした「ジャスト・ア・ファン」の歌詞を通して全世界に伝えていたように、「私は有名人を追いかける／いつか気づいてくれることを願って……」

ボニーは通販ポルノ・ビジネスで発揮した計画性と行動力で有名人を追いかけた。有名人リストを作り、『スター』や『エンクワイアラー』といったタブロイド紙で彼らの行動をチェックする。好きな色や行きつけのカクテルバーも書き留めた。それに身元調査も。当然のことだ。何かに本気で取り組むなら、それに向かって努力しなければ。同じ頃、彼女のちょっとした犯罪がいくつか発覚する。[24] わざと不渡り小切手を何枚か出したのがばれ、テネシー州では薬物絡みの軽犯罪で逮捕され、アーカンソー州では5枚の社会保障カードと7枚の運転免許証を持っていたとして検挙された。だが、何があろうと絶対に夢は諦めなかった。

1984年、ボニーはそのワイルドさから「ザ・キラー」と呼ばれるロックスター、ジェリー・リー・ルイスに目をつける。彼は、祖母が理想の男の定義に挙げた「知名度、才能、危険な香り」をすべて持ち合わせていた。実際、ボニーがルイスを追いかけ始めた時点で、彼の妻だった女性ふたりが不審な死を遂げていた。[25] だが、そんなことはどうでもいい。男が暴力的になり得ることは百も承知だ。ボニーは「ザ・キラー」に近づくため、彼のツアーマネージャー、妹、彼の妻の秘書に近づいて親しくなった。そして子どもたちを連れてメンフィスに引っ越し、「ルイスの6番目の妻を殺して7番目の妻になる」と冗談を言った。彼を追いかけていた約10年間、彼女は通販ポルノ・ビジネスも続けて「上客」が現れたときには結婚もしたが、1993年に少々やりすぎてしまった。妊娠し、ポール・ゴーロンの子どもだということはほぼ間違いないのに（ふたりは離婚後も関係を持っていた）、父親はジェリー・リー・ルイスだと吹聴してまわったのだ。それを証明するために生まれた女の子を「ジェリリー・ルイス」と名づけたが、誰も彼女の言うことを信じなかった。ジェリー・リー・ルイスは自分の子ではないと断言し、ポール・ゴーロンはジェリリーが自分の娘だと確信していた。ボニーの妹マージェリーも、「フェラチオだけでは妊娠しない」[26]と身も蓋もなかった。

やがてボニーは、自分がジェリー・リー・ルイスの7番目の妻になることはないと認めざるを得なくなり、レーザー光線が獲物を照らすようにターゲットを歌手から映画スターに変更する。彼女はハリウッドで長く過ごすようになり、ロバート・デ・ニーロ、シルヴェスター・スタローン、ロバート・レッドフォードなどのタフガイに目を向けた。動機は純粋とは言えないが、少なくともわかりやすいものだった。「有名人と一緒にいるのが好きなの」[27]と彼女は友人に言った。「優越感を味わえるから」

40代になったボニーは相変わらずポジティブで野心的に見えたが、計画は何ひとつうまくいかず、その代案もなかった。ポルノ通販をずっと続けていけるなら話は別だが、永遠の若さを保つ人々がひしめくロサンゼルスでは40代の女性を取り巻く状況は厳しい。ボニーはボトックス注射を打ち、年齢や体重を偽った。会員制のバーや有名人の誕生日パーティーにも潜りこんだが、周囲からは中年のグルーピー〔有名人の熱狂的なファン〕に過ぎないと思われていた。それでも、彼女は故郷の家族や友人たちに「夢が現実になった」と話していたという。ディーン・マーティンの77歳の誕生日パーティーにもどうにか参加し、家族に電話して彼とつき合っていると話した。ディーン・マーティンによく似た甘い声の男を電話口に出したこともある。[28] いかにもボニーらしいやり方だ。彼女はいつでも華やかさと興奮を作り出すことができた。ただし、それは一夜の夢にすぎない。

そう、一夜をボニーと一緒に過ごすのはとても楽しい。友人たちは彼女と連れ立って出かけるのが大好きだった。ボニーはみんなに酒をおごり、バーで一番危険な男といちゃついたり、1RSKTKR（世界一の怖いもの知らず）というナンバープレートをつけた車に友人たちを乗せてハイウェイを飛ばしたりした。その夜来ることができなかった友人には電話をかけ、何時間も事細かに喋り続ける。だが、夜が明けてからのボニーがやることは、18歳の頃と同じだ。遅くまで寝て、タブロイド紙を読み、髪を整え、夜に備えておしゃれをする。今夜こそ夢の男に出会えるかもしれない、と考えながら。

ある蒸し暑い夏の夜、またしても有名人の誕生日パーティー（今回はチャック・マッカンというコメディアンだ）に参加したボニーは、会場の向こう側にいる年配の男に目を留めた。無骨で危険な香りのするハンサムで、袖なしの黒いシャツを着ている。ふたりの目が合い、何かが生まれた。ボニーは彼が座っているボックス席のブースに滑りこんだ。

男は俳優のロバート・ブレイク、ボニーではなく彼女の祖母の憧れの人だ。ブレイクは１９４０年代の『アワ・ギャング』という短編映画シリーズに子役で出演しており、１９６７年の映画『冷血』の殺人犯ペリー・スミス役や１９７０年代のテレビドラマ『刑事バレッタ』のタフな警官役でさらに有名になった。ボニーと同じくニュージャージー出身で、幼少期は問題を抱えた家庭で育っている。１９９８年にボニー・リー・バクリーと目が合ったとき彼は64歳だったが、毎日の運動と美容整形、そして黒々と染めた髪のおかげで年よりも若く見えた。怒りっぽく、気性が荒いという評判で、スターとしては盛りを過ぎていた。ボニーが手を伸ばせば空からつまみ取ることができるほどに。

ボニーがロバート・ブレイクに会って胸を躍らせたのは事実だが、その時点ですでに別の有名人を捕まえていた。正確には本人は有名人ではないが、有名人に極めて近い世界にいる人物。そう、ボニーは俳優マーロン・ブランドの息子クリスチャン・ブランドと寝ていたのだ。彼は異母妹に暴力を振るっていた恋人の顔を撃ち抜き、刑務所から出たばかりのトラブルメーカーだった。ボニーはクリスチャンがまだ獄中にいるときから手紙を書き始め、仮釈放された後は私立探偵を雇って彼の居場所を突き止めた。そしてクリスチャンを誘惑したのだ。強引だが効果は抜群——典型的なボニーのやり方だ。

だが、ロバート・ブレイクと寝るチャンスを得た今、クリスチャン・ブランドみたいな小物に邪魔をされるわけにはいかない。彼女はパーティーでブレイクにさりげなく近づき、彼のジョークに声を上げて笑った。ブレイクはボニーをなめ回すように見て、彼女の気を引くためにわざと強いニュージャージー訛りで悪ぶって話した。やがてふたりはパーティーを抜け出し、彼のＳＵＶの中でセックスをする。帰宅後ボニーは部屋に駆けこみ、妹と親友に電話した。「今、映画スターとセックスしてきたわ。本物の、正真正銘の映画スターと！」。有名人と結婚するという生涯の夢にようやく手が届くかもしれない。あとは冷静に振る舞い、彼からの電話を待つだけだ。

やがて電話がかかってきた。ふたりの関係は続いたが、それはボニーが期待したほどロマンティックなものではなかった。ブレイクにとっては遊びの延長であり、「きみはソウルメイトだ」という言葉もなければ指輪の話も出ない。月日が経つにつれ、ボニーはあせり始めた。ブレイクを追いかけるべきか、それともブランドを選ぶべきか。「ハリウッドの有名人の妻」という長年の夢を叶えてくれるのはどっちだろう？　そして、彼女にとってもっと重要なことは、どっちが自分を傷つける危険が低いかということだった。ふたりともハンサムで、トラブルメーカーで、暴力的だ。あるとき、ボニーの通販ポルノ・ビジネスに腹を立てたクリスチャンが電話で彼女を怒鳴りつけた（いつものように、ボニーは通話を録音していた）。「運のいい女だ、わかってるか？[29]」と彼は噛みついた。「俺がやらなくても、誰かがお前の頭に弾丸を撃ちこんでも不思議じゃないってのに」

ボニーは電話で何時間も友人たちと話し、ふたりの恋人それぞれの長所と短所を話し合った。ある友人には「ブレイクに会ってちょっといいなと思ったけど、ルックス的には好みじゃなかった。それに、私にはクリスチャンっていう恋人がいたし」と話している。「あんたならどっちにする？ブレイク？　それともクリスチャン？[30]　私はブレイクといたほうが安心できるかも」

ボニーにとって「安心」というのはあくまでも「クリスチャンに比べれば」ということで、彼女は早くから自分はロバート・ブレイクに殺されるかもしれないと考えていた。友人たちにそのことで冗談を言うことすらあったという。彼には暴力的なところがあり、ときにはいきなり怒りを爆発させた。セックスの最中に彼女の首を絞めたり、髪の毛が抜けるほど引っ張ったりすることもあったが、ボニーはそれを彼の気まぐれのひとつと受け止めた。そして、男の気まぐれを満足させることにかけては自信がある。彼女は恐怖に震えて身を引く代わりに、可能な限り彼に近づくことにした。そして、もし妊娠しても中絶するからと言って避妊具なしでセックスをした。[31]

ブレイクに妊娠したと告げると、彼は大荒れに荒れた。「何があっても心配しなくていいと言ったくせに、とんだ大嘘つきだ！　汚い真似しやがって。わざと妊娠したんだろう！」と彼は電話口で激怒した。「生理が8月20日に終わった後、一番妊娠しやすい時期を見計らってここに来ておれとやったんだな！　すべておまえの計画通りだ。まんまとやられたよ。これからは、せいぜい自分のやったことを背負って生きていくことだ。おれは一生このことを忘れない」[32]

ボニーは怒り狂うブレイクを無視して、2000年6月2日に女の子を出産する。当初、彼女はクリスチャンが父親だと言ってクリスチャン・シャノン・ブランドと名づけたが、その後ブレイクを説得してＤＮＡ鑑定を受けさせ、彼が父親だということが証明された（後にボニーは娘の名を「ローズ・レノア・ソフィア・ブレイク」に改名している）。ブレイクは少し戸惑いながらもやがて娘を溺愛するようになるが、その頃にはボニーのことを心から憎み始めていた。ハリウッドに長く滞在しているとはいえ、ボニーは５枚の社会保障カードと７枚の運転免許証を違法に所持していたため厳密にはまだアーカンソー州で仮釈放中の身だ。それを知っていたブレイクはボニーがハリウッドにいるとき、知り合いを使って電話で彼女の保護観察官に密告させた。ボニーはアーカンソーに連れ戻され、娘はブレイクが引き取ることになった。

もっとも、夢を叶えようと必死のボニーに保護観察官が太刀打ちできるはずもない。彼女はブレイクに「もし結婚してくれなければタブロイド紙に暴露してやる」と言った。ブレイクに愛されていないことは知っているが、そんなことは構わない。ボニーは大きな夢を見るのが好きだが、現実的な一面もあった。ブレイクに出会う20年以上前の１９７７年にレコーディングした曲の歌詞がそれを物語っている。「ベイビー、ベイビー、夢を見るのはやめよう／意地悪するつもりはないけれど、そうするしかないと思うの」

同じ１９７７年、ブレイクは『プレイボーイ』誌のインタビューを受けている。『冷血』で殺人犯を演じた彼は、人を殺す可能性について考えることがあると話した。「自分が誰かを殺すことはあり得ると思うね[33]。それはおれが神じゃなく人間だという証拠だ。本当にやっちまう前に誰かが止めてくれることを願うよ」。このときはふたりとも、数十年後に自分の言葉が不吉な意味を持つとは思いもしなかった。

2000年11月19日、ボニー・リー・バクリーとロバート・ブレイクはついに結婚する。もっとも、ボニーは自分で結婚指輪を買い、ブレイクは初夜を一緒に過ごすことを拒んだ。代わりに彼はボニーを自宅の裏庭にあるバンガローに住まわせ、子どもがいる前では「有名な悪人たち」とはつき合わないという婚前契約書にサインさせた。ボニーは敢えて元気に振る舞い、できるだけ屈辱を気にしまいとした。通販ポルノ・ビジネスをバンガローで再開し、知り合いにクリスマスカード[34]を送ってロバート・ブレイクと結婚したことを知らせている。「素敵だと思わない？」

だが、表面的な明るさとは裏腹に、正直言ってボニーはロバート・ブレイクに恐怖を感じるようになっていた。彼にはかなりの数の銃のコレクションがあり、ボニーとのセックスはほとんど拒否しながらも、彼女に銃を持たせてセクシーなポーズの写真を撮った。彼にはアール・コールドウェルというボディーガードがいて、ふたりが何かを企んでいるのは明らかだった。しょっちゅうひそひそやっているためボニーは最初恋人同士かと疑ったが、やがてアールが自分を殺そうとしているのではと思うようになる。2度ほど、アールが銃らしきものを持って近づいてくるのを見たことがある。2度とも彼は立ち止まって銃を放り投げ、ブレイクになだめられた。ブレイクは「大丈夫だ、ほかのやつに頼もう[35]」と小さな声で言っていた。どういうことなのか、ボニーにはさっぱりわからない。

ボニーは、アールがブレイクに頼まれて買い物リストを書いていることを知らなかった。シャベル2本、小さなハンマー、[36] バール、実弾の入った銃、古い敷物、粘着テープ（黒）、ドラノ（パイプ詰まり用洗剤）、塩酸、灰汁……また、ブレイクが金のために人を殺せるかどうかという奇妙な「仮の話」について周囲と話していることも知らなかった。彼はベテランのスタントふたりや、ボニーの実の弟ジョーイともその話をしたという。ジョーイは過去にいろいろな悪事に手を染めていたので、殺人の話題を出しやすかったのだろう。ジョーイはブレイクの言葉に驚き、ボニーに「そのうちブレイクにやられるぞ[37]」と言った。

だが、当のボニーはこの騒動のまっただ中にあって妙に落ち着いているように見えた。彼女は母親に、ブレイクと喧嘩したとき「自分が誰と喧嘩してるのか覚えといたほうがいいぜ。絶対に殺してやるからな[38]」と言われたと話した。家族にこう尋ねたこともある。「あの人、私を殺すつもりかしら？[39]」。やがて、彼女は妹に「きっと彼に殺される[40]」と話した。この時点で、その考えは疑問ではなくもはや確信に変わっていた。

ロサンゼルスの春の夜は涼しく、きらきらと輝いていた。薄手のセーターを着て恋人と近所のお気に入りのレストランに行きたくなる、そんな夜。2001年5月4日のボニーとブレイクもそんな気分だったのだろう。ふたりはブレイクが贔屓にしている近所の伝統的なイタリア料理店

「ヴィッテロ」に車で向かった。ブレイクはこの店が気に入っていてしょっちゅう足を運んだため、ブレイクの名前がついたメニューができたほどだ。その料理、「フジッリ・アラ・ロバート・ブレイク」はニンニク、オリーブオイル、ほうれん草、トマトを使ったらせん状のショートパスタだった。

ふたりは午後7時半に来店し、ブレイクはフジッリを注文した。ボニーが何を注文したかは誰も覚えていない。ふたりが喧嘩したのか、いちゃついたのか、それとも冷たい沈黙を守っていたのかも。とにかく、ふたりは食事をして支払いを済ませ、レストランを出てブレイクの車に戻った。ボニーは助手席にすべりこんだ。ブレイクは一瞬動きを止め、レストランに忘れ物をした、と言った。「銃を忘れた」

後にブレイクは、「ヴィッテロ」に銃を持ちこんだのはボニー・リー・バクリーの命を狙う多くの男どもから彼女を守ろうと思ったからだ、と説明している。ボニーには通販ビジネスに関連した詐欺で多くの敵がいたため、自分は常に銃を携帯していなければならないと考えていた、と。その夜、ボニーは車の中で待ち、ブレイクは無造作に置いたままにした銃を取りに「ヴィッテロ」まで歩いて戻った。ハリウッドの空の下ボニーがひとりでいるところに誰かが車に近づき、彼女の頭を撃ち抜いたのだ。

ボニーは即死ではなく、鼻や目、口から血が流れ始め、白目をむき[41]ながらも酸素を求めてもがいた。ロバート・ブレイクが車に戻り、血を流す妻を見て助けを呼ぶために走り去ったとき、彼女はまだ息をしていた。ブレイクは近隣の住人ひとりと、レストランで食事をしていた非番の看護師とともに車に戻っている。ふたりはボニーを助けようと車に近づき、ブレイクは車から離れて「何てこった！」などと叫んだ。看護師が脈を診るうちにボニーは苦しそうに息をして、動かなくなった。最後に彼女に触れたのは見ず知らずの他人だったのだ[42]。

抵抗した跡も座席から立ち上がろうとした形跡もなかったため、警察は犯人がボニーの顔見知りだと判断した[43]。


ボニーの遺体の汚れが洗い流され、死に化粧を施して埋葬の準備が整うと、ロバート・ブレイクは弁護士を立ててマスコミに彼女の悪口を言い立てた。弁護士は彼女が録音していた電話やいかがわしい手紙のやり取りを公表し、さらにはボニーが自分の体重を気にして整形手術を受けることを検討していたというごく個人的な書類まで流出した。誰もがボニーについて語るべきことがあり、そのほとんどは残酷なものだった。彼女が亡くなったのは44歳のときで、マスコミはそのことをことさらに強調し「中年の冴えない女詐欺師」と呼んだ[44]。

ボニーはハリウッドの看板を望むフォレスト・ローン共同墓地に埋葬され、彼女が大好きだった有名人の遺骨に囲まれて眠ることになった。1年後、ロバート・ブレイクが彼女を殺害した容疑で逮捕される。世間の多くはブレイクが彼女を殺したか、誰かを雇って殺させたと考えたが、ブレイクは無罪となった。数年後の民事裁判ではブレイクはボニーの死に対して責任があると認められ、金額は未公表だが遺族に賠償金を支払うことになった。この騒動はその数年前に起きたO・J・シンプソンの裁判［アメリカン・フットボールの元有名選手が元妻とその友人を殺したとして起訴された事件］と比較されることになるが[45]、ブレイクはシンプソンほどの知名度はなく、また彼と違って誰もブレイクが善人だとは思っていなかった。

現在、母親譲りの可愛らしい丸い目をしたボニーの娘ローズは、インスタグラムで多くのフォロワーを持つモデルになった。ロバート・ブレイクはもう90歳近い。最近テレビのインタビューを受け、カメラに向かって「俺はまだ終わっちゃいない。覚えておけよ、このバカ野郎ども[46]」と悪態をついた。誰がボニーを殺したかは謎で、法的には誰も裁かれていない。

ハリウッドで迎える最期としては、最も悲しい結末だ。ボニーは有名になろうとしたが失敗続きで、殺害されたことで注目されたものの、誰も彼女に共感することはなかった。年を取りすぎていたし、ずる賢く、やり方があからさま過ぎたのだ。ハリウッドは思わせぶりな視線や密かな誘惑、必死さを見せない涼しい顔の女性がもてはやされる場所だ。ボニーの欲望は、誰が見てもわかるほどむき出しだった。ヌード写真を送り、有名人男性を追いかけ、電話を録音する――ボニーはすべてにおいてやり過ぎた。彼女は何でも思ったことを口に出す癖があった。今に見ているがいい、わからせてやる、映画スターになる、有名人と一緒にいるのが好き、きっと彼に殺される。ボニー・リー・バクリーは有名人たちが眠る墓地に埋葬されるときになってようやく有名になったが、同時に軽蔑の対象にもなった。

だが、ボニーが自分の死後の様子を見ることができたなら、きっとすべてを受け入れたに違いない。妹が『スター』紙の独占インタビューで2万ドルを受け取り、母親が『ナショナル・エンクワイアラー』紙と「金になる」契約を結んだ[47]ときも、おそらく賛成しただろう。ボニーがいた世界では、チャンスとタイミングを逃さず目の前のものを手に入れるのは普通のことだ。「話を聞かせてくれたらお金をお支払いします」と言われたら話をする。モデルになれと言われればポーズをとる。ボニーは誰よりも知っていた。金を手に入れ、バスタブに浸かり、豪邸での暮らしを楽しみ、音楽が流れている間はそれに合わせて体を揺らすべきだと。夜はまだ始まったばかり。だが、いつか必ず終わるときが来るのだから。

さすらう女

Key Item

国籍詐称……3人
リンカーン……2台
赤毛のウィッグ……ひとつ
刑務所からの脱走……2件
町からの逃亡……多数
ソバカス……ひとり
つけ髭……1本
不吉な花束……3つ
ニセモノの大使……ひとり
FBIとの揉め事……最低でも5回
有名人のドッペルゲンガー……ひとり
失神の振り……何度か
小説『死の王朝』……1冊
「最後の王朝」というタイトルの紙挟み……ひとつ
スタンガン……1丁

11 ローレッタ・J・ウィリアムズ

通称：ロレッタ・ジャネタ・ヴェラスケス、ハリー・T・ビュフォード中尉、アン・ウィリアムズ、メアリー・アン・ウィリアムズ、メアリー・アン・キース、M・M・アーノルド夫人、L・J・V・ベアード夫人、セニョーラ・ビアード、ロレッタ・J・ワッソン、ボナー夫人、ローレッタ・クラップ、ローレッタ・クラーク、ローレッタ・ローチ、ローレッタ・ロシュなど。[1]

1842（?）～1923年

アメリカ南部の街を、黒く輝く瞳を持つキューバ人の美少女が男装して闊歩《かっぽ》していた。時は1861年。辺りでは誰もが戦争の話をしていた。数カ月の間、彼女は灰色の軍服を着た男たちが与えられた使命に顔を輝かせて戦地に赴くのをただ羨ましげに眺めていた。だが、もう我慢できない。だからスカートを脱ぎ、胸を締めつけ、兵士として入隊した。ただ遠目から眺めるためにアメリカへ来たわけではない。

彼女はロレッタ・ジャネタ・ヴェラスケス、誇り高きキューバ系アメリカ人の南部連合軍兵士だ。だが実際にはそんな人物は存在しない。黒い瞳の「ロレッタ」は、ローレッタという女性の分身（のひとつ）であり、本物の兵士ではない分を気迫で補っていた。ローレッタに関する初の公式記録はニューオーリンズにいた10代のときのものだ。悪名高い物騒な売春宿で働いていた彼女[2]は軽犯罪に触れ、法廷に引っ張り出される。何とも不名誉な始まり。だからローレッタはすぐにその過去を消し去り、もっと素敵な物語に作り変えた。生まれはキューバ、スペインの有名な政治家や芸術家を先祖に持つ誇り高き家系で、アメリカの学校で最高の教育を身に着けた。つまりは「特別な存在」。だから世間は彼女の話に耳を傾け、最新の計画に惜しみなく投資して当然なのだ。

実際のローレッタは1842年頃に生まれた。場所はキューバ、テキサス、ニューヨーク、バハマのいずれかと言われている。両親について話すたびに名前がころころ変わったため、両親が実際にどんな人物だったのかはわかっていない。自分の名字もJ・ウィリアムズ、クラーク、ローチ、ロシュ、クラップ、アーノルド、バーネット、ワッソン、ボナー、デカルプなどさまざまで、父親だとする人物の名前や当時の結婚相手、インタビューした記者が正しく綴ることができそうな名前かどうかによって使い分けていた（「ヴェラスケス（Velasquez）」が本当の名字だと彼女が公表したとき、ある新聞は「ヴェラズクエクス[3]（Velazquex）」と書いた）。10代の頃はアンやメアリー・アン・ウィリアムズ[4]とも名乗っていたが、「ローレッタ」が最も長く使用した名前だ。

ローレッタは後になって自分はキューバ出身だと言い始めたが、それを裏づけるのは彼女の言葉だけだ。両親のどちらかがヒスパニック系かラテン系だった可能性はある。記者たちは彼女の話し方に訛りがあり、見た目も「ラテン」[5]的な特徴があったと指摘しているからだ。一方、必要であれば彼女はいつでも白人のアメリカ人になりきることができた。「本当の名字」はヴェラスケスだという発表も、真実を伝えたわけではなく「イメージの一新」というべきものだ。[6]

「イメージの一新」がどういうものか、ローレッタはよく知っていた。彼女は生涯ずっとほかの誰かに変身しようとしていた。より「素晴らしい」誰か、魅力的な過去と他人が一も二もなく投資したくなるほど有望な未来を持つ誰か。もっとも、いつも成功したわけではない。ある一面から見ると、彼女はあまりぱっとしないペテン師で、70年間孤独のなかアメリカ中をさすらい続けたがあまり稼ぐことはできなかった。だが、別の見方をすれば、彼女は典型的なアメリカのヒロインだ。怪しげな起業家、自作自演の女、ミシシッピ川のように豊かに曲がりくねった想像力を持つさすらいの女。今日に至るまで、人々は彼女がでっち上げたほら話を信じ続けている。

1861年4月12日、アメリカ合衆国が北と南に分裂して南北戦争が始まった。サムター要塞で最初の銃声が鳴り響いたとき、その後4年間も血なまぐさい闘いが続くとは誰も予想していなかった。当時、多くの人はこの戦争をある意味「ロマンティック」だと思っていたのだ。

そう、死体が山積みになり、兵士たちが野戦病院で手術を受け、略奪やレイプが横行し[7]、兄弟が互いに殺し合うことになる前は、多くの白人のアメリカ人は愛国心に燃えていた。ローレッタが住んでいた南部では「北部のやっていることは侵略行為であり、われわれ南部が所有する権利を守らなくてはならない」という考えが愛国心を煽っていた。女性たちも血気にはやり、ある女流詩人は「南部女の歌[8]」と題する勇ましい詩を書いた。「南部人の瞳に眠る暗い炎は／戦いの中で輝きを増すだろう。我らはジャンヌ・ダルクだ」

この詩は今日ではメロドラマ的に聞こえるが、これは実際に彼女たちが思っていたことだ。北部であれ南部であれ、多くの女性は自分も軍隊に入りたいと心から願っていた。信念のためでもあったかもしれないが、一般的に女性が稼ぐ賃金よりも高い報酬を得られることも大きかった。しかも、自由と冒険が約束された仕事だ。スリルを求める女性にとっては、兵士に包帯を巻くよりもずっといい仕事に思えたに違いない。歴史家は、南北戦争で少なくとも400人の女性[9]が男装して北軍兵士として戦ったと推定しており、ほかのどの戦争よりも多くの女性が戦場にいたとされている[10]。彼女たちの存在は、言わば公然の秘密だった。当時の新聞には、若い兵士が実は女性だと発覚した（なかには妊娠していた女性もいた）という刺激的な記事がしょっちゅう掲載されていた。

この頃、他人になりすますことはそれほど難しいことではなかった。パスポートや運転免許証を持ち歩くような時代ではない。出生証明書[11]を持っている人もほとんどいなかった。「私はエマ・ウィルソンです」と言えば、その人はエマ・ウィルソンなのだ。もしふたつか3つ離れた州に引っ越し、自分はアロンゾ・ギフォード二等兵だと名乗ったら、誰がそれを否定できるだろう? 命や手足は失いたくないが戦いがもたらす栄光を何とか味わいたいと思うなら、軍服用の布数ヤード(南軍なら灰色、北軍なら青)と誰も自分のことを知らない町までの汽車の切符があればいい。

1861年9月のある晴れた日、バージニア州リンチバーグの街にハリー・T・ビュフォードと名乗る颯爽とした南軍の若い中尉が姿を見せた。軍服がよく似合っていて、実に見栄えがいい。そして、人々がつい目を留めるほどわざわざと威勢よく歩いている。女たちはうっとりし、男たちは眉をひそめた。もっとも、この若い中尉はあまりに派手な格好をしていたので、本当は男装した美しい娘だと周囲が気づくのにそう時間はかからなかった。ハリー・T・ビュフォードの正体は、10代の頃ニューオーリンズで売春婦だった自分を捨て去り、新しい人物になろうとしていたローレッタだ。彼女はわざと目立つように街中を闊歩し、注目を浴びることに喜びを感じていた。ある新聞は、「颯爽とした立ち居振る舞い[12]、見栄えのいい姿、派手な軍服、そして完璧な体形、彼女は『見る者すべての関心の的』となった」と報じている。

だが、町長はローレッタを気に入らず、スパイ容疑で逮捕させた。彼女は「本名はメアリー・アン・キース[13]で、スパイなどではありません」と訴えた。「信じるもののために戦いたいと願う、南部連合の忠実なただの支持者です! 南部の男と結婚しましたが、私を裏切って北軍に入隊しました。だから、夫の罪を償うために南軍に入って戦おうと思ったのです」

ダンディを気取ったこの自信過剰の中尉のニュースはすぐに南部連合の首都バージニア州リッチモンドに届き、当局は尋問のため「メアリー・アン・キース」への出頭要請を出す。ローレッタは喜んでリッチモンドに向かったが、出頭する代わりに偽の軍服姿で陸軍省に乗りこみ、ケンタッキーの自分の持ち場に戻る手助けをしてほしいと事務官にかけ合った。「将軍がケンタッキーで私が戻るのを待っているのです」。事務官は不審に思ったが、とりあえず必要な書類を渡し、ローレッタは無事陸軍省を後にした。その際、彼女は自分が男装していることを忘れてうっかり膝を曲げる優雅なお辞儀[14]をしてしまったという。

やがて、ハリー・T・ビュフォード中尉とそのペテンまがいの奇妙な行動は国中に広まり、北部、南部両方の読者は夢中で記事を読んだ。ローレッタの勇敢さに感心する者もいればあまりにも奇妙な話に興味を持つ者もいたりと、とにかく誰もが彼女のことを話題にしていた。数ヤードの灰色の布と威勢のいい歩き方だけで、ローレッタは名声という宝物を手に入れたのだ。彼女の伝記を手がけた作家ウィリアム・C・デイヴィスは、「彼女は南部連合における『最初の有名人』[15]であり、報道機関によってそう作り上げた」と書いている。

まもなく、ローレッタは10代の頃に住んでいたニューオーリンズに戻った。だが、1862年の春に都市は北軍の手に落ち、彼女は南軍の軍服を着て歩き回っている場合ではないと悟る。保身のために今度は北軍の支持者だと声高に宣言し、「本物の」南軍支持者たちから宝石を盗んだ罪で6カ月間の刑務所[16]行きになるが、地元の記者は特に驚くこともなかった。問題児だった10代の頃の彼女をよく覚えていたからだ。やがて彼女は脱獄に成功し、新聞各紙はこぞって彼女をもてはやした。ある記者はローレッタを「狡猾なヒロイン」[17]、別の記者は「一筋縄ではいかない女」[18]と書いている。

だが、偶然にも自分を逮捕した警官の前を通ったため、この逃亡劇はあっけなく終わりを告げる。警官は驚いて二度見した後、ローレッタを刑務所に連れ戻した。彼女は真面目に残りの刑期を過ごし、1863年5月に釈放される、花は咲き乱れ、戦争は激化し、ローレッタはまたさすらいの旅に出る準備を整えていた。[19]

ハリー・T・ビュフォードに変装すれば簡単に注目を集められる、ローレッタはそう確信していた。そこで彼女はミシシッピ州ジャクソンに行き、すぐに地元の『ミシシッピアン』紙の編集者と知り合いになって嘘八百の物語を話して聞かせた。編集者はローレッタの話に夢中になり、事実確認もせずにすべてを記事にしたためローレッタはさらに有名になる。

記事のなかで、『ミシシッピアン』紙の編集者はローレッタが北軍に寝返った夫に裏切られ、自ら戦争に参加する決心をしたと書いている。彼女が語った戦地での活躍ぶりは、思わず疑わずにはいられないほど華々しい。ひとつの部隊を率いて南北戦争で最も有名な複数の戦闘に参加し、実の父親とともに戦い（父親は彼女が娘だと気づかなかったそうだ）、敵の封鎖をかいくぐって薬や軍服を盗み、北軍の少将たちに「恐るべき女反逆者」とまで呼ばれたという。恐るべき女反逆者！　ローレッタは自分が考えたこの言葉をきっと気に入ったのだろう。また、編集者が記事の大部分を割いて彼女を褒め称えたことにも大喜びしたに違いない。「南部の大半の女性と同じく、彼女は全身全霊を懸けて独立のために戦った」と記事は熱を帯びる。「心身ともに女性が持つ弱さをほとんど見せず、祖国のために命を捧げることを誓ったのだ」

この記事が発表されると、ローレッタは高まる名声を利用して新しい軍服を手に入れ、南部の町を練り歩き、可能な限り新聞のインタビューに答えた。兵士だと名乗ってはいるが、今さら戦いに参加する気はない。もし本気で戦うつもりなら、有名となった今の自分を捨て、別の人物に変装して軍隊に潜りこむはずだ。だが、彼女はビュフォード中尉という役割を手放さなかった。世間は「ビュフォード中尉」と「ローレッタ」を結びつけることを知っていたからだ。彼女はそう思わせたかった。世間の注目を浴びることを何よりも求めていたのだ。

インタビューを受けていないときには、彼女はもうひとつのお気に入りの趣味で忙しかった。それは有力者に手紙を書くことだ。この趣味は彼女が編み出した天才的な企みと言えた。地位のある人物に手紙を送り、当たり障りのない、丁寧な、そして公式便せんに「署名された」返信を手に入れる。そして、将来の計画に備えてその手紙を大事にしまっておくのだ。署名と公式便せんはとても価値がある。目の前でさっと見せれば、相手はきっと感心するだろう。あるとき、彼女はサミュエル・クーパー高級副官に宛てて、戦いに参加していない健康な若者が多すぎる、彼らを強制的に軍隊に送りこまなければ南部は間違いなく負ける、と書いた（便せんには「祖国のために全身全霊を捧げる女性中尉[20]」と署名した)。「ご意見ありがたく拝読しました」などと書かれた返事が送られ、増え続けるローレッタのコレクション[21]に加えられた。「サミュエル・クーパー高級副官」という署名を一目見れば、人々はローレッタに一目置くはずだ。クーパーのような重要人物がただの男勝りの女性に手紙を書くわけがない——彼女が特別な存在でない限り。

やがてローレッタは恋に落ちた。ある日、南部の荒野でトーマス・C・デカルプ[22]と名乗るうっとりするような灰色の瞳の背の高いハンサムな大尉と出会ったのだ。後にローレッタは、ふたりは男と女として恋に落ちたが、戦場では男同士としてともに戦ったと話している。デカルプは当初、自分のお気に入りの兵士と美しい恋人が同一人物だということに気づいていなかった。負傷した際にローレッタがつけ髭をしたまま病室に入ってきて正体を明かして初めてその事実を知ったのだ。とてもロマンティックな話だが(少し同性愛的なにおいもする)、真実はもっと身も蓋もないものだった。デカルプ自身も小物の詐欺師だったのだ。本名をウィリアム・アーウィンといい、すでに妻がいたが、ローレッタはおそらく何も知らなかったのではないだろうか。彼女は「デカルプ」と1863年9月に結婚する。その後夫は戦場に戻り、妻は途絶えることのないインタビュー依頼に応えていた。

全身全霊で、そしてニセモノの軍服のすべての真鍮ボタンにかけて南部連合に忠誠を誓うとローレッタは豪語していたが、彼女とデカルプが何よりも忠誠を誓ったのは現金だ。新婚夫婦は給料のいい北部に逃げることに決め、デカルプは北軍に入隊し、ローレッタはインディアナ州の兵器《へいき》廠《しょう》で働くことになった。もちろん、北部兵士のために弾丸を作るのは「国のために全身全霊を捧げる南部娘」にはふさわしい仕事とは言えない。後年、南部に戻った彼女は「あの兵器廠を爆破しようと思って潜りこんだ」[23]と周囲に話した。

弾丸を作る仕事に飽き飽きしたローレッタは、やがてスパイになろうと決めた、正確には、自分が「かつてスパイだった」と周囲に思わせることにしたのだ。彼女は陸軍上層部を何人か訪ね、重要人物たちの名前やかなりの大物たちの公式便せんを見せびらかした。そのうち、ある上官が「秘密任務中」[24]であることを示す鉄道乗車許可証を彼女に渡し、一両編成の汽車に自由に乗れるように取り計らう。許可証自体はありきたりのものだが、ローレッタはありきたりを金に換える方法を知っていた。目を凝らして許可証を見れば彼女は本物のスパイそのものだった。何しろ「秘密任務中」と書いてあるのだから。ローレッタはここでも仕事をせずに——少なくとも「本来すべき」仕事をしないまま人の信頼を得て、目標を達成したのだ。

それから数カ月間、ローレッタはスパイのふりをしたり、注目を浴びたいときにはニセモノの軍服を着たり、駐屯地から駐屯地へと夫を追いかけたりと勝手気ままに楽しんだ。やがて、彼女は妊娠する。[25]デカルプに宛てたある手紙で「現在の状態」について書き、デカルプの手紙にも「おれの赤ん坊」という言葉が見られることなどからローレッタは1864年半ばに出産したと見られているが、その後子どもがどうなったかははっきりしない、彼女はまるで大陸横断鉄道（出産の

1年前に着工）のように国中を渡り歩き、ひとところに長くいなかったからだ。あるときは軍の保険外交員のふりをしてナッシュビルに現れ、「さあ、ご注目！　命や手足を守る最後のチャンスかもしれません！」と書かれたチラシを配った。また、新聞の個人向けお知らせ欄に自分宛の記事を出したこともある。その内容は「父親死去。多額の遺産あり」、「財産に関する揉め事を解決するため、キューバに代理人を派遣されたし」など。これはとても巧妙な手口だ。ローレッタは新聞を切り抜き、自分には財産がある（あるいは多額の遺産を手にする予定）という証拠として周囲に見せる。この行動を翻訳すると「この女性は重要人物だ」となり、結果として相手に伝えたいのは「だから彼女にお金を貸すべきだ」ということだった。

当時、アメリカの瓦礫の中を闊歩していた嘘つきはローレッタだけではない。キャロライン・ウィルソンという若い女は「北軍兵士たちに施しをしたために」全財産を失ったと主張していた――この愛国心に少しばかりご褒美をいただければ嬉しく思います。だが、キャロライン・ウィルソンを始めとする女性たちとローレッタが違っていたのは、ローレッタはほとんどお涙頂戴の話をしないことだった。彼女は自分の「的」の同情を引くのではなく、彼らを感嘆させたかった。それでいつも「昔は裕福だった」とか「もうすぐお金持ちになる」といったことばかり口にしていたのだ。もうすぐかなりの大金が手に入るの。もし私のように大儲けしたいなら、今が投資のチャンスよ！　彼女の話は壮大すぎて疑いを持つ人々もいたが、巧みな話術と自信満々の態度が彼女の強い味方となった。

南北戦争は1865年4月9日に終結したが、ローレッタの詐欺は続いていた。デカルプはこの年の初めに死んだか、あるいは彼女のもとを去り、夫妻の子どもがどうなったかもわかっていない。わかっているのは、ローレッタが自由にさすらいの旅を続けることができたということだ。彼女は回顧録を書いていると話し、国中を回って予約金を受け取ったが、実際にはそんな本は存在しなかった。1866年にマイアミ号[29]という蒸気船が爆発して120人が死亡する事故が起きると、ローレッタはしばらくの間自分は船の生存者だと言って回った。だが、生存者の女性ふたりの名が公表されたため、彼女はこの役から降りざるを得なくなった。また、同じ頃立て続けに3度結婚もしている。ひとり目の夫はジョン・ワッソンという「波打つ亜麻色の長い髪[30]」の男。だが、ワッソンはまもなく死去し、次にエドワード・ハーディ・ボナーという探鉱者と再婚するも一攫千金を叶えることはできなかった。3人目の夫で駅馬車の運転手だったアンドリュー・ジャクソン・ボボは、人を殺して町を出て行った。このときローレッタはまだボナーと離婚していなかったため、ボボとの結婚は厳密に言うと重婚だった。もしデカルプがまだ生きていたとすれば、三重婚ということになるかもしれない。

ローレッタはベネズエラにも訪れている。戦争が終わった後、怒りに燃える南部白人のなかにはアメリカを離れてどこか別の場所で新たな南部を作ろうと考える者もいた。ベネズエラはその有望な候補地と見なされ、ローレッタはそこに住めそうかどうか早々と確かめに行ったのだ。表面上はとても賢明に思えるが、彼女が行動を起こすときの動機はたいてい同じで、このときも金儲けを期待してベネズエラに行ったと思われる。新しい南部を作ることには興味もないが、もし誰かが新しい南部を作って大金を得ようとするならそれに便乗しない手はない。もちろん、南部人と一緒にいるときは「根っからの南部人」を装い、北部にいるときは星条旗に忠誠を誓っていた。結局のところ、彼女が心から忠実なのは自分自身に対してだけだ。

計画はどれもうまく運ばず、ローレッタは再び回顧録のことを持ち出すようになる。南北戦争は終わったがアメリカではまだ戦争時の物語にかなり関心が寄せられていたし、ローレッタは自分なら誰もが喜ぶ物語を伝えることができると思い始めていた。彼女は生まれながらのストーリーテラーだ。どんな物語も即座に思いつき、しかもとても説得力があるため、大半の聞き手はそれが荒唐無稽な話だということや多くの矛盾があることに気づかない。

だが、話すことと書くことはまた別物だ。ローレッタは共同執筆者が必要だと気がついた（単語の綴りに自信がなく、何より毎朝3時間も自分の考えをひたすら書き続けるなんて想像もできなかった）。自分には最高のものだけがふさわしい、とローレッタは信じていたので、この国で最高の作家を雇おうと決める。そして、マーク・トウェインに手紙を送った。

その日の郵便物を開けたマーク・トウェインが、怪しげな戦争回想録の共同執筆を依頼するローレッタという無名の大胆な女性からの手紙を読んでどう思ったかは知る由もない。彼は依頼を断り、再度同じ依頼が来たときもこれを拒否した。だが、真実よりも新聞で語られる「真実」のほうが重要だと知っていたローレッタは、報道陣に大々的に発表する。みなさんにお知らせできることを嬉しく思います。私は共同執筆で自分の回顧録を出すことにしました。パートナーは、ほかでもないあのマーク・トウェインです！

トウェインが新聞社に共同執筆を打ち消す手紙を出しても、彼女は動じなかった。また、トウェインのコメントを掲載した同じ新聞に、昔の知り合いで彼女を憎んでいるという男からの怒りの手紙が掲載されても顔色ひとつ変えなかった。この男は彼女の夫のひとりだった探鉱者ボナーの友人で、ローレッタが信用できない女だと世間に知らしめたかったのだ。「あの女は間違いなく低俗で無節操なペテン師だ[31]」と彼は嚙みついた。「道徳観はないに等しく、この国で彼女を信じる者などいるはずもない。一言で言えば、彼女は『いまいましい厄介者』と呼ばれる類いの人間だ」

ローレッタは道徳観ゼロのいまいましい厄介者かもしれないが、こんな悪口のせいで回顧録がもたらすはずの名声を諦めるつもりはなかった。彼女はサザン出版社のウィリアム・ラムジーと契約を結び、口述筆記をしてくれる執筆者をどうにか見つけることに成功する。エキゾチックな生い立ちのほうが本は売れると考えたのか、彼女は新聞紙上で「今、初めて自分の正体を明かす」と発表した。今度の役割は平凡なアメリカ人のローレッタではなく、ロレッタ・ジャネタ・ヴェラスケスという高貴で教養あるキューバ人だ。

本を書くのは大変な作業だった。著作権をめぐってラムジーと争ったり、通りでナイフを持って彼を追いかけた挙句に警察を呼んでくれと叫ばれたり[32]——この本に関わる者全員に血の気が引くような思いをさせた挙句、ついに彼女は長年の嘘を本当にした。1876年7月、回顧録『戦場の女』が何も知らない人々の前にその姿を見せたのだ。

タイトルはシンプルだが、副題を見ればこの本の内容がいかに混沌としたものかが見て取れる。「南軍ハリー・T・ビュフォード中尉として知られるロレッタ・ジャネタ・ヴェラスケス夫人の活躍、冒険、旅についての物語。彼女が南軍の将校として参加した数多くの戦闘の詳細な記録や、スパイ、通信兵、諜報部員、封鎖隊員として行ってきた危険な活動、国債詐欺を含むワシントンでの知られざる冒険、ニューヨークでの賞金稼ぎと代理ブローカーとしての活動、ヨーロッパと南米への旅、太平洋斜面での採鉱、モルモン教徒たちとの生活、情事、恋愛、結婚について」

この副題には、回顧録が大ヒットするための刺激的な要素が詰まっている。バイオレンス！セックス！　国家機密！　中に掲載されているローレッタの写真は、なぜこれを選んだのかと不思議になるほど写りが悪く、55歳くらいに見えた（出版当時は30代半ばだったはずだ）。肝心の中身は、予想通り荒唐無稽な話で埋めつくされていた。執筆の大部分を他人が担っていたことは明らかだが、その文章には彼女の特質が滲み出ていた。大胆で、身勝手で、曖昧でとりとめがなく、矛盾に満ちている。序文で、彼女は本書は自分が知る最も単純でわかりやすい言葉で書くと宣言し、その後、次の力強い最初の一行を皮切りに混沌とした世界に突入していく。

戦場において、女性は歴史のページにはめったに登場しない。しかし、戦いが最も激しく、最大の苦境にあるときに最前線で戦ったヒロインたち、偉大なる魂を持つ女性たちの輝かしい記録が抹消されたとしたら、歴史が失うものの大きさはいかばかりだろうか？

これに続く６００ページを超える大作は、ある歴史家が「初期の精神的問題[33]を示す」兆候ではないかと疑うほどまとまりも一貫性もない。もっとも、ローレッタの話は新聞の取材を初めて受けたときからずっと矛盾していた。彼女は一貫性など気にもしない。大事なのは名声、とにかく人に衝撃を与えること、そして現金だ。これまでの人生で、彼女は気迫と情熱に比べれば正確さはほとんど重要でないことを学んできた。作り話を自信たっぷりに話せば、人は事実を確認[34]しようという気にはならないものだ。ローレッタの回顧録も、そういう類いのものだった。同じ弟の名前がそのときどきで違っているし、１８６１年７月18日に戦闘に参加したと書きながら翌朝はそこから40マイル（約64キロ）も離れた場所で目覚めたことになっている。ほかの本の内容を堂々と盗用し、ほとんど誰の名前も名字を出していない（そのため、本の内容を確認したり否定したりするのは難しくなる）し、ベネズエラの動植物など本筋とは無関係な事柄についての冗長で奇妙な文章がページを埋めつくす（「タマネギ[35]は多く見られるが、どれも小さい」）。また、かつて宝石を盗んだことなど人生において不名誉な事実は都合よく省き、代わりに南部の女性たちがしょっちゅう自分に熱を上げていたことや、魅力的なつけ髭にまつわる意味ありげなエピソードに焦点を当てた。戦争についての箇所でも、自分自身を極めて重要な人物として描いている。たとえば「北軍のユリシーズ・S・グラント将軍を殺すチャンスがあったが、寛大さを示して助けてやった」、「南部の名将トーマス・J・ジャクソンが後に有名になる『ストーンウォール』・ジャクソンというあだ名をつけられたとき、自分もその場にいた」、「エイブラハム・リンカーンに直接会ったことがある」。そして、もし自分が軍隊を指揮することを許されていたならすべての戦闘はまったく違った結果になっていただろう、と豪語した。

回顧録が出版された直後、『サザン・ヒストリカル・ソサイエティ・ペーパーズ』という雑誌の編集者が、内容の正確さに疑問を投げかけた[36]。南軍の将軍だったジュバル・アーリー[37]は「複数の矛盾、不合理、あり得なさ」を理由に「本書はまったくの嘘っぱちだ」と即座に断じた。それから数十年が過ぎても、歴史家たちはこの本に疑いの視線を投げ続けた。1999年には歴史家のひとりがローレッタの回顧録を読んだ感想として「彼女がご都合主義だということだけは確かだろう」と述べた[38]。2016年に出版されたローレッタの初の長編伝記には「彼女の主張を裏づける、利害関係のない同時代の人間からの証言は今日に至るまで見つかっていない[39]」と書かれている。「あるのは本人の言葉だけだが、事実に基づく記録と照らし合わせると、彼女の言葉を真に受けるのは愚かな行為だ」

現代では甘い言葉を駆使して人を信じさせようとしたローレッタを信じる者はいない――そう言うのは簡単だ。だが1800年代当時、彼女の言葉はやけに説得力があった、特に直接話を聞いた場合は。だから、彼女の本は売れたのだ。

本は売れたが、ローレッタは金持ちにはなれなかった。また、新しい結婚をすることもなかった。出版から数十年が経ち、彼女が狡猾な策略と果てしない旅を通して得たものは悪評だけだ。そして60歳を目前にしたとき、その悪評が問題になりつつあった。

詐欺師には比較的若者が多い。犯行にはスタミナと力強さ、そして心身ともに素早い動きが必要だからだ。たとえば、投資したはずのカリフォルニアのホテルは建設予定がまったくないと人々が気づいたら――ローレッタに投資した人々が１８９９年の春に気づいたように――詐欺師はすぐに町から逃げ出さなければならない。また、部屋で大勢の男に囲まれ、建設中だと嘘の説明をしてきた鉄道について鋭い質問が飛んできたら――１９００年の春にローレッタが直面したように――牢屋に入れられないように即座にうまい答えを考え出す必要がある。[40]

ローレッタは何とか乗り切ってきたが、やがて悪い評判が先行し始める。彼女は詐欺をするのが珍しくもない世界で育った。ある町で話をした後で列車に飛び乗り、降り立った次の場所ではまったく違う話をする。誰も気がつきはしない。少なくとも1週間やそこらは。だが、通信サービス[41]が発達したために、新聞の記事はローレッタ自身よりもずっと速く国中を駆け巡るようになった。ということは、彼女が立てた最新の計画が本人よりも先に目的地に到達してしまうかもしれないということだ。彼女の世界は根底から変わり、人を信じさせるどころか笑われることが多くなった。やがて、行動自体もだんだん奇妙になっていく。大事にしている手紙や書類の束は大きくなり、彼女について書く記者は必ずと言っていいほどそのことに言及した。[42]

それでもローレッタは頑張り続けた。一銭も払わずにフィラデルフィアに1年間住んだこともある。自分はキューバの王女で、メキシコ政府からの補助金で鉄道を建設するという大事業を任されたと周囲に吹聴し、投資家から数千ドルを集めることに成功した。また、家主を言いくるめて家賃をただにしてもらい、地元のレストランや商店を説得して食事や買い物をつけ払いにした。年は取っても昔と同じく弁が立ち、被害者のひとりは「これほど口が上手く、淀みなく喋る女[43]には会ったことがありません」と語った。「ほぼどんなことでも、他人を言いくるめて思い通りにできたのではないでしょうか」

だが、年月が経つにつれ、その機敏で回転の速い頭脳は壊れ始める。1912年8月5日、70歳くらいになっていたローレッタはワシントンD.C.の政府精神病院に入院した。入院時、彼女は職業を「作家」と申告したが、記録には「貧困者」、つまり無一文と記載されている。彼女のさすらいの旅の終着点だった。認知症になり、人生終盤の11年間を病院から出ずに過ごし、それまで彼女が作り上げてきた架空の人物たちはすべて遠ざかっていった。1923年1月6日、彼女はあっけなく息を引き取る。死亡記事も出なかった。[44]

だが、真偽取り混ぜた600ページもある記念碑的な回顧録を書き上げた人物に、死亡記事など必要だろうか？　今日、「ロレッタ・ジャネタ・ヴェラスケス」という名は『移民女性たち』、『南部のヒロイン』、『悪魔のように戦った女たち：南北戦争に参戦した女性兵士』などの書籍に登場している。慈善団体「アメリカン・バトルフィールド・トラスト」のウェブサイトにも名前があり、「ロレッタ」は南北戦争の中心的な人物のひとりとして挙げられている[45]。彼女の回顧録には日付や場所、天候の描写など正確な記述も多々あり、そのため何十年にもわたって多くの人々がその内容を信じてきたのだ。結局、この本はローレッタの長きにわたる、そして最大の詐欺だったと言えるだろう。

こんなに注目を浴びていると知ったら、ローレッタはきっと喜んだに違いない。だが、不思議なことに、回顧録には「この本は信用できない」と示唆する警告めいた記述がそこかしこにあった。ある箇所には、「私がこの本のために話した内容は、かなりの部分が作り話だ[46]」と書いている。「残りは電報、新聞、私が耳にした会話から成り立っている」。別の箇所では「事実を言えば、人間は本来誰かを信頼したいと思う生き物だ[47]」とある。「だからこそ、自信がなく疑り深い人ほど、必要な情報を引き出す格好のカモになる。ただし、正しい方法で行えばの話だが」。まるで「これが私の成功の秘訣よ」と読者に向かって目配せしているかのような文章だ。彼女は世間に忘れられたくないと願い、敢えて手の内を見せたのかもしれない。「女性は秘密を守るのが苦手だと言われている」と、彼女はおなじみの自信たっぷりな調子で読者に呼びかける。「だが、それは状況次第だ。私は最後まで自分の秘密を守り続けてきた」

12

マーガレット・リディア・バートン

通称：レダ・マクグラシャン夫人、マーガレット・E・ミッチェル夫人、ジャスパー・W・バートン夫人、マーガレット・エドナ・バートン夫人、M・B・ロイヤル夫人、L・D・グレイソン夫人、エドモンド・ランズデン夫人、マーガレット・レダ・バートン、ジャネット・スコット夫人、ジェームズ・A・スコット夫人、ジャネット・J・スコット夫人、ジャネット・ロイヤー・グレイ夫人、C・E・レイン夫人、エ・アダムス夫人、C・スノーデン夫人、ジャニス・スコット、クララ・バクストン[1] 1906～1992年

「ジャネット・R・グレイ」と名乗るそばかすだらけの女性は、とてつもない富豪でありながら悲劇的な過去を背負っている――少なくとも、アメリカ、アトランタの裕福な人々はそう信じていた。1954年の秋、ジャネットはワシントンD.C.で大富豪の夫を亡くし、まもなく木の葉が風に吹かれるようにアトランタへと流れ着いた。子どものうちふたりも亡くした[2]という。ひとりは死産だった。もうひとりは——口に出して言うのも恐ろしいが——夫の死からわずか1週間後に「スクールバスに轢かれてしまったのです」。そして、その傷を癒すために南部へ引っ越してきたのだ。ジャネットは親しみやすく、優しかった。みんな彼女に好意を持っている。陸軍大将の娘だという噂もある[3]が、本人は自分のことをあまり語りたがらない。まあ、あれだけの経験をしたのだから無理もない話だ。

　ジャネットはアトランタにひとりでやって来たわけではない。色っぽい体つきで15歳という年齢よりも年上に見えるブロンドの少女、キャンディス・ヴィクトリア・レイン（「キャンディ」と呼ばれていた）と一緒で、彼女を自分の姪だと説明していた。キャンディの実の母親は無責任な尻軽女で4番目の夫とスイスに住んでいる。ジャネットは善意でキャンディを引き取って育てることにしたのだという。アトランタの人々はジャネットに感心したが、キャンディのことはあまり好きになれなかった。少し甘やかされすぎだ。「いつもピリピリしている」と言う者もいた。それに、彼女の行動は15歳としてはまったく好ましくなかった。服装も、男といちゃつく様子も、すべてが少々——不適切だ。上流階級のゴシップに精通している地元の美容師は、率直な感想を口にした。「マリリン・モンローのような体つきで、ぴっちりしたセーターを着ていたときには目のやり場に困りました」

　だが、ジャネットは別だ。その美容師は「魅力的な素晴らしい女性」と言い、洋服店の店主は

「私には、外見も行動も教養ある同年代の女性と同じに見えた」と考えこむように言った。彼女は親切だし、チップも弾んでくれる。複雑な過去の持ち主なので彼女がいくら金を持っているか正確には誰も知らなかったが、見るからに裕福そうな雰囲気を醸し出していた。ジャネットの自宅の内装を手がけた職人によれば彼女のセンスは抜群で、「平凡な顔立ちだが垢抜けて」おり、「話し方からして金持ちだと思った」。馬を複数所有し、品評会で受賞したコッカースパニエルを大きな犬舎がいっぱいになるほど飼っていた。クローゼットには高価な毛皮のコートがたくさん並び、裏庭には最近プールが設置された。そんな彼女が近くのディケーターという都市の診療所で経理の仕事を始めると聞いて、人々は不思議に思った。もっとも、内装職人は「彼女は気晴らしのために働いている、という感じだった」[4]と語っている。

ジョージア州に移り住み、富裕層と交流し、気前よくチップを渡す生活を始めて3年後、ジャネットは職場からの電話を受ける。診療所の上司たちが監査人を雇って経理関係の調査をしたところ、憂慮すべきことが発覚した——20万ドル近くも不足しているというのだ。医師たちは深刻な問題ではない、と言った。多分単なる手違い、ちょっとした勘違いだろう。ただ、念のために明日の朝こっちに来てほしい。いくつか確認したいことがあるんだ。

ジャネットは承諾した。そして、翌朝早くに診療所に電話をかけ、「必ず行きますが、その前に友達を空港まで送ることになってしまって」と言った。数時間後、彼女がまだ来ないため医師たちが自宅に電話をすると、ジャネットのメイドだと名乗る女性が出た。車が故障したんです。[5]でも、奥様は必ずお伺いするとおっしゃっています。
医師たちは知る由もないが、その頃「ジャネット・R・グレイ」はピンクの車でジョージア州の田舎を猛スピードで逃走していた。「キャンディ」と、何千ドルもの価値があるコッカースパニエルたちも連れて。

「ジャネット」ことマーガレット・リディア・バートンがコッカースパニエルに夢中になったのは最近になってからだが、金に関しては昔から強い執着を持っていた。ただし、権力や人々の注目を得るために金を儲けようとする詐欺師たちとは違い、マーガレットは周囲の注目を浴びたいとは思わなかった。彼女は裕福な生まれで、恵まれながらも不安定な状況[6]で育った。その結果、相反するふたつの欲望を抱くようになったようだ。富は欲しいが目立とうとは思わない。マーガレットはスポットライトを浴びるのを嫌った。逃走車を運転しているときが一番落ち着く。

1906年10月23日、マーガレット・リディア・マクグラシャンは、中国の港町、天津《てんしん》でイギリスの裕福な白人家庭に生まれた。[7]だが、スコットランド出身の父親は若くして亡くなったらしく[8]、マーガレットが11歳になる頃には姿を消し、母親は書類の結婚歴を「未亡人」と書くようになった。同年、マーガレットは2人の兄弟と母親とイギリスに渡り、18歳でカナダに移って大学に進学したと見られている。[9]マーガレットが20代前半になると一家はアメリカに移住し、マーガレットには家族を養う責任がのしかかるようになった。1930年にはニュージャージーに住んで経理事務員[10]として働くが、母親は無職のままだった。

どこに住んでもマーガレットは仕事に困ることはなく、しかも必ずと言っていいほど責任者のポストに就いている。いかにも「仕事ができそうな」女性の典型――つまり親しみやすく、有能で、経理が得意で、収支のバランスを取るのが上手だった。28歳になると彼女は独立してパナマに住み[11]、中国の故郷を拠点とする絨毯会社の経営陣に加わる。そしてジャスパー・W・バートン[12]というハンサムなアメリカ人の監査人と結婚し、女の子を産んでシーラ・ジョイと名づけた。だが、1938年、マーガレットは会社の都合でホノルルに行くことになり、ジャスパーはパナマに残ることを選んだ（後年、ジャスパーは結婚生活の悪化については語ろうとしなかったが、もと妻のその後の行動については驚きを示した。「パナマでは犬なんか1匹も飼っていなかったし、興味もなさそうだった」と、ある記者に語っている）。

マーガレットが初めて犯罪に手を染めたのはホノルルでのことだ。絨毯会社の金を横領するようになり、それを知った雇い主たちは彼女を訴えた。1939年5月、彼女の裁判は刑事事件として起訴するかどうかを決定する起訴陪審[13]に持ちこまれたが、起訴状が出る前にマーガレットは荷物をまとめ、赤ん坊を抱えて船に乗りこみ、母親のいるロサンゼルスに行ってしまう[14]。数カ月後、ロサンゼルス市警がこの事件を担当し、マーガレットは逮捕された。だが、カリフォルニア州知事は彼女をハワイに送還することを拒否した。おそらく、ハワイ側の引き渡し要求に納得がいかなかったのだろう。マーガレットは晴れて自由の身になった。

彼女はこの幸運を機に20年近くも犯罪を繰り返すようになる。嘘と横領、なりすましとリスクが病みつきになっていた。それに、ひとところにじっとしていることができない。いい仕事を見つけて安定した給料を得たとしても、職場から金を盗まずにはいられず、結局は町を出て新しい仕事を探す羽目になった。新しい仕事場、つまり新しい犯罪現場に行くたびにマーガレットは新しい偽名と手のこんだ身の上話を用意した。小さなシーラ・ジョイにもしばしば偽名を名乗らせたようだ。何年もの間、マーガレットはシーラ・ジョイと町から町へ渡り歩き、いつも豪華な家に住み、シーラ・ジョイを名門校に通わせ、そして彼女を捕まえようと必死の警察から逃げ回った。

ロサンゼルスでは、マーガレットは人々に「織物製品を売るチェーン店を作るつもりだ」と話した。そして、織物に目がない投資家から９５００ドルを巻き上げると街を逃げ出した。カナダのバンクーバーでは雇用主から５０００ドルを騙し取り、テキサス州サンアントニオでは不渡りの小切手を切った。犬への愛に目覚めたのはここサンアントニオにいたときだ。お気に入りは何千ドルもする高価なショードッグだった。ブリーダーの犬舎で働いていた彼女はやがて同じ業界に入り、多くの犬を購入することになる。後に全財産をまとめて町から逃げ出すことになったとき、彼女を追っていたＦＢＩは正確な犬の数を把握できず「多数[15]」と表現した。

マーガレットは娘と一緒にニューオーリンズ、デンバー、セントルイス、ノーフォーク（バージニア州）を転々とし[16]、仕事を見つけ、そこで盗みを働き、身の危険を感じると町を逃げ出した。履歴書は理想的とは言えないが、足りない部分は嘘で補った。ある診療所の求人面接では「ジョンズ・ホプキンス病院[17]で重要な役職についていた」とアピールし、別の面接では「なぜ推薦状がないのか」と聞かれ、夫の仕事を手伝っていたがよそに女を作ってひどい目に遭ったのだと説明した。「だから、夫に推薦状を書いてもらうわけにはいかないんです」。そして、どんな職場でもマーガレットは高い事務能力を発揮して雇い主たちを喜ばせた。「経理は私に任せてください」と彼女は言う。「私がいれば、監査役も必要ありません」[18]

町から逃げ出す母親を車の後部座席で揺られながら見ていた小さなシーラ・ジョイにとっては、それがいつもの日常だったに違いない。母親の名前がある日は「レダ・マクグラスタン」で次の日は「C・スノーデン夫人」に変わる、そんな人生しか知らないのだ。父親がどこにいるのか、生きているかどうかさえわからない。[19]彼女の世界は同じことの繰り返しだ。ある町に引っ越し、しばらく幸せに暮らし、また風とともに去って行く。ふたりがさすらいの旅を続けることになったのは、国内外を飛び回り、ひとところに落ち着かない母親の生き方の影響だろう。マーガレットは「人間は本来遊牧民であり、それはとても楽しい生き方」だと幼い頃から学んできたに違いない。そして今、彼女はその教訓を娘に伝えていた。

だから、2000ドルを失って怒りに燃える医師に追われてノーフォークを飛び出したときも、シーラ・ジョイはこれからどうなるかちゃんとわかっていた。ふたりを乗せた車はアトランタまで一気に走り、そこで母親はジャネット・R・グレイなる人物になり、シーラ・ジョイをキャンディと名づけた。母親は新しい診療所で仕事を見つけ、新しい犬を飼い始めた。シーラ・ジョイは新しい学校に入学した。私立の名門校だ。母親は48歳だったが、ここでは自称40歳。そして、シーラ・ジョイに「ジャネットの姪」という新しい役割を与えた。新しい家と洋服も買った。プールを設置するため職人を雇った。すべてがまぶしく、新しく、美しい——そしてもちろん、この生活も長続きはしなかった。

「キャンディ」と「ジャネット」は、アトランタの上流社会にすんなり溶けこんだ。親子の波瀾万丈の経歴は人々の興味をそそり、しかも深く詮索するのはためらわれる程度にデリケートなものだった。もちろん、ふたりの生活ぶりは「ジャネット」が病院事務という平凡な仕事で得る収入を上回るものだったが、みんな親子の実家が金持ちなのだと思いこんでいた。2年半の間、周囲はふたりをまったく疑うことはなかった。ときどき、キャンディのぴっちりしたセーターに眉をひそめはしたが。

診療所で働く合間を縫って、マーガレットは犬の繁殖に夢中になった。特にコッカースパニエルに入れ込み、絹のような耳の子犬に何千ドルも払うようになる。気がつくと、所有する犬の数は48匹になっていた（所有というより「盗んだ」というべきかもしれない。後に彼女の資産が競売にかけられたとき、マーガレットのコッカースパニエルは実は「自分のものだ」という怒りの告発が相次いだ[20]）。なかでもお気に入りはライズ・アンド・シャインという名の一流のスパニエルで、1954年のウェストミンスター・ケンネルクラブ・ドッグショー[21]で優勝している。シーラ・ジョイもこの犬を「シャイニー」[22]と呼んで可愛がった。

残念ながらシーラ・ジョイは学校になじめず、1955年から1956年の年度終わりに退学することになった。彼女はその年のほとんどを「体調不良」のために欠席している。[23]教師たちは彼女を気に入っていたが、「これだけ欠席が多いと復学は難しい」と判断した。シーラ・ジョイは決してクラスの人気者ではなかった。同級生のひとりは、「キャンディはいつも少し寂しそうだった[24]」と記憶している。絶えず緊張を強いられる二重生活のせいで、ほかの少女たちと距離ができてしまったのだろうか。あるいは年齢のせいかもしれない。彼女は16歳という設定で入学し、いつの間にかそれが15歳に変更された。だが実際には、アトランタでの生活が終わるころには20歳を迎えようとしていたのだ。

一方、母親のほうは何の問題もなくアトランタに馴染んでいた。職場の医師たちは、彼女のてきぱきして効率のいい仕事ぶり[25]に好感を持っていた。あまりにも手際よく仕事をこなすので、患者が現金で支払いをするたびにマーガレットが紙幣をポケットにすべり込ませていることに誰も気づかない。やがて2年半ほど経ち、医師たちが会計監査人を入れて帳簿を調べたところ、とんでもない額の金が不足していることが発覚した。

診療所に来るよう連絡が来たとき、マーガレットはそれほど驚かなかった。同じようなことがこれまでに何度あっただろう？　彼女は「明日の朝行きます」と答え、熟練した逃亡者のように急いで計画を立て始めた。引っ越し用のバンを3台レンタルし、4人の便利屋を雇い、一晩中作業を続ける。夜が明ける頃、彼女は2台のバンに家具と高価な洋服を積み、3台目のバンには右往左往するコッカースパニエル38匹を乗せ、残りの10匹は里親に引き渡した。そして、自分は愛車（1957年製のピンクのリンカーン）に乗りこんだ。こうして7月30日火曜日午前10時、友人を空港まで送ると言った彼女はアクセルを踏みこみ、ジョージア州を飛び出したのだ[26]。おそらく逃亡史上、最もうまくいった成功例のひとつに違いない。てきぱきと効率よく――マーガレットならではの逃亡劇だ。

医師たちは警察に通報し、警察はFBIに連絡した。マーガレットは州境を越えて盗品を持ち出したと見なされたためこの事件は連邦犯罪となり、FBIは猛追を開始する。マーガレットとバンの列を見つけるのは簡単だと思われた。何しろ、逃走車はピンクの高級車だ。それに38匹の犬を連れている。きっとすぐに見つかるはずだ、そうだろう？　FBIの広報担当者は、マーガレットを見つけるのは「雪山にいる象[27]」を見つけるようなものだと自信満々で記者に語った。だが、彼らは逃亡にかけては高い能力を持つマーガレットを過小評価していた。

何の進展もないまま時間は過ぎていく。進展があったとすれば、マーガレットとシーラ・ジョイがサウスカロライナ州グリーンビルで乗り捨てたピンクのリンカーンが発見されたことくらいだ。FBIは「雪山にいる象」という表現がまったく間違っていたことを認めざるを得なくなった。あの女は予想以上に逃げ足が速い。唯一の手がかりは、彼女が飼っていたコッカースパニエルで、まるで彼女の後を追うためのパンくずのような存在だった。マーガレットはノースカロライナで犬の調教師と会ってほとんどの犬を譲り渡し、新しい車を買って逃走を続けた。FBIが執拗に犬の行方を追跡した結果[28]、2匹は移動中に暑さで死に、5匹はバンの運転手のひとりがアトランタに連れ帰り、20～25匹が調教師とともにコネチカット州ニューヘイブンにいることがわかった（このうち1匹が旅先で子犬を産んだので、数には多少ばらつきがある）。結局、FBIはマーガレットが手元に3匹だけを残したことを突き止めた。お気に入りのライズ・アンド・シャイン、ピッコロ・ピート、そしていかにもマーガレットらしく、キャピタル・ゲイン（資産売却益）と名づけた子犬だ。

ジョージア州で発行されているどの新聞も、この事件をこぞって取り上げた。作り話でもこんな面白い話にはそうそうお目にかかれない。ピンクの逃走車。母親に「自分の姪」だと偽られた娘。そしてコッカースパニエル！『アトランタ・コンスティテューション』紙は、「ジャネット」の大胆な犯行を細部にわたって報道し、ジョージア州の善良な人々は自分たちが騙されていたにもかかわらず彼女に好意を抱いた。各紙はマーガレットを「驚嘆すべき[29]」、「大胆[30]」、「華麗[31]」、「魅惑的[32]」と表現し、『アトランタ・コンスティテューション』紙にはこの事件をもっと知りたがっている野次馬からの電話が殺到した。ジャネットはもう捕まったのか？ペルー[33]に逃げたというのは本当か？ある記者は「彼女は女版ジェシー・ジェイムズ［アメリカ西部開拓時代のガンマンで、強盗や殺人を繰り返した」というべきヒロインになった」[34]と書いた。別の記者はこう見解を述べている。「FBIに反アメリカ的だと目をつけられるのはごめんだが、ジャネット・グレイ夫人が逃げおおせることをどこかで期待していると言わざるを得ない[35]――いつかは捕まるとしても、しばらくの間は」

もっとも、誰もが「ジャネット・R・グレイ」をヒロイン扱いしたわけではない。コッカースパニエル・クラブというグループはこの由々しき展開について深刻な面持ちで話し合い[36]、同席した記者によれば「会員たちは故人に別れを告げに来た弔問客のようだった」。同クラブは会員のジャネットが犯罪者だったという知らせに「動揺した」と発表した。「まるで、アイゼンハワー大統領が実は共産主義者のスパイだったという新聞記事を読んだような気持ちでした」とある会員は語っている。

一方、オクラホマ州タルサのある診療所の受付係も、少しばかり「動揺」し始めていた。マッジ・バートンという年配の女性を経理担当として雇ったばかりだが、とんでもない間違いを犯してしまったのではないだろうか。確かにマッジは推薦状を持っていなかったが、それには納得のいく理由があった（夫の仕事を手伝っていたのですが、彼が不倫していたことがわかって……）。それに、医師たちは医学用語を連発するマッジに感心していた。ただ、そういえばマッジはこの診療所に監査人はいりませんよ、と断言していた。私が監査役を引き受けますから。

すべては順調だった――受付係が「金髪で豊満な体つきの娘を連れたそばかす顔の女性が、アトランタの診療所から数千ドルを横領して逃亡した」という『タルサ・ワールド』紙の記事を目にするまでは。記事にある女性の特徴はマッジ・バートンにそっくりで、しかも彼女には金髪で豊満な体つきの娘がいる。受付係は医師たちに相談し、医師たちは眉をひそめた。そして、FBIに連絡することにした。一応、念のために。

8月21日、FBIの捜査官が診療所に到着したとき、マッジはタイプライターの前でいつものようにてきぱきと仕事をこなしていた。捜査官が名乗ると彼女の顔がこわばった。そして、重いため息をつきながら立ち上がり、捜査官に促されて診療所を後にした。

長い逃亡生活が終わった瞬間だ。[37]

母娘がアトランタに送還されるまでの間に、マーガレットの犯罪歴の詳細がマスコミに流出した。他の州でも逮捕状が出ている上に、大金ではないが一風変わった借金を抱えていることもわかった。逃走車の運転手[38]に60ドル、アトランタの衣料品店[39]に1695ドル、高価な帽子に59ドル50セント。さらに、彼女が「犬好きの友人たちのために」開いたパーティーで記念写真を撮影した写真家にも30ドルの借金[40]があった。マーガレットの勾留中、彼女のもとにノースカロライナの男性ふたりからグラジオラスと菊の花という不思議な取り合わせの花束がふたつ届き、[41]そこには不吉なメモが添えられていた。「私たちをひどい目に遭わせてくれたことに感謝するよ。だが、これからきみが味わう苦しみに比べれば、こんなのはたいしたことじゃない」。送り主の正体はわからずじまいだが、マーガレットの犯行による被害がFBIの予想をはるかに上回ることを示唆するかすかな前兆だった。

贅沢な暮らしをしていたわりに、マーガレットの手元にあった財産は4万ドルほど[42]とそれほど多くはない。金を騙し取られた人々は、これではとても全額返済は望めないと暗澹《あんたん》たる気持ちになった。家、馬、毛皮、ドレス、銀器、翡翠《ひすい》の置物、そしてあの有名なピンクの1957年型リンカーンまで、彼女の所有物はすべて競売にかけられた。[43] 4匹のスパニエルのうち3匹はタルサのブリーダーに引き取られ、ライズ・アンド・シャイン・アメリカン・スパニエル・クラブの会員たちが1555ドルをかき集めて購入し、[44] 本来の所有者であるトレーナーに返した。アトランタではマーガレットの家の前に何百人もが足を運び、[45]「ジャネット・R・グレイ」の在りし日の生活を思わせるプールや豪華な犬舎に目を奪われた。

マーガレットは報道機関の取材を拒否したが、いずれにせよ地元の記者たちは彼女の過去を少しずつ暴いていった。そして、長い間行方不明だったもと夫のジャスパー・バートン[46]が、わずか60マイル先のジョージア州アセンズに住んでいることを突き止める。ジャスパーは2歳の時以来音信不通だった娘が近くにいることを知って大喜びし、ふたりは涙の再会を果たした。ジャスパーは、もと妻がなぜこのように病的な詐欺師になったのかについて記者に話すことを拒んだ。彼が唯一語った不満は新聞がシーラ・ジョイを魅惑的な悪女に仕立て上げたことで、こんな報道はフェアではないと思った。彼女は「静かで、上品で、頭がいい」[47]とジャスパーは記者たちに説明した。

「『派手な悪女』にはほど遠い子だ」

アトランタから逃亡してちょうど1カ月後、シーラ・ジョイに対するすべての起訴が取り下げられた。当局は彼女が無実であり、黒幕である母親にあちこち連れ回されただけだと確信していた。記者たちに「今のお気持ちは?」と聞かれると、シーラ・ジョイは声を震わせて「母にまた会えるかどうか心配です」と語った。そして、マーガレットの弟で、今はハリウッドで映画プロデューサーをしているイアンがシーラ・ジョイをかばうように現れ、「姉は『血を見ると気絶するような優しく穏やかな人』」[48]だと語った。彼は、マーガレットが人を騙すのは生まれつきの性格であり、育った環境には関係ないと断言した。「不幸な特性を持って生まれたのです」。もしこの特性がなければ「姉は申し分のない人間だったでしょう。だが、今のままでも素晴らしい女性だということに変わりはありません」。

1957年12月9日、マーガレットの裁判が始まる頃には彼女に対する連邦政府の起訴は専門的な細かい規定により取り下げられていた[49]。連邦政府は盗品運搬罪で彼女を起訴したが、規定には最低でも「5000ドル相当の『盗品』」とある。彼女の犬、毛皮、ドレス、ピンクのリンカーンは厳密には盗品ではなく、盗んだ現金で購入したものだ。この時点で、マーガレットを告発したの[50]はディケーターという都市の診療所のあるデカルブ郡と、サンアントニオ、ロサンゼルス、ノーフォーク、バンクーバー、ホノルルだった。ジャネット、マッジ、レダ・マクグラシャン、C・

スノーデン夫人などマーガレットが扮した女性によって被害を受けたことを許さない人々は、アメリカ全土にいたことになる。

デカルブ郡の裁判はかなりドラマチックなもので、医師のひとりはマーガレットに騙されたために「人間不信に陥った」[51]と証言した。だが、陪審員のひとりが参加した教会の礼拝で牧師がマーガレットについて話すのを聞いたこと[52]から「公平な審理が行われない」恐れがあるとして、裁判は審理無効となる。だが、当時彼女のことを話題にしない者などいただろうか？　ジョージア州では彼女の事件はその年のトップニュースになった。[53]ある記者がクリスマス後に刑務所を訪ねると、マーガレットは淡いブルーのサテンのパジャマを着て『死の王朝』という小説をのんびり読んでいた[54]という。

次の裁判は1958年2月に始まり、法廷に現れたマーガレットは「少し顔色が悪いが、元気そう」[55]な様子だった。彼女は「雇い主が脱税していて、私の口座に入金するよう『無理矢理』迫ったのです」と証言した。[56]「町を逃げ出したのは国税局が怖かったからです。贅沢な生活を送れたのは、不正なお金を手に入れたからではありません。家具や、ときにはコッカースパニエルを売って得たお金で家やプール、毛皮のコートを買ったのです」。自分の無実を主張しないときには、劇的に気を失ったりもした。医師に「この15年間、失神の発作に悩まされてきました」[57]と話したが、人々は彼女が床に倒れこむたび、当然ながら疑いの目を向けた。特に検事は失神のパフォーマンスに一切の同情を見せず、彼女を「テキサスの石油詐欺師」[58]のようだと言った。

陪審員も検事の意見に賛成だった。彼らは2件の窃盗と2件の偽造の罪で有罪と決定し（判決を聞いたマーガレットは気を失った）、裁判官は彼女に2年から5年の懲役を宣告する（このときも彼女は気絶した）。ある新聞は「最後まで演じ通した[59]」と書いた。詐欺師になって20年近く、初めてマーガレットは逃げ切ることができなかった。[60]

2年間の獄中生活の後マーガレットは釈放され、その頃には彼女に対するほかの罪状はほとんど取り下げられていた。サンアントニオ、ノーフォーク、バンクーバー、ホノルルの当局は、わざわざ起訴するよりも彼女をイギリスに送還した方が早いと考えたのだ。だが、ロサンゼルス当局が編み物製品の店にまつわる詐欺罪で起訴を決定したため彼女はカリフォルニア州に引き渡され、郡刑務所に240日間収監された。[61] 1960年の春にマーガレットの釈放、国外追放が決定し、当局は客船ブレーメン号で彼女を故郷イギリスに送還した。[62]

マーガレットは、自分が騙した被害者がいない故郷（記録によればだが）に帰って少しほっとしたかもしれない。獄中生活を送るなかで心境の変化があったのか、ジョージア州の裁判では無罪を主張していた彼女は、カリフォルニア州ではあっさりと有罪を認めた。まるで、20年にわたって人を騙し続けてきたが、もうこれ以上欲張るのは得策ではないと悟ったかのように。もう逃走用の車も必要ない。プールや帽子、犬はとっくに失っていた。

いや、本当に彼女は足を洗おうとしたのだろうか？　ブレーメン号の乗船記録でマーガレットは職業を「主婦」[63]と書いた。だが、それは嘘だ。ジャスパーとはとっくに離婚していたし、郡刑務所を出て1週間も経っていないのに新しい夫がいたとは考えにくい。彼女はすでに新しい経歴や逃走経路を頭に描いていたのかもしれない。

「驚嘆すべき」、「大胆」、「華麗」、「魅惑的」。マーガレットは強制送還されてまもなくスポットライトから姿を消したが、彼女が一時期有名だったことは間違いなく事実だ。多くの人に被害を与えたにもかかわらず、当事者以外の人々は彼女を応援した。記者たちは「多くの顔を持つ女」[64]、「生きた伝説」、そして「驚くべきバートン夫人」[65]の功績と逃亡劇は、ペーパーバックの小説さながらだ」と書き立てた。

マーガレットが捕まるちょうど2年前に冒険と逃亡劇に満ちた小説が出版されたが、そのアンチヒーローは女性ではなく男性だった。その小説『太陽がいっぱい』[66]のある書評には、詐欺師トム・リプリーは「英雄であり悪魔でもあるアメリカンドリーマー」だと書かれている。まもなくリプリーは詐欺師の先駆者と見なされるようになり、その後に登場したさまざまな本物の詐欺師と比較される存在になった。新聞も無意識のうちにマーガレットをトム・リプリーと比較していたらしく、「驚くべきバートン夫人」「謎めいたグレイ夫人」といった見出しをつけたが（『太陽がいっぱい』の原題は『才能溢れるリプリー氏（*The Talented Mr. Ripley*）』）、誰もマーガレットという本名を用いていないのは不思議な気がする。新聞の読者も明らかにマーガレットとリプリーを重ね合わせていた。彼女はリプリーと違って貧しい家庭の出ではないが、とにかく反体制的で、嘘の履歴書と偽名で上流社会への道を切り開いた。また、「アメリカンドリーマー」と言えば、最もアメリカ的な物語の要素、つまり「逃走劇」におけるマーガレットの才能を見過ごすわけにはいかない。ある意味、彼女は有名な銀行強盗ジョン・デリンジャーやクライド・バロウのようなものだ。こうしたアメリカの偉大な犯罪者は大惨事を引き起こし、あっという間に町から逃げ出した。デリンジャーやバロウ、リプリーとの違いは、マーガレットが派手なピンクの車で逃走したことだけだ。

マーガレットがアメリカの犯罪史上に残る存在にならなかったのは、あまりにも巧みに逃亡を繰り返したためだろう。彼女はペーパーバックの小説の題材になることもなかった。逮捕された後、一度だけ記者の簡単なインタビュー[67]に応じたが、その時彼女は自分の手の内を明かさず、「説明するのは難しい」とか「たまたまその場所に行き着いただけ」などと曖昧に答えている。犬好きが集まるパーティーで撮影のためによく雇ったカメラマンも、彼女の抜け目なさを覚えていた。「そういえば、彼女はいつも写真に写らないようにしていましたよ[68]」

1972年、ひとりの市民がずっと抱き続けていた疑問を『アトランタ・コンスティテューション』紙に手紙で送ってきた。「数年前にディケーターでたくさんの犬を飼い、医者から金を巻き上げたグレイ夫人は、今どうしているのでしょう[69]？　もう出所したと何かで見た覚えがありますが、確かではありません」。新聞の回答は「謎のグレイ夫人」という見出しで掲載された。「1960年

5月、53歳の彼女は強制送還を命じられ船でイギリスに向かいました。それ以来、消息はわかっていないようです」。実を言えば、マーガレットはアメリカに舞い戻り、ロサンゼルスに居を構えていた。1992年に死亡したとき[70]の名は「マーガレット・エヴァンズ」で、再婚していたか、別の偽名を使っていたかのどちらかだと思われる。だが、当時彼女の家族や友人以外はそのことを知らなかった。

目立ちたくないという思いと逃亡癖は、娘にも受け継がれた。1957年に自分への告訴が取り下げられたシーラ・ジョイは、記者に「最大の望みはただ逃げ出すこと」だと語っている。「名もなき人になりたいんです[71]。もし社会から離れる必要に迫られたら、車を次々と乗り換えて詮索好きな人たちから遠ざかりたい。でも、きっとママほど上手にはできないでしょう」

13 サンテ・カイムズ

別名：シャンテ・カイムズ、サンティ・カイムズ、サンテ・ルイーズ・シングズ、サンドラ・シングズ、サンドラ・シンガー、サンドラ・チェンバース、サンドラ・ルイーズ・パワーズ、エディ・ウォーカー夫人、サンドラ・ウォーカー、サンディ・カイムズ、ルイーズ・ウォーカー、マージョリー・ウォーカー、サンタ・ルイーズ・パワーズ、サン・タグ・シングズ、サンドラ・セリグマン、サンディ・ジェイコブスン、ドナ・フランセス・ローソン、エヴァ・ガレロほか。[1]

1934～2014年

ケネス（ケニー）・カイムズが大きな花束を抱えてようやく母親のもとに帰ったときには、もう日が暮れていた。[2] 彼は人を殺したばかりだ。お祝いをする準備は整っている。

男の死体は翌日発見され、ケニーと母親は逃亡することになる。だが、前の日のケニーは最高の気分だった。腕からこぼれ落ちんばかりの花と体を駆け巡るアドレナリンのせいだ。人を殺したかったわけではないが、死体をビニールで包み、キッチンの床の血を洗い流した今、彼は母親に任せておけばすべて安心だと改めて思い知らされた。そう、すべてだ。彼は特に理由もなく母親に100ドル分もの花を買い、有頂天になっていたあまりレジの女の子に自分の電話番号を渡した。今から家に帰って、母親に花を渡して頬にキスをしよう。ケニーは母親が「ソウルメイト」と呼ぶほどの存在だった。[3] ママの「お気に入り」。ふたりの手は確かに血で汚れているが、血はすぐに洗い流される。賢く立ち回れば、罰を受けずに逃れるのは簡単なことだ。そして、母親は世界一賢い女性だった。

灰は灰に、塵は塵に

サンテ・カイムズは干ばつで大きな被害を受けた土地に生まれた。1934年7月24日、オクラホマ州の貧しい家にダストボウル［1930年代、アメリカ中西部の大平原地帯で断続的に発生した砂嵐］の真っただ中、大声を張り上げてこの世に登場したのだ。母親のメアリー・ヴァン・ホーン・シングズはオランダ人で、父親のプラム・シングズ[4]はインド人だ。サンテは大人になって知り合ったほとんどの男に嘘をついてきたが、人生で最初に出会った男には嘘をつかれるほうだった。そう、彼女の父親はちょっとした詐欺師で、インドでは陸軍大尉、中国では医者、ロシアではマジシャンとして働いていたとうそぶいていた。自分はインドの王子——少なくとも本来はその血筋だ——だが、お家騒動でその称号を剝奪された。その後アメリカに渡ったプラムは、荒れ狂う砂嵐にお得意の魔術で太刀打ちすることもできずにいる。オクラホマでは仕事がなかったためプラムは家族を連れてカリフォルニアに移住したが、そこでも仕事にありつけなかった。それで、干上がったオクラホマの地にまた戻ってきたのだ。

１９４０年にプラムが死ぬとメアリーは４人の子どもを連れてロサンゼルスに移り住んだ。少しでも生活が楽になればと願ったが、期待は外れた。サンテによると、母親は酒を飲んでは子どもたちを虐待し、いつも見知らぬ男たちを家に連れこんでいたという。兄弟のうち上のふたりはすぐに逃げ出し、サンテは妹の爪に火のついたマッチを突き刺して虐める恐ろしい少女に成長した（少なくとも妹のレタはそう主張している。[5] ただし、父親や姉と同じく、彼女の言葉も鵜呑みにすることはできない）。やがて、サンテは路上で物乞いをするようになった。時々近所の喫茶店に顔を出し、店主である親切な夫婦が優しくしてくれるのが慰めだった。夫婦は彼女の中に何かを見たに違いない。荒削りな知性、可能性の輝き——やがて、夫妻はメアリーに「ネバダ州のカーソン市に親戚がいるんだが、サンテを養子に迎えたいそうだ」と告げる。メアリーはこれに同意し、サンテは北に向かうバスに乗せられた。

新しい両親となるエドウィンとメアリー・チェンバース夫妻は、サンテが11歳のときに正式に彼女を養子にした。サンテは裕福な白人としての生活を手に入れ、それを楽しんでいたようだ。最初は、「サンテ・シングズ」という名前を子どもたちにからかわれたが、養子縁組が成立して「サンディ・チェンバース」に改名した途端にからかいは止んだ。彼女はオリーブの肌の色を隠すために顔にパウダーを塗り始めた[6]。ネバダの同級生たちはサンテを賢く、愉快で、美しく、そして不思議な子だと感じて興味をそそられた。だが、そんな彼女にはどこか人を寄せつけない雰囲気もあった[7]。男の子にはもてるのに、女友達を作るのは苦手だった。当時彼女には親友と恋人がいて、ふたりを完全に支配していた。子どもの頃から、サンテは出会う人すべてを思いのままにしようとしていたのだ。

ずっと後になって、サンテはネバダ州での生活は陰惨なものだったと話すようになった。養父のエド・チェンバースにレイプされたと言うかと思えば、ふたりは同意の上で性的関係を持ったと主張することもあった。チェンバース一家と疎遠になる「何か」が起きたことは確かだが、それが何かはわかっていない。後日エド・チェンバースは、サンテと一家は「違う道を進むことになった[8]」と短く語った。

高校卒業後、ハンサムなエド・ウォーカーという若者は美しく刺激的で支配欲の強いサンテと結婚するつもりだったが、サンテは突然陸軍士官と結婚して彼を驚かせた。彼女は妊娠していると言ってこの士官にプロポーズさせたが（実際はしていなかった）、士官が名誉除隊後に高校の教師になると、あっけなく離婚してしまう。サンテがなりたかったのは華やかな陸軍士官の妻で、しがない高校教師の妻ではない。彼女は離婚直後にエド・ウォーカーの前に現れ、よりを戻したいと言った。1957年11月9日、最初の結婚から1年半を経てサンテは再婚する。

まだ20代前半だったサンテは、すでに自分の手に入れたいものが何かはっきりしていた。それは金持ちの夫、そして富がもたらす権力と支配だ。目的達成のため、彼女は仕事で成功するようウォーカーをせっつくようになる。彼女からのプレッシャーには、何か不思議な力があった。やがて、ウォーカーはサンテが夢に見た金持ちの夫となり、サクラメントで一目置かれる若手の土地開発者として多くの斬新なプロジェクトを手がけるようになる。問題はひとつだけ――彼の家は何度も全焼し、そのたびに保険金がサンテの懐に入っているらしいということだった。

貧しい家で育ったサンテは、大人になると病的なまでに金に執着するようになっていた。だが、そのわりに貯めることは苦手で、ある年にはクリスマスプレゼントに1万3千ドルも使って夫を呆れさせた。ヘアドライヤーを万引きして逮捕されたこともある。また、彼女のこだわりはほかにも随所に見られた。結婚生活が進むにつれ、サンテはウォーカーの行動をますます支配するようになり、家を清潔に保つことに異様にこだわり、夫がラフな格好をすると口うるさく文句を言った。新しい愛人をつくり、わざとウォーカーにばれるように振る舞った。1962年に息子のケントが生まれたとき、ウォーカーが病院に着くとそこにはサンテの愛人がいたという。

まるで万が一に備えて常に「代わり」を用意しているかのようだった。代わりの男、金、計画。夫がかつて言ったように、彼女は「貧乏だったことで異様なまでの被害妄想[9]」を持っていた。砂埃のにおいはいつまでも鼻に残っている。サンテはいつも嵐から逃げていた。あるいは、彼女自身が嵐だったのかもしれない。

30代半ばになったサンテは人生を見つめ直した。エド・ウォーカーは家が何度も全焼していてすぐに億万長者にはなれそうもない。彼女は離婚し、息子のケントとパームスプリングスに移り住んだ。名前の綴りを「Sante」からフランス風に「Santé」と変え、自分がフランス人だということを強調した。パームスプリングスでの日々は、自分の好きなことをするので忙しかった。高級な酒の万引き、前夫のストーキング、前夫の新しい恋人の髪を引きずって「あばずれ！」と罵ること、高級車を試乗し、駐車場から飛び出して乗り回すこと。だが、パームスプリングスに来た本当の理由は、大富豪の男を捕まえる[10]ことだ。

「フランスから来たサンテ」は、パームスプリングスの裕福な人々には馴染まなかった。実際、多くの人は彼女を売春婦だと思いこんでいたくらいだ。下着まがいの洋服を身に着け、豊胸手術を受け、極端な厚化粧を施し、いつも地元の大富豪の周囲をうろついている女。だが、サンテは地元の小金持ちに何と言われても気にもしなかった。本物の大富豪たちには気に入られていたからだ。彼らはサンテの奔放な振る舞い、カクテルシェーカーを豪快に振る様子、そして官能的な美しさを愛していた。メイクや洋服をしっかりきめたときの彼女は、女優のエリザベス・テイラーにそっくりだった（あまりに似ていて[11]サインを求められることもあり、彼女はいつもそれに応じていた）。

一緒に出かける約束をした大富豪が迎えに行くと、8歳のケントが執事の格好をして飲み物を差し出すというある種奇妙な、だが魅惑的なもてなしが待っていた。息子が隅でスクリュードライバーを混ぜていると、肉感的で大きくふくらませた髪形のサンテが真っ白な歯を見せながら部屋に入って来る。大富豪は知らないとは言え盗品のソファに座り、盗んだ酒のコレクションから一杯やり、彼女の熱い視線に酔いしれた。関係が深まるにつれ、彼女はだんだん馬脚を現し始める。彼から何千ドルも巻き上げたり、そのうち別の大富豪を連れてきて彼を嫉妬で狂わせたり。それでも彼は、エド・ウォーカーと同じように苦い結末を迎えるまで何とか粘ろうとする。息子のケントは大富豪たちが苦しんでいるのを知っていた。自分もそうだったからだ。「母の温かい愛情に包まれることほど心地いいものはなかった[12]」と彼は後に書いている。「そして、それを奪われるほどつらいことも」

1970年、サンテはパームスプリングスの大富豪のひとりをついに射止める。名前はケン・カイムズ、離婚歴のある53歳のモーテル開発者で、彼女と同じくオクラホマの貧しい農民の出だ。彼もまた詐欺まがいのことをしており、ネイティブ・アメリカンとして登録して[13]政府から定期的な援助を受けていた。そして、サンテにぞっこんだった。サンテは彼の好きなクチナシの香水をつけ、彼の好きな色、白のドレスで着飾り、常に彼のカクテルグラスを酒で満たした。[14]後に、サンテは彼と1971年に結婚したと主張するが、その10年後まで[15]結婚の記録はない。正式に結婚するかどうかについて、ふたりの意見は大きく食い違っていた。ケンは前の結婚でふたりの子どもがいたが、そのためか、あるいは新しい妻をあまり信用していなかったのか、合法的な結婚をしてサンテの懐に財産がいくことを避けていたのだ。

とは言え、彼がサンテに使う金を惜しんだわけではない。当座預金口座から多額の金を引き落としてバハマで休暇を楽しみ、ホノルル、ラスベガス、サンタバーバラ、ラホヤに家を買い[16]、ラスベガスのカジノで何百万ドルも浪費した。サンテはそのお返しに彼の自尊心を極限までくすぐっている。あるときは彼を「大使」だと偽ってワシントンD.C.に連れて行き、一晩で4回も高級な場所で開かれた政治パーティーに参加した。そのなかにはジェラルド・フォード副大統領主催のパーティーもあったという。サンテは真っ白なドレスを身に着け、インドの習慣だと言って片耳にラインストーンをつけていた[17]。翌日ふたりの顔が大きく新聞に載ったためFBIから事情聴取を受ける[18]羽目になったが、幸いちょっとした悪評を残すだけでこの騒ぎから逃げ出すことができた。

サンテは後にケンとの関係を「魔法にかけられたような恋愛」だったと表現するが、ふたりはしょっちゅう喧嘩をしていた。しかも、かなり暴力的で異様な喧嘩だ。ある夜、幼いケントが義父であるケンの大声を聞いてキッチンに駆けつけると、ふたりは壮絶な喧嘩の真っ最中だった。ネグリジェ姿のサンテは、先制攻撃とばかりに床にすごい勢いで放尿している。それから夫に平手打ちをお見舞いし、夫もやり返していたが、そのうちサンテが休戦を求めるようになまめかしく夫の膝の上に乗り、愛おしげに彼の髪に手を入れたかと思うと植毛したばかりの毛を思いきり引っこ抜いた。ケンが痛みのあまり唸るとサンテは急いで部屋を出ようとしたが、自分の尿で滑ってしまった。ここで息子のケントが彼女にしがみついたが、逆に手首を思いきり噛まれたという。[19]翌朝ケントが目を覚ますと、サンテとケンはにこやかに微笑み合っていた。昨夜のことは、ただの悪い夢だったのだろうか？

こうして喧嘩と酒と浪費の日々は続いたが、ケンはまだ全財産をサンテに譲り渡すことは考えていないようだった。そこで1975年、彼女は新しい作戦に着手する。当時12歳だったケントは、母親が白いゆったりした服でうまくごまかしているものの少し太ったことに気がついていたが、彼女が胃の病気だとよく口にしていたためあまり気にも留めなかった。そのため、ある日サンテが病院へ行き、生まれたての弟を連れて戻ってきたときにはかなり驚いたという。

その赤ん坊、ケネス・カリーム・カイムズは億万長者との結婚生活になくてはならない計画の一部だった。夫との間に実の息子ができたからには、彼は莫大な財産をすべて彼女に託すことになるはずだ。それに、彼女には支配できる新しい存在が必要だった。ケントはどんどん成長し、家族から離れ始めていた。そこでサンテは「ケニー」という愛称で呼ぶ次男に狙いを定めたのだ。

ケニーは幼少期をハワイで過ごした。サンテと過ごす日常では当然のごとく、ドラマ（と放火）の絶えない生活。母親はケニーを甘やかしたが、ほかの子どもと遊ばせようとしなかった。人との関係が希薄で孤独な日々を過ごすうち、ケニーは一風変わった少年に成長する。周囲の状況によってときには暴君になり、ときには恐怖に怯える子どもになった。まれに許可をもらってほかの子たちと遊んだときには、「ママなんか嫌いだ」と泣き出すこともあったという。だが、翌日にはすっかり元気になっている。[20] 幼い頃から、母親との関係には戸惑いがつきものだった。サンテは「人間の体の美しさを教えたい」[21] と、ケニーが7歳のときまで一緒にシャワーを浴びていた。

ケニーのおもな遊び相手は、母親が雇っているメイドたちだ。みんなメキシコやエルサルバドルから来た若い娘で、仕事は家の掃除やケニーの世話をすること。メイドたちはあまり口を利かず、誰も彼女たちの様子を聞こうとしない。気性の激しいサンテの陰に隠れるように、彼女たちの存在はほとんど背景と化していた。カイムズ家を左右するのは何と言ってもサンテの気性だ——彼女の叫び、誘惑、そして策略。彼女は混乱を好み、家が静かになると自ら混乱を生み出してその騒々しさを楽しんだ。

サンテは法に対しても同じ戦術を取り、行く先々で騒動を起こした。弁護士も警察もこれ以上彼女に関わるのが嫌になり、できることならすべてを投げ出してその案件から手を引きたいと願ったことは一度や二度ではない。1980年2月、夫とワシントンD. C. のホテルのピアノバーで飲んでいたとき、彼女は居合わせた女性の6500ドルもするミンクのコートを盗んだ。その女性が自分のコートがないことに気づいたとき、バーにいた全員の頭に浮かんだのは少し前にこっそりと出て行ったエリザベス・テイラーそっくりの怪しげな女だった。サンテとケンは逮捕されたものの保釈中に逃亡し、サンテは時間稼ぎをしようと考える。法廷に出ることができないほど体調が悪いという医師の診断書を手に入れ、5年間も裁判を引き延ばしたのだ。[22] ケニーは、このような戦術を後に「心の平安の剝奪[23]」と呼んだ。「ドラマと狂気が矢継ぎ早に押し寄せ、そのうち相手は『狂っているのは自分のほうかもしれない』と思うようになる」

このドラマと狂気という言葉は、サンテが常に法に携わる面々や訴訟に追われていたことを表している――ちょうどエリザベス・テイラーが多くのファンに追いかけられるように。毛皮のコートに関するドラマもあれば、繰り返される放火、高級車を試乗中に勝手に駐車場から走り去ることもあった。『ホノルル・アドバイザー』紙にときどき掲載される呼び出し状のように、新聞にはいつも彼女に宛てた切羽詰まった告知文が掲載されていた。「ケネス・K・カイムズおよびサンテ・カイムズ（シング・カイムズ）宛：貴殿らに以下の通知を行う。シアーズ・ローバック社は、貴殿らに対して不法行為に関する民事第58812号訴訟を行うことを決定した[24]」（サンテが気の毒なシアーズに何をしたかは神のみぞ知る）。サンテにとって、この種の法に関わる騒動は周囲の雑音程度のものでしかなく、カクテルシェーカーの音や自分のしわがれ声でこの雑音を消す方法を熟知していた。だが、その裏でもっと深刻な事件が起きていることは、さすがのサンテにも予想できなかったようだ。ようやく、彼女の支配から抜け出そうとする人物が現れた。

1985年8月3日、ラホヤのマンションでテレビを見ていたサンテのもとに警察が乗りこんできた。夫妻は10歳のケニーの目の前で逮捕され、数日後、新聞はふたりの容疑を驚くほど大きな記事で取り上げ、こんな見出しを打った。「カイムズ夫妻、奴隷の罪で起訴される」[25]

奴隷？　誰もがショックを受けた。サンテのメイドたち以外は。まるで家具のような存在だったメキシコやエルサルバドル出身の若い娘たちは、床の尿を掃除し、夜遅くに鍵をかけられた寝室ですすり泣いていた。サンテは本人の意思に反して彼女たちを拘束していたのだ。だが、そのなかのひとりがようやくサンテの家を抜け出して警察に駆けこみ、警察はこの事件をＦＢＩに引き渡した。[26]

サンテはメイドを雇うのが好きだった。これほど富を象徴する存在があるだろうか？　そして、彼女は他人を完全に支配することも大好きだ。そこでメキシコや中央アメリカまで出向き、英語をあまり話せない貧しい家庭の娘を探した。条件に合った少女が見つかると、アメリカでの仕事とグリーンカード取得、そして母国に仕送りができるほどの高給を約束する。そして、サンテは盗んだ高価な車のトランクに少女を隠して国境を越える。

少女たちはアメリカに来て初めて、サンテの約束が嘘だったことを知る。賃金は一銭も支払われなかった。家への電話も禁じられた。夜になると部屋に閉じこめられ、「警察を呼んでも、あいつらにレイプされるのがオチよ」と脅される。サンテは少女たちを容赦なく虐待した。ひとりをハンガーで殴り、次の少女に熱いアイロンで火傷をさせ、[27]3人目には熱湯をかけた。[28]もっと怖がらせたいときには銃を手にして振り回す。サンテ・カイムズのメイドという特権の見返りに彼女は少女たちに鉄壁の服従と完全な沈黙を要求し、何ページにもわたる規則を書いた。強調された文字はまるで脅迫文のようだ。「カイムズ家のためによく働き、逃げ出そうなどと考えず、どんな理由があっても電話に出ないこと。これを守ればすべてはうまくいき、毎日をとても楽しく過ごすことができます。もし、この規則を守らなければ、ここはあなたにとってまさに地獄となるでしょう」[29]。彼女はまた、ケニーの家庭教師やベビーシッターにも「メイドたちを見張っておくように」と全体主義を思わせる指示を書いている。そのひとつには単純な言葉でこう綴られていた。「メイド：支配！　支配！　支配！　支配！　支配！　支配！　支配！　支配！」[30]

だが、今やメイドたちは支配から解放されようとしていた。裁判に備え、サンテの弁護団は彼女の行動を説明するために心理学者を雇ったが、彼の説明はお世辞にもサンテにとって有利とは言えなかった。「臨床的に言えば、彼女はときどき『癇癪』を起こします」[31]と心理学者は言い、サンテは「ヒステリー性の自制心欠如」と「抑圧された怒り」に苦しんでいると説明した（この事件を担当したFBI捜査官のひとりの意見は、もっとあからさまだ。「サンテ・カイムズは、私が30年間の捜査官生活で出会った女性のなかで最も残酷で、自己中心的で、狡猾で、異様な女性だ」[32]）。サンテ自身は、もっとその場しのぎのやり方で自分を守ろうとした。病気のふりをして地元の病院に移され、おそらく看守を誘惑したのだろう、何とか病院を脱走したのだ。そして友人の家に逃げこみ、真っ先に泡風呂に入った。数日後、彼女はホームレスに変装していたところを再逮捕される。別のFBI捜査官は「これまで会ったなかでも一流の女詐欺師だ」[33]と語った。

夫のケンは司法取引に応じ、虐待の事実をずっと知っていながらそれを止めようとしなかったと認めた。そのため、1986年2月10日にラスベガスで裁判が始まったとき、被告となっていたのはサンテひとりだ。彼女は自宅で行われていた非道な行為——鍵のかかったドアや門、規則など——は奴隷の罪などとは何の関係もない、すべては息子のケニーが夫の前妻[34]に誘拐されるのを防ぐための対策だったと主張する。だが、陪審員はその言い分を受け入れず、「奴隷状態の強要」、「不法滞在外国人の不法移送」、「連邦政府の管理下からの逃亡」の罪で有罪を決定した。[35]サンテは5年の禁固刑と300ドルの罰金に処せられたが、この金額は彼女がこれまでメイドに払った額を上回っていた[36]（メイドたちは彼女に対してやむを得ず3500万ドルの民事訴訟を起こし、サンテの保険会社がどうにか支払った[37]）。

サンテは1980年のミンクのコートの窃盗罪でさらに3年から9年の刑期を言い渡されていたが、自分の体を張った巧妙な方法でその刑罰を免れる。判決が出る直前に法廷を出ていき、車にはねられたふりをして病院に運ばれ、そのまま町から逃げ出したのだ。その後、評決が読み上げられたとき自分は法廷にいなかったので有罪判決を聞いていない、これは憲法修正第6条の権利の侵害だと主張した。疲れ果てた当局は、彼女が司法取引に応じて軽窃盗罪で済ませることを許可する。こうして、サンテは1年の禁固刑と服役日数の短縮、10ドルの罰金[38]を言い渡された。

1989年12月11日、彼女は再び自由の身となり、あの忌まわしい事件は過去のものとなった。サンテはきっと、駐車違反で切符を切られた程度にしか感じていなかっただろう。

サンテはバスタブに浸かってシャンパンを飲み、大好物のフライドポテトにこってりしたドレッシングをたっぷりかけて、手に入れた自由を祝った。そして夫に向かって怒鳴り散らし、息子たちを怖がらせ、人々を奴隷扱いする元の生活に戻ったのだ。刑務所の中で、サンテは二度と「奴隷」という言葉を思わせるような行為はしないので釈放してほしいと判事に懇願する感傷的な手紙を書いている。だが、自由の身となった今、「私は生まれ変わりました」という言葉はどこかに吹き飛んだ。メキシコから「メイド」たちを不法に連れ出すのを止めた代わりにホームレス施設に足を運び、ちょっと家をきれいに掃除してくれれば無料で泊めてあげる、と声をかけ始めた[39]（「支配！　支配！　支配！　支配！　支配！　支配！　支配！」）。サンテはホームレスから搾取した罪で起訴されることはなかった。刑務所は彼女に「何をしようと、決して捕まるな」という貴重な教訓を与えたのだ。

ケニーは母親が戻ってきてもちっとも嬉しくなかった。サンテが刑務所にいた間は自分も友達と他愛のない遊びを楽しむ普通の生活ができるという希望が持てたが、彼女が自分の人生に戻ってきた途端、再びもたらされた混乱の日々によってすべての希望はかき消えたのだ。彼は母親を慕っていたが、同時に母親から解放されたいと願っていた。そして、この矛盾するふたつの思いを抱えるうちに彼の心は壊れ始める。不機嫌で暴力的になり、ステロイドとボディービルにのめり込み、密かな楽しみを見つけるようになった。15歳のとき、ケニーは母親をロープで絞め殺そうとした。翌年には彼がキッチンで両親のカクテルグラスに謎の透明な液体を注いでいるのを兄が目撃している。カウンターの上には『反逆者の料理本』が置いてあった。[40] サンテは年々高まるケニーの攻撃性に対し、さらに彼を孤立させるという対応を取った。卒業までバハマの高校に行かせて友人たちから引き離し、ついには大学を退学するように仕向けている。

何年も経って、タブロイド紙はケニーと母親が愛し合っていたと報じた。親子としてではなく、男女として。確かにふたりの間には奇妙な緊張感が漂っていた。ケニーと同じ立場に何度も立たされてきたサンテの長男、ケントほどこの空気感を理解できる人物はいないだろう。彼もまた、サンテの愛情に引きずられそうになったことがある。それはまるで宇宙船が発する光線のように魅力的で危険なものだ。だが、ケントは最終的にそこから抜け出すことができた。素敵な女性と結婚し、サンテの電話にも（ほとんど）出なくなり、まともな仕事にも就き、普通の生活を送っている。だが、ケニーにはそのチャンスがなかった。彼はまともに光線を浴びてしまったのだ。

何年もの間、サンテは自分が平気で暴力を振るう人間だということを周囲に知らしめてきた。もし逆らえば植毛したばかりの毛を引っこ抜く。反抗的だと感じたら熱湯をかける。あるときは保険会社を訴え、「子どもが誘拐され、手足を切断される事件が最近あるらしい」と幹部たちを脅した。よく詐欺師は暴力に頼らない犯罪者と言われるが、[41] サンテは「そうとは限らない」ことを示す代表的な存在だった。刑務所から出所した1年後に彼女はハンマーで殺人を犯したと見なされているが、真偽のほどはわかっていない。

サンテに関わった多くの弁護士のなかに、エルマー・ホルムグレンという人物がいる。彼の仕事は「サンテの書類を作成すること」ではなく、「サンテのハワイの家を燃やして保険金を支払わせること」だった。1990年9月、ホルムグレンは計画を実行に移す。だが、その後酒に酔って放火のことを友人に話したため、友人は警察に通報し、警察はホルムグレンを説得して二重スパイに仕立て上げた。[42] 警察にしてみれば、この弁護士の犯した罪などどうでもいい。とにかくサンテを捕まえたかった。

サンテはその鋭い観察眼で、ホルムグレンが警察の手先であることを嗅ぎつけた。だが、それを暴く代わりに彼をコスタリカへの休暇に招待する。ホルムグレンは嫌な予感がしながらも彼女の誘いに応じ、3日経っても自分からの連絡がない場合は当局に連絡するように[43]と息子に伝えた。

3日経ってもホルムグレンから連絡は来なかった。3日どころか、あれ以来息子のもとには一切音沙汰がないままだ。彼に何が起こったのか誰も正確にはわからず、遺体も発見されていない。だが、サンテの長男ケントは誰が彼を始末したのかうすうす勘づいていた。ある日彼は、酔っ払ったサンテと夫のケンがある殺人について口論しているのを耳にする。言い争いの原因は、ロサンゼルス市内をレンタカーで走っているときに「彼」をハンマーで殺した実行犯は誰かということだ。被害者の名前は出てこなかったが、ケントはエルマー・ホルムグレンのことを話しているのだと確信した。[44]

もし夫のケンがサンテのために殺人を犯したり、車中でサンテが殺している最中に運転をしたりしていたとしても、それほど驚くことではなかった。ふたりの関係において、常にサンテはケンという人間をとことん利用する側だったのだ。彼は酒に溺れ、財産はギャンブル、弁護士費用、ドレッシングをかけたフライドポテトなどに消えていった[45]（もっとも、正確にはサンテはいつもフライドポテトの代金をちゃんと払っていたわけではない。ときにはわざと騒ぎを起こし、[46]支払いもせずに憤然とレストランを出ていった）。およそ20年半の間、彼女はケンを愛情という名の振り子に縛りつけていた。誘惑し、侮辱し、甘やかし、怖がらせ続けたのだ。1994年3月28日、ケンは大動脈瘤が破裂し、死という唯一の方法でようやく彼女から逃れた。

サンテは早速ふたりの歴史を書き換える。1年後、「ふたりの強い愛はこれからも続きます[47]」と嘆いてみせた。「彼は愛情に満ちた夫で、私たちは史上最高の恋愛と結婚生活を送りました。30年経っても、いつもお互いに触れ合っていたくらいです！　素晴らしいパパ！　彼の人生の最後の日、そして私たちの尊く奇跡のような愛の物語の最後の日、30年に及ぶ魔法のような愛に満ちた人生の最後に、彼はみんなの前で私を抱きしめ『ママ・カイムズ、きみを愛しているよ！』と言ったのです。そして、彼は息を引き取りました」

素晴らしいパパが地下に埋葬されると、サンテはパパが長年隠してきたと思われる数百万ドルを探し出すという、およそロマンティックではない仕事に取りかかる。だが、サンテ自身がすでに夫の財産をほとんど使い果たしていたし、彼の遺言は1963年、彼女に出会う7年前に書かれたもので、それから一度も更新されていなかった。遺言の内容は、最初の結婚でもうけたふたりの子どもにすべてを残すというものだった。サンテはケンの死を前妻の子どもたちに2年近く隠し、書類や小切手に彼のサインを偽造し、大金が入った秘密の海外口座はないかと必死に探したが、どれもうまくいかなかった。億万長者を捕まえるという詐欺の長期計画は、失敗に終わったのだ。

　サンテにとって、これは世界最悪の出来事だ。簡単に手に入る金の当てがなくなり、彼女はますます意地悪になり、必死になった。そして、まるで子どもの頃砂嵐が近づいてくるのをにおいで気づいたように、次男ケニーを連れて一目散に逃げ出した。

　夫が死に、長男も去って自分の人生を歩み始めたため、サンテは次男ケニーとの距離をますます縮めていった。昔ケニーは母親の命令に反して大学に行ったり、彼女の首を絞めようとしたりしたが、それは過去のことだ。今や彼はすっかりサンテの言いなりだった。ママと僕で世界と戦うのだ。ふたりは次の金づるを手に入れようと、次々と策略を立てては実行した。彼女はプリンセス・サンテという名の「長寿コンサルタント」になりすまし、彼はキューバ産の葉巻を闇市で売った。一度、口紅を万引きして捕まったとき、親子は刑事に「恋人同士だ」と説明した。[48]

　1996年9月、母子はバハマで融資を渋る地元の銀行家を説得していた。その銀行員、55歳のサイード・ビラル・アフマドは結局申し出を断った。一緒に仕事をするにはこのふたりは怪しすぎる。[49] 残念ながら、その予感は的中した。サンテはアフマドが説得に応じないと悟ると、彼を招待してカクテルを飲ませることにした。悪名高いデート・レイプ・ドラッグ、ロヒプノールを混ぜたカクテルだ。アフマドが意識を失うと親子は交代で彼をバスタブの中に沈めたが、アフマドが途中で目を覚ましたりして思ったより時間がかかった。翌日、ケニーは彼を海に放り投げた。[50] そして、サンテとケニーは意気揚々と次の獲物を探す旅を始めたのだ。

躁状態、強迫観念、自暴自棄はつきものだったが、ふたりは人生を楽しんでいた。真夜中に車で砂漠を走り、[51] お腹がすいたらハンバーガーを食べに行き、ワインを飲んでは葉巻を吸い、何時間も昔の思い出話に興じた。邪悪な計画についてもよく話した。抱えている問題を殺人によって解決することがどれだけ簡単かを知ってしまったサンテは、二番煎じを狙うことにする。彼女は当時ロサンゼルスに住むカズディンという旧友とトラブルになっていて、ケニーに「カズディンも始末しよう」ともちかけたのだ。カズディンは数年前サンテに頼まれ、彼女のラスベガスの自宅の譲渡証書にサインしていた。その家を没収しようとしていた怒れる弁護士から家を守るためだ。だが1998年1月、[52] カズディンはサンテがこの家に高額の住宅ローンを組み、その一部を現金化した挙句に家の権利をカズディンからホームレスの「メイド」のひとりに譲渡し、保険をかけて全焼させたことを知ったのだ。言うまでもなく、カズディンは自分の名前がこの違法行為に使用されたことを不快に思った。サンテはカズディンが怒っていると知り、彼が当局に訴えるのではないかと心配になったため、「死んでもらうしかない」と息子に告げた。

最初そう聞いたとき、ケニーはうんざりした。またか？　あと何人殺せばいい？　だが、彼はサンテと戦うよりも従う方がずっと楽だとずいぶん前に学んでいた。だから同意した。優しいサンテは息子にできるだけ負担をかけないように、ホームレスの使用人のひとり、ショーン・リトルに死体の処理を手伝うように命じた。彼女が説得の材料に使ったのは「おいしい食事とカクテル、そしてうわべだけの友情」[53]だったとケニーは後に振り返っている。

1998年3月13日、3人は夜明けとともに起きた。ケニーの言葉を借りれば「自分を奮い立たせ、心の準備をするため」だ。彼は手袋、ガムテープ、ゴミ袋、銃などをリュックサックに詰めた。「がんばって！」とサンテが声をかけ、男たちは家を後にした。まるで、母親が子どもたちを幼稚園に送り出すかのような光景だ。「しっかりやるのよ！」

ケニーを部屋に通したカズディンは明らかに神経を尖らせていて、ケニーが「ローンのことでちょっと話がしたいだけだ、コーヒーでもくれないか？」と言っても警戒を解かなかった。だが、彼がようやくキッチンの流し台に向かったのを見計らい、ケニーは彼の後頭部を殴って殺害する。そして、ショーン・リトルと一緒に床の血を拭き取り、カズディンの頭と足をゴミ袋で包んで、ロサンゼルス空港近くのゴミ収容器に投げ入れた。ケニーの疲労は朝日とともに消え去り、怖いものなしの心境になっていた。彼は人生で学んだ通りにやってのけた。つまり、問答無用で母親に従ったのだ。

花束[54]でお祝いするだけの価値はある。

ケニーの高揚感は長くは続かなかった。翌日、ひとりのホームレスがカズディンの死体を発見し、サンテとケニーはＦＢＩ、ロサンゼルス市警、その他複数の州の警察に追われて町から逃げ出す羽目になったからだ。後にタブロイド紙はふたりを「ママとクライド」[55]［有名な銀行強盗カップル「ボニーとクライド」をもじったもの］と呼ぶようになる。ふたりが乗っていた車は、ユタ州でサンテが不渡り小切手で購入した緑のリンカーン・タウンカーだ。彼女はこれまでに何台も車を盗んでいたから、よく考えもしなかったのだろう。だが、この車がやがてふたりを破滅させることになる。

逃走中、サンテは彼女のお気に入りの人種、つまり大富豪にまつわる興味深いゴシップを耳にした。今度の大富豪は女だ。ニューヨークに、８００万ドル近い大邸宅[56]に住む裕福な未亡人がいるらしい。そこには舞踏室や屋上庭園があり、バスルームにはルノワールの絵画が飾ってある。何より最高なのは、この屋敷の持ち主が82歳ということだ。格好の獲物だ、とサンテは思った。もしかしたら、彼女こそ自分がずっと待ち望んでいた大富豪かもしれない。か弱く、おそらく杖をついて歩いていて、運が良ければ認知症ということもあり得る。こうして１９９８年6月13日、母と息子は富の炎に引き寄せられるようにニューヨークに向かった。

認知症どころか、82歳のアイリーン・シルバーマンはかくしゃくとしていた。自分が貧しい家に育ったことを決して忘れたことはない。舞踏室や屋上庭園やルノワールを所有した今でも、彼女は必ず現金での支払いを求める。彼女とサンテはある意味よく似ていた。頭脳明晰で、移民の娘で、演技派で、自分の人生には最高のものを好む。だが、サンテと違うのは、アイリーン・シルバーマンは本当の意味での富を手に入れ、それを維持しているということだ。彼女はニューヨークでコーラスガールをしていたが、銀行家サム・シルバーマンと結婚し、夫が1980年に亡くなるとすべての財産を相続した。彼女のバッグにはいつも冷えたシャンパンが入っていて、後に語り継がれることになる華やかなパーティーを開いた。真っ赤な髪に真っ赤な眼鏡。身長5フィート(約150センチ)の彼女は弱々しく見えたかもしれないが、決して一筋縄ではいかない相手だ。

セントラルパークから1ブロック先、マンハッタンのアッパー・イースト・サイドにある彼女の豪邸は小柄なもとダンサーには大きすぎる。そこで彼女は下の階を高級マンションに改装して、俳優のダニエル・デイ・ルイスや歌手のチャカ・カーンなどに貸していた。入居者の選別は慎重に行った。コーラスガールだった彼女は、1マイル先からでも怪しげな人物を見抜くことができる。だが、彼女にもひとつだけ弱点があった。ある日、エヴァ・ゲレロと名乗る人物から電話があり、[57] 自分はアイリーンの親友の知り合いだと告げた。エヴァの上司であるマニー・ゲランがマンションを探していると聞かされ、アイリーンは彼に1Bの部屋を貸すことにした。6月14日にマニー本人が現れたとき、アイリーンは最初懐疑的だった。彼は身元保証書も身分証明書も持っていない。彼女はこのマンションのメンテナンス会社に連絡し、マニーは刑務所から出たばかりではないか[58]と話した。だが、マニーがひと月目の家賃6000ドルを現金で用意していると聞いて思い直し、彼に部屋を貸すことを決める。

アイリーンはすぐにこのことを後悔した。マニーは身元保証書を1通も用意していなかったし、誰とも目を合わせようとしない。廊下の防犯カメラでは顔が映らないように気をつけている。メイドたちの話を盗み聞きしたり、自分の部屋の覗き穴の前に立って何時間も外を見つめたりしていた。そして、やけに着飾った中年女性を自分の部屋にこっそりと招き入れている。そんなことが1週間も続き、アイリーンは彼に退去するように伝えた。だが、彼はそれを拒否した。

その頃、アイリーンの周囲の人々は警察に通報するよう彼女に勧めていた。だが、アイリーン・シルバーマンは82年の人生のなかでマニー・ゲランのように怪しい男には何人も出会っている。通報する代わりに彼女はマニーを監視し、警察に突き出せるだけの決定的な証拠を集めようと考えた。

一方、サンテは陰からアイリーンに忍び寄っていた。息子の1LDKの部屋に密かに同居し、アイリーンの大邸宅をまるまる手に入れる方法を探っていたのだ。そしてどうにかアイリーンの家の権利書のコピーや不動産譲渡の書類を入手し、赤いウィッグを着けて本人になりすまして公証人に会い、譲渡書類にサインさせた[59]。一番重要なのはアイリーンの社会保障番号を取得することだが、この老いぼれはなかなか手ごわい。サンテは少なくとも3回アイリーンに電話をかけて「カリブ海旅行の無料招待券が当たった」と告げ、社会保障番号を今教えてくれればこの招待が確定する、と言った。だが、アイリーンは断り続けた。彼女は馬鹿ではない。サンテは気が狂わんばかりになった。「計画が困難で複雑になるにつれ、僕らは必死になりました」と後にケニーは語っている。「そして、どんどん病んでいったのです[60]」

7月4日の夜、アイリーンは友人数人を夕食に招いた。その日は土曜日で、彼女は月曜日に「マニー」を立ち退かせるつもりだ[61]と話した。話の途中、アイリーンは防犯カメラの映像を映し出すモニターを指差した。若い男が、わざと顔を隠して建物に入っていく。その光景を見た友人のひとりは後に、「突然、強い悪意を感じた[62]」と語っている。

翌朝、母と息子はマンションの部屋で静かに待っていた。その日は日曜日で使用人たちは休みを取る。最後のメイドが仕事を済ませると、屋敷全体は静まり返った。2階ではアイリーンがスリッパの音をさせながら朝の用事を済ませている。やがて彼女は下の階に降りてきて、1B号室の前の廊下を歩き始めた。「準備はいい?」とサンテが鋭い声でささやいた。アイリーンが部屋の前に近づくとケニーはドアから飛び出して彼女を掴み、室内に引きずりこんだ。

そこにはスタンガンを構えたサンテがいた。

「くそ女!」とサンテは叫び、アイリーンの頭を殴った。「このくそったれ!」。サンテはつばを飛ばして叫んだ。まるでアイリーンがまったく言いなりにならず、自分にないものをすべて持っていることに激怒しているかのようだ。「さあ!」と彼女はケニーに怒鳴った。彼はずっと母親に従って生きてきた。今さら止めることはできない。そこで彼は、もがいているアイリーンに覆いかぶさり、両手を彼女の首に回して絞め始めた。[63]

最終的にふたりを裏切ったのは、サンテがユタ州で不正に手に入れた緑のリンカーン・タウンカーだ。アイリーンの小さな体をゴミ袋で包み、血痕を拭き取り（それほど多くはなかった）、車のトランクに入れ、ニュージャージーのどこかのゴミ収容器に捨てると、サンテとケニーはコーヒーとケーキを食べに出かけた。だが、その夜FBIとニューヨーク市警にホテルの前で呼び止められ、アイリーン殺害の容疑で逮捕されると思ったふたりはパニックに陥る。サンテはアイリーンのパスポート、小切手、鍵、社会保障カード、銀行の情報、現金1万ドルなどが入ったバッグを捨てようとし、ケニーは恐怖で小便を漏らした。だが、警察が来たのは殺人ではなく、不渡り小切手でタウンカーを買った罪で逮捕するためだ。それを知ったケニーはほっとして、警官に「1杯おごるよ」などと軽口を叩いた。[65]

だが、彼らの歪んだ幸運は長くは続かなかった。数日後、たまたまテレビを見ていたニューヨーク市警の刑事が、アイリーン・シルバーマン失踪事件に関連して「マニー・ゲラン」なる人物が指名手配されていることを知り、「マニー」がすでに拘束されている「ケニー・カイムズ」に酷似していることに気がついたのだ。[66] これまでトラブルから逃げ続けてきたサンテは、たった1枚の小切手で窮地に追いこまれた。

ふたりは刑務所に送られ、5カ月後に84項目からなる起訴状を突きつけられる。殺人罪とその他の重罪で起訴されたが、アイリーンの失踪とふたりを結びつける物的証拠は何ひとつなかった。指紋も、血痕も、鑑識の証拠も、そして何より死体がない。アイリーンの捜索は徹底的に行われた。捜査官たちは野原や公園、ゴミ捨て場、空港などをくまなく探したが、小柄な死体は見つからない。[67]このため、サンテとケニーの容疑は完全に状況証拠に頼らざるを得なかった。

裁判の開始を待つ間、サンテとケニーはマスコミを利用して自分たちのイメージを払拭しようとした。世間に「愛情深い母と息子」をアピールしようとしたのだ。国中を渡り歩いて犯罪を重ね、大邸宅に出没し、ホテルの前で逮捕される——そんな異様な行動を、ただ互いに一緒に過ごすのが好きな母親と息子のごく普通の行動だと世間に思わせたかった。弁護団はテレビ番組『60ミニッツ』にふたりが出演してインタビューに答えることを許可したが、これは大きな間違いだった。この悲惨なインタビューは弁護士によって途中で打ち切られたが、時すでに遅し。ふたりは不気味で、空気が読めず、お互いに夢中だというイメージを視聴者に与えてしまった。ふたりは手を握り合い、ケニーはこのインタビューで「(母は)精神的にも、知的にも、そして肉体的にも美しい人だと思う」[68]と話している。

口にするのもおぞましいが、誰もが聞きたがっていた質問がある。「ふたりは恋人同士なのか?」。公判前の公聴会ではふたりは常にささやき合い、触れ合っていた。逮捕されたとき、警察はケニーに「母親と寝ているのか?」とあけすけに尋ねた(後年、ケニーはこのときのことを獄中日記で回想している。「どうすればよかったんだろう?[69] 素敵なご意見をありがとうと言えばいいのか? 母があの歳で若く美しいのは僕のせいじゃない」)。ケニーの兄ケントは、ふたりの関係は決して性的なものではなく、ただ不健全で息苦しく、共依存のような関係にあったと強く信じている。だが、ふたりの様子がお世辞にも微笑ましいとは言えないことは、誰もが納得するだろう。サンテは全国放送のテレビで成人した息子と手をつなぐことで温かい母性をアピールできると考えたのかもしれないが、世間の人々は彼女を「頭のおかしな女性」だと見なした。当局も「うるわしい親子愛」という演出に騙されたりはしなかった。1999年8月、ふたりはカリフォルニアで起きたカズディン殺害の容疑でも起訴される。[70]

シルバーマン裁判は、2000年のバレンタインデーに始まった。法廷では、サンテはいつものように大げさに非難し、仮病を使い、どれもうまくいかないときには大声でわめいた。検察側が125人の証人と350点の証拠で有罪を主張すると、サンテは「裁判長、この裁判が公平と言えるんですか?」[71]とか「なんて恐ろしいの。あんたたちも、この腐った法制度とやらも、[72]息子と私のゴシップや嘘も!」などと金切り声を上げた。一度は傍聴席に向かって「世論調査・警察の手には負えない。連邦監視が必要」という見出しが躍る新聞を高く掲げ、「私たちは無実よ![73]お願いだから助けて!」と叫んだ。これに対して、判事のレナ・ユーヴィラーは大声でサンテに落ち着くように呼びかけた。あるとき、ユーヴィラーがサンテの「演技、いえ、発言について[74]」と言い間違えたときには法廷が爆笑に包まれた。

サンテはがいくら「腐った法制度」を非難しても、彼女とケニーに不利な状況証拠は山ほどあった。[75] ふたりとアイリーンを結びつける目撃者、ウィッグ、仮面、弾の入った銃、麻酔薬、手錠、アイリーン・シルバーマンの電話を録音したカセットテープ。すべてはふたりの所持品から見つかったものだ。ほかにもスタンガンの空き箱、死体を入れるのに十分な大きさの布バッグ、護身用スプレーの缶、丈夫なゴミ袋、粘着テープ、物干し用ロープ、皮下注射器、ゴム手袋も押収された。

だが、最も決定的だったのは何冊ものノートだ。サンテはまめにメモやリストを書く性質《たち》だった。「支配！　支配！　支配！　支配！　支配！　支配！　支配！」。裁判中ですら彼女はメモを取り続けた。書き留めたことはすべて現実に起こると信じているかのように。彼女の古いノートにはアイリーンについて書いたリストがたくさんあり、そのリストが有罪の証拠に使われようとしていた。武器の購入リスト、収集すべき情報のリスト（アイリーンの使用人たちのスケジュール、アイリーンの建物の配置、アイリーンの血液型、アイリーンの好きな映画、アイリーンの社会保障番号、アイリーンが防犯ブザーを持っているかどうか）。読んでおいたほうがいいパンフレットのリスト（『文書詐欺とその他の犯罪』、『実用的な銃の消音装置の作り方』）。さらに「最後の王朝」というタイトルの不吉な書類挟み[76]があり、そこにはアイリーンの豪邸をサンテが設立したペーパーカンパニーに売却するための偽造証書が入っていた。こうしたリストは「現在起訴されている犯行を実行するための事実上の計画表」[77]だと検察側は主張した。

証拠は十分だ。２０００年5月18日、ふたりは第2級殺人、強盗、偽造、盗聴など１１８の訴因で有罪判決を受ける。陪審員の評決を読み上げるのに20分以上が費やされた。「ママ、大丈夫だよ」[78]とケニーは評決の途中でサンテに声をかけた。無実を主張するサンテを『ニューヨーク・タイムズ』紙は「奇妙で、とりとめがなく、ときに下品」[79]、『ニューヨーク・ポスト』紙は「とりとめがなく、辛辣で、ときに滑稽」[80]と評した。この無実の主張は退けられ、ふたりは終身刑を超える判決を受ける。サンテは懲役125年8カ月、ケニーは126年4カ月に処せられた。

サンテはこれまで散々悪行を重ね、多くの策略を巡らせてきたにもかかわらず、ついに司法の手に堕ちたことに衝撃を受けたようだった。判決を聞いて矢継ぎ早にまくし立て、ケニーが「ママ、もう黙って!」[81]と叫んだほどだ。だが彼女は話し続けた。「ママ!」。ケニーは必死に叫んだ。「ママ! 止めるんだ!」。それでも彼女は止めない。ケニーは両手で耳を塞いだ。サンテがいる場所に決して沈黙は訪れない、そんなことは最初からわかっていたはずだ。

裁判は終わったが、サンテの中ではまだ終わっていなかった。有名なトーク番組のホスト、ラリー・キングは刑務所で彼女にインタビューを行い、彼女は警官がすべての証拠をでっち上げたこと、「イギリスでは」この裁判を「アメリカ史上最悪の、不正な過ち」[82]と呼んでいることを話し、暗にこれは何かの陰謀だとほのめかした。陪審員はみんな「洗脳されていました」。サンテは謎に満ちた「ある人たち」が彼女を標的にしていると繰り返し非難し、警察は「憲法を殺した」と言った。そしてそもそも「犯罪など最初からなかったんです。すべては『ヒトラーの大嘘』と同じですよ」と言い放った。さらに、アイリーンとは1994年以来の友人で、彼女の屋敷を売る手伝いをしてくれと「頼まれただけ」だと悪びれもせずに説明した。

サンテがぺらぺらと喋っている間、ケニーは自暴自棄になりつつあった。ふたりはデイヴィッド・カズディンの殺人容疑でカリフォルニアに送還され、裁判が始まろうとしていた。カリフォルニアではまだ死刑が認められている。自分が死刑になると想像するのも最悪だが、母親が電気椅子送りになるのは耐えられない。そこで彼は行動を起こした。刑務所に取材に来た女性記者に隙を狙って飛びかかり、ペン先を首に押しつけて4時間も人質にし、サンテの身柄をカリフォルニアに引き渡さないよう要求したのだ[83]（結局、刑務官が彼にタックルし、記者は無傷で逃げることができた）。ケニーの要求は通らず、ふたりはロサンゼルスに舞い戻った。サンテが幼い頃路上で物乞いをし、ケニーがキッチンの床についたデイヴィッド・カズディンの血を洗い流した場所だ。こうなったら、母を救う方法はひとつしかない。ケニーは心を決めた。母を裏切るのだ。

2003年11月19日の『ロサンゼルス・タイムズ』紙地方版の一面記事は、スコット・ピーターソンという人物が妊娠中の妻レイシーを殺害した容疑で裁判を受けること、マイケル・ジャクソンのネバーランドが児童虐待の証拠がないか捜索されていること、前日の11月18日でカルト教団が設立したジョーンズタウンの集団自殺から25年目になること、そしてケニー・カイムズがデイヴィッド・カズディンの殺害を認めたことだった。

法廷では、ケニーは泣きながら母親に不利な証言を行い[84]、サンテは息子の言葉に涙を流した。ケニーはサイード・ビラル・アフマドをどうやって溺れさせたか、デイヴィッド・カズディンの無残に殺された死体をどうやってゴミ収容器に投げ入れたか、そしてアイリーン・シルバーマンの細い首を両手で絞め、死ぬまでにどれだけの時間がかかったかを陪審員に説明した。

これに対して、サンテは否定と陰謀論を混ぜ合わせた典型的な弁明を用意していた。デイヴィッド・カズディンは親友だ、親友を殺すなんて「あり得ない」と熱を込めて話し、ケニーが自分に不利な証言をするのは、検察が「拷問と強要[85]」によって彼の心を「壊した[86]」からだと主張した。だが、陪審員は息子のほうを信じた。ふたりは仮釈放なしの終身刑を言い渡され、ふたりにとってはおそらく最も残酷な処置、つまり国の両端に引き離されての服役を命じられる。サンテはニューヨークのベッドフォード・ヒルズ刑務所に、ケニーはサンディエゴのリチャード・J・ドノバン刑務所に送られた。かつて仲の良かった母子は3000マイル（約4800キロ）近い距離を隔て、孤独のなかで生きることになった。

法廷で犯罪の詳細をすべて話した後、ケニーは独房に戻って激しい自己嫌悪に陥りながら日記に向かった。「この10分間は吐いてばかりいた[87]」と彼は書いている。「僕は母を密告した。そうしなければ、ふたりとも死刑判決を受けていただろう」

死だけがケニーを母親の魔の手から解放する。サンテ・カイムズは2014年5月19日に病気で息を引き取った。あと少しで80歳だった。彼女は最後の10年間自由の身となるために努力を続け、死ぬ直前にはテレビ番組『インサイド・エディション』のインタビューを受けるための準備に余念がなかった。彼女はこの番組で再び無実を主張するつもりだったのだろう。いつものように、彼女は自分に都合のいい番組構成を期待し、プロデューサーに口紅、ファンデーション、アイライナー、カールアイロンを送ってくれるよう頼んでいた。「インタビューでどう見えるかが重要です」[88]と、彼女はプロデューサー宛の手紙に書いている。「第一印象がすべてですからね」

母親がいなくなり、ケニーはやっと自分の心を解放できるような気がした。トレイシー・ファウストという作家と手紙のやり取りを始め、やがてふたりは恋に落ちる。だが、トレイシーは急に体調を崩し、2018年にインフルエンザと肺炎の合併症で死亡した。この苦しみが、ケニーを正気に引き戻す。今自分が感じている気持ち――痛みや猛烈な喪失感は、多くの犠牲者の家族が感じていた気持ちとまったく同じだということにようやく気づいたのだ。ケニーはそのことをエッセイにまとめ、作家のジョナ・イヴィン＝パットンの協力を得て獄中からオンライン公開した。エッセイのなかで、彼は「ようやく善悪の判断ができるようになった」[89]と書いている。現在、彼はイヴィン＝パットンと長編の回顧録[90]を執筆中だ。

息子はようやく自ら発言できるようになり、サンテはついに静かになった。「灰は灰に、塵は塵に」。詐欺師の父親が死んだとき、彼の死亡記事は彼が魔術師で王子だったというきらびやかな嘘に満ち溢れていた。そして、彼の娘の死亡記事は非難と賛辞で埋めつくされた[91]。『ニューヨーク・タイムズ』紙は「才能ある、偏執的な泥棒」と彼女を呼んだ。「ある捜査関係者は彼女の逮捕時にこう言った。『カイムズは、これまで出会ったなかで最も巧妙で邪悪な詐欺師だ』」。賛辞を使わずにサンテを非難することは不可能であり、彼女を非難せずに賛辞を送ることもまた不可能だった。彼女から逃げ出した長男のケントも回顧録を書き、そのなかで「ときにはとてもいい母親だった」と振り返っている。機嫌がいいときには[92]サンテは赤の他人に100ドル札を配ったり、息子たちを車に乗せてハイウェイを猛スピードで飛ばしたり、盗んだ商品を使って派手な誕生日パーティーを開いたりした。彼女は興奮の渦のようなものだったのかもしれない。そして、その渦が止まることはなかった。

サンテ・カイムズでいることは、ひどく骨の折れることだったに違いない。常に他人を支配し、いろいろな人物になりすまし、果てしないリストを作り、じっとしていたら何が起こるかわからないという恐怖に苛まれていた。彼女のなかにあまりにも多くのサンテがいたため、本当の自分を見失ったのかも知れない。「彼女は何が本物で何が本物でないかを見分けるのが苦手でした[93]」とサンテの多くの弁護士のひとりは話す。別の弁護士は、「彼女はありとあらゆる言葉で非難された[94]」と言った。サンテは生涯嵐から逃れようとしていた。だが、嵐はついに彼女を捕らえ、彼女は塵に戻ったのだ。

おわりに　「信頼」について

女詐欺師たちのなんとも華やかな世界。グランドピアノ、高級車、ダイヤモンド、セレブの追っかけ、降霊術、「何とかなる」という楽観的な姿勢、説得力のある笑顔、見る者をぼうっとさせる瞳、底なしの自信。

それとも、すべては光のトリックなのだろうか？　華やかな飾りをすべて取り払えば、現実の詐欺は殺伐とした恐ろしい犯罪なのかもしれない。本書に登場する女性たちは、被害者を自殺の一歩手前まで追いこんだり、騙されやすい人々の銀行口座の金を使い果たしたりした。性的虐待を行った女詐欺師もいたし、ウィキペディアに「連続殺人犯」と記載される[1]ほど何件もの殺人に関与した女性もいる。自分の子どもを危険な状況に巻きこんだり、見捨てたり、自分と同じ詐欺師にした女性も。彼女たちの犯行を合わせれば流された涙は海となり、奪われた金は何百万ドルにも上り、与えられた刑期は何世紀分にもなる。

女詐欺師がこうした犯行を成功させるための武器、それは「信頼」だ。この言葉にはふたつの意味があり、彼女たちはこの諸刃の剣を操っている。「信頼」は「自分を信じること」でもあり、また「何かを信じること」でもある。女詐欺師は被害者に何か（ヴィジョン、未来、おとぎ話、計画）

を信じさせようとする一方で、自分自身をも信じさせる（私は落ち着いている、私はクールだ、私は金持ちだ、私は絶対に後に引かない、など）。その結果、被害者はまんまと騙されるのだ。被害者にとっても「信頼」には両方の意味が絡んでくる。彼らは女詐欺師が提示したものを信頼するが、騙されたと気づいたときには自分に対する信頼は失われ、まさに砕け散る。詐欺の被害者が名乗り出ないことはよくあるが、[2] これは名乗り出れば必ず世間に何らかの批判を浴びることになり、そんな屈辱には耐えられないと思うからだ。

　だが、女詐欺師たちの派手な活躍ぶりを長く追っていると、意外なほどの優しさに出くわすことがある。理想的に機能する社会では、人は疑いではなく信頼をもって世界と向き合おうとするものだ。未来に希望を持ち、自分より偉大なものを信じ、隣人を信じる。そして、誰かに言われたことを言葉通りに受け取ってしまう。「信頼」は人間が持つ大きな美徳だが、女詐欺師にとっては「的」を騙すための有効な手段になる。

　こうやって、女詐欺師は被害者を騙す。人は他人を信頼する限り、この弱みにつけこまれ続けるだろう。女詐欺師を抹殺したければ、何に対しても誰に対しても信頼することを止めればいい。ドアに鍵をかけ、窓をしっかり閉め、ブラインドの隙間から家の中と外で互いをおずおずと覗きこむ。だが、そんなことをする価値があるのだろうか？　女詐欺師は他人を信頼するために支払う、ささやかで少々痛い代償なのかもしれない。永遠に心を閉ざしてしまうより、彼女の術中にはまったほうがまだましだ。

そして、率直に言えば、女詐欺師のいない世界に「本当に」住みたいと思う人がいるのだろうか？　彼女たちのあの華やかさときたら！　車。ダイヤモンド。説得力のある笑顔。ほかの人ならそうしたアイテムに騙されるかもしれないが、みなさんなら大丈夫。この本に出会う前より賢くなった私たちは、決して騙されないと自分を信頼できるはずだ。さあ、女詐欺師をここに呼んで、彼女の言い分をじっくり聞こう。

謝辞

まず、この女詐欺師たちの物語を出版に導いてくれた女性に感謝します。赤毛の素晴らしいエージェント、エリン・ホージア。あなたはよき理解者で、しかも最高にクールな女性。

夢を実現させてくれるもうひとりの素晴らしい赤毛の女性――美しい私の母ロンダ。本書のいくつかの章に意見をくれ、いつも私の執筆を応援してくれてありがとう。そして愛する家族全員、特に「いい意味で」信頼できる女性の典型である妹のアンナに感謝を捧げます。

また、以下のみなさんにも感謝を。ハーパー・ペレニアル社のスタッフ：女詐欺師に夢中の愛すべき編集者レベッカ・ラスキン、素敵な表紙デザインをしてくれたジェイミー・リン・カーナー、赤面するような私の間違いをすべて直してくれた校正担当のキャロル・バレルと制作編集担当のアマンダ・ホン、編集部と広報部の才能あるスタッフ、何度も手直しして完成した本書に携わってくれたすべての方々。

本書を執筆するにあたりインタビューにご協力いただいたみなさん：ローズ・マークスの章に登場するヒーロー、チャーリー・スタック刑事、ローズ・マークスの弁護士フレッド・シュワルツ氏、母親について話してくれたマイケル・マークス氏。ルクサナ・アシュラフの詐欺の詳細を教えてくれたピーター・ガートランド刑事とマット・ハッシー刑事。取材に大きく尽力してくださったロンドン市警察のトム・ニーティング氏。悲劇のヒロインたちについて話してくださったチャリティ・ナビゲーター会長兼CEOのマイケル・サッチャー氏。

私の優秀な翻訳者、アイリーン・ロー。ワン・ティーの章であなたの助けがどれだけ心強かったか。そしてどんな運命のいたずらか、今や私たちは義理の姉妹ね！

ロキシー・アン・ライスがバッファローで過ごした時期の記事をくまなく調べてくれた、バッファロー州E・H・バトラー図書館の特別コレクション・アーキビストのホープ・ダンバー。アーキビストがいなかったら作家はどうやって本を書けばいい？　きっと今よりも短く、くだらない本しか書けなくなるはず。

私の古い友人であるProQuest社［幅広い論文や新聞記事のデータベース］とnewspapers.comのスタッフ、これまで膨大な数の昔の新聞をスキャンして電子データベースにしてくれたすべてのみなさん。それから、コロンビア図書館の閉架書庫。とんでもなく長い、そして真っ暗な通路をひとりで歩く勇気さえあれば、現存するすべての本を見つけられるのでは、と思わせる場所。ここで私は『ロマノフ家の最後の日々』や『犯罪者の心理と待ち伏せについて：棚の奥から覗いているのは精神病者か？』といった本と出合いました。

私の著書『*Lady Killers*（日本未邦訳）』を読んでくださった方々、ポッドキャスト『Criminal Broads』の視聴者のみなさん。本やインターネットを通じて広く物語をお伝えできるのはとても光栄です（メアリー・アン・スキャネルのエネルギーは、きっとみなさんにも伝わるでしょう）。自粛期間で誰にも会えない作家に必要な近況報告とズームによるカクテルタイムを共有してくれた作家仲間、特にザミマ、エミリー、ジョー、メレディス、ラヴォンヌに感謝を。

マーガレット・リディア・バートンの章を、兄弟のような愛犬、ブラッドリー・コッカー・ピットに捧げます。コッカースパニエル仲間の話を楽しんでくれるかな？　あなたはライズ・アンド・シャインよりずっとハンサムよ。

チャーリー！　私の愛しい人、いろいろ本当にありがとう。感謝の気持ちをここで言い尽くすことはとてもできないわ。いつもコーヒーを淹れてくれたこと、仕事を完成させるための時間と空間を与えてくれたこと、そして締め切りが迫っているときに、愛らしくも騒がしい赤ちゃんの世話をしてくれたこと。あなたがこれを読む頃には、私たちは大邸宅に住んでいるはず……いえ、欲張らずに寝室がふたつある家にしておきましょう。とにかく、愛してるわ！

最後に、体は小さいけれど一番大きな存在――私の娘セシル。私たちは一緒にこの本を書き上げたわね。９カ月に及んだ執筆期間中、どのカフェでも、どの章でも、あなたは私と一緒だった。小さな、でも新生児としては大きいあなたがソファの私の隣ですやすやと眠るなか、私はこの本のプロットをあれこれ練っていた。そして、あと2日であなたが生まれてちょうど6カ月になる今、私はこの本を校正し、謝辞を書いている。すっかりお転婆でよく動くようになったあなたは今も私の足の間で太ももにもたれて座り、強い意志を持ってキーボードに手を伸ばそうとしている。あなたの編集案をぜんぶ却下してごめんね（でも、「bzzzzph」は確かに魅力的な提案だったわ）。一緒にいてくれてありがとう。赤ちゃんがいると仕事に集中できない、とよく聞くけれど、正直に言ってあなたなしではこの本は完成しなかった。いつまでも愛してるわ！

訳者あとがき

「女詐欺師」と聞いて、みなさんの頭に浮かぶのはどんな女性でしょう？　派手に着飾った妖艶な美女？　仕立てのいい洋服を颯爽と着こなす洗練された女性？　エキゾチックな衣装に身を包んだ神秘的な霊媒師？　一見大それたことなどしそうもない地味な中年女性？

本書には、そんな女詐欺師たちが勢ぞろいしています。そして、おそらく私たちの想像を遙かに超えた女詐欺師も……しかも、これはフィクションではなく、すべて実在した人物、実際に起こった出来事や事件なのです。この本を訳している間、私の頭には何度も「事実は小説より奇なり」という言葉が浮かびました。

豪華な首飾りにまつわる詐欺事件を起こし、図らずもマリー・アントワネットを断頭台に送る遠因となったジャンヌ・ド゠サン゠レミ。自分は大富豪アンドリュー・カーネギーの隠し子だと偽り、手の込んだ手口を駆使して銀行をまんまと騙したキャシー・チャドウィック。ガーナ訛りを巧みに操り、ＮＦＬの人気選手や監督たちを巻きこむ詐欺を働いたロキシー・アン・ライス。事件が起こると、世間は犯人の生い立ちや社会的要因を探って犯行動機を推測しがちですが、本書に登場する女詐欺師は国も、時代も、生まれ育った環境もさまざまです。共通するのは強い野心、大胆さ、そして「もっともっと」という欲深さ。もちろん、こうした特質は女詐欺師の専売特許ではありません。本書の著者トリ・テルファーはこう書いています。「もしも彼女のように振舞えたとしたら？　こんなふうに魅力を武器に誰かを操ることができたとしたら？　道徳も社会も連帯責任も捨てて、ただただ自分自身を『甘やかす』ことができたとしたら？　だが、私たちは『彼女』になることはできない。その道を阻むものや従うべきルール、守らなければならない社会契約が多すぎる」（「はじめに」より）。だからこそ女詐欺師は、犯罪者であるにもかかわらずアンチヒーロー的な人気を集める存在なのかもしれません。

本書にはさらに、人間の心に潜む自己中心的な愚かさや残酷さを極端な形で体現したような女詐欺師も登場します。アメリカ同時多発テロ（２００１年）、マンチェスター・アリーナで起きた自爆テロ（２０１７年）、カリフォルニアで過去最大規模となった山火事（２０１８年）などの悲惨な出来事を利用して詐欺を働いた女性たちは世間の憎悪と非難にさらされましたし（「作り話の名人」）、サンテ・カイムズは息子とともに詐欺だけでなく直接手を下して殺人を犯しています（「さすらう女」）。また、ロマンス小説で財を成しながらも私生活で悩みを抱えていたベストセラー作家ジュード・デヴローは女霊媒師ローズ・マークスに心酔し、結果として大きな損害と心の傷を負いました（「未来を見通した女」）。多くの矛盾があったり、荒唐無稽だったりする彼女たちの話をなぜ大勢の人が信じたのか——第三者として冷静に見れば、きっと不思議だと感じるでしょう。その答えは、本書でキットというジャーナリストが述べたこの言葉に集約されているような気がします。「彼女は素晴らしかった。たとえ、それが『悪人として』だったとしても」

みなさんの心に残った女詐欺師は誰でしたか？　もちろん私たちは「彼女になる」ことはできません。でも、人を信じ込ませる魅力、度胸、機転の良さなどのエッセンスを取り入れるよう意識してみたら、今よりも少しだけ楽しく、刺激的な日々を送ることができるかもしれませんね！

最後になりましたが、この『世界を騙した女詐欺師たち』を手に取ってくださり、ありがとうございました。みなさんが本書を楽しんでくださることを願っています。また、訳出にあたってお世話になりました担当編集者の善元温子氏に心から感謝申し上げます。

２０２３年１月

富原まさ江

82 "Convicted Murderers Sante and Kenneth Kimes Profess Their Innocence," *Larry King Live Weekend*, aired March 25, 2001, 9 pm ET
83 "Kenneth Kimes Takes Reporter As a Hostage," *The New York Times*, October 11, 2000, B1
84 "Son describes mom's orders in her state murder trial," *The Desert Sun* (Palm Springs, CA), June 18, 2004, A12
85 "'Mom hit her in the head with the stun gun. Then Mom said, 'Do it!'" *Daily News* (New York, New York) June 23, 2004, 5
86 "Sante Kimes Denies 1998 Slaying," *The Los Angeles Times*, June 22, 2004, B4.
87 Kimes, "My Mother Taught Me to Kill."
88 "Killers' motto: 'No body, no crime,'" *The Los Angeles Times*, May 22, 2014, AA5
89 Kenneth Kimes, as told to Jonna Ivin-Patton, "My Mother Taught Me to Kill," *Narratively*, November 26, 2018
90 2019年3月25日付のジョナ・イヴィン＝パットンの電子メールより
91 "Sante Kimes Dies in Prison at 79; Killed and Swindled With Her Son," *The New York Times*, May 21, 2014
92 Walker, *Son*, 13–15, 112
93 "'Dragon Lady' leaves a legacy of mystery," *Las Vegas Review-Journal*, August 23, 1998, 5B
94 "Suspects in a Disappearance Have Been Running for Years," *The New York Times*, July 10, 1998, A1

おわりに 「信頼」について

1 Wikipedia, "List of serial killers in the United States," https://en.wikipedia. org/wiki/List_of_serial_killers_in_the_United_States に2020年3月30日にアクセス
2 "The Mind of the Mark," *NPR*, August 7, 2019

58 "Trouble in Apt. 1-B," *People*, April 17, 2000
59 People v. Kimes, 2006 NY Slip Op 09134 [37 AD3d 1], December 7, 2006
60 "Murderer Reveals New Details in Slaying of Socialite in 1998," *The New York Times*, June 24, 2004
61 People v. Kimes, 2006 NY Slip Op 09134 [37 AD3d 1], December 7, 2006
62 "The lady vanishes," *The Sydney Morning Herald* (Sydney, New South Wales, Australia), January 8, 2000, 16
63 アイリーン殺害については2004年6月23日付『デイリー・ニュース』紙を参照した。"My Mother Taught Me to Kill," and "'Mom hit her in the head with the stun gun. Then Mom said, 'Do it!'" *Daily News* (New York, New York) June 23, 2004, 5
64 Kimes, "My Mother Taught Me to Kill."
65 "'Mommie and Clyde' blaze trail of deceit and death lies leads to murder," *The Guardian*, May 13, 2000
66 "The Story of Sante Kimes: Mother, Murderer, and Criminal Mastermind," *Vanity Fair*, March 2000
67 "Search Finds No Trace of Missing Widow," *The New York Times*, August 28, 1998, B5
68 "The Story of Sante Kimes: Mother, Murderer, and Criminal Mastermind," *Vanity Fair*, March 2000
69 "Kimes and Punishment," *Details*, November 2000, 133
70 "California Killing Is Added to Charges Against a Mother and Son," *The New York Times*, September 16, 1999, B7
71 "Jury Hears a Murder Defendant's Outburst," *The New York Times*, April 29, 2000, B8
72 "Agitated Murder Defendant Declines to Testify," *The New York Times*, May 6, 2000, B2
73 "Agitated Murder Defendant Declines to Testify," *The New York Times*, May 6, 2000, B2
74 Kooky Kimes Killers Each Get 120+ Years in Prison," *New York Post*, June 28, 2000
75 People v. Kimes, 2006 NY Slip Op 09134 [37 AD3d 1], December 7, 2006
76 "Mother and Son Guilty of Killing a Socialite Who Vanished in '98," *The New York Times*, May 19, 2000, A1
77 People v. Kimes, 2006 NY Slip Op 09134 [37 AD3d 1], December 7, 2006
78 "Mother and Son Guilty of Killing a Socialite Who Vanished in '98," *The New York Times*, May 19, 2000, A1
79 "Mother and Son Are Given Life Sentences," *The New York Times*, June 28, 2000, B6
80 "Kooky Kimes Killers Each Get 120+ Years in Prison," *New York Post*, June 28, 2000
81 "Grifters get 245 years," *Daily News* (New York, NY), June 28, 2000, 5

Kenneth Kimes (New York: Onyx Books, 2000), 78
29 Walker, *Son*, 213
30 McQuillan, *They Call*, 85
31 同前、105
32 FBI agent Gilbert M. Pieper in an article for the Society of Former Special Agents of the FBI, August 2015.
33 McQuillan, *They Call*, 108.
34 "'Dragon Lady' leaves a legacy of mystery," *Las Vegas Review- Journal*, August 23, 1998, 5B.
35 同前
36 McQuillan, *They Call*, 96.
37 "Las Vegas Criminal Defense Attorney Douglas Crawford Represents Dangerous Defendant Sante Kimes," *The Daily Moss*, March 25, 2018
38 McQuillan, *They Call*, 130.
39 Walker, *Son*, 11, 276
40 同前、291, 293
41 "Anna Sorokin: Why do con artists and fraudsters fascinate us?" *BBC News*, May 11, 2019
42 "Kimeses' informant has disappeared," *The Honolulu Advertiser*, July 16, 1998, A11
43 Adrian Havill, *The Mother, the Son, and the Socialite* (New York: St. Martin's Paperbacks, 1999), 170
44 Walker, *Son*, 285
45 同前、338
46 同前、355
47 King, *Dead End*, 106
48 Walker, *Son*, 3
49 Kimes, "My Mother Taught Me to Kill."
50 "Banker's body down for counts, *Daily News* (New York), June 23, 2004, 4
51 From Kenny's diary entries in "Kimes and Punishment," *Details*, November 2000, 130, 132
52 Walker, Son, 388–389
53 "Kenneth Kimes tells jurors his mother put him up to murder," *CNN Court TV*, June 18, 2004
54 カズディン殺害の詳細については2004年6月18日放送のCNNコートTV［裁判を中継する番組］を参照した。"Kenneth Kimes tells jurors his mother put him up to murder," *CNN Court TV*, June 18, 2004
55 "Kimes Turns on Mom; Killer Grifter to Rat Her Out in Slay," *New York Post*, November 19, 2003
56 "Arguments End in Murder Trial of Mother and Son," *The New York Times*, May 13, 2000
57 People v. Kimes, 2006 NY Slip Op 09134 [37 AD3d 1], December 7, 2006

2000, 14A

2 "Kenneth Kimes tells jurors his mother put him up to murder,"*CNN Court TV*, June 18, 2004, and "Son Describes Mother's Orders in Her Murder Trial,"*The Signal* (Santa Clarita, CA), June 18, 2004, A10

3 "A look at notorious mother-son killers 20 years later," *New York Post*, 4 July 2018

4 彼の死に関してはさまざまな信じ難い説がある。"Story of Missed Rajah's Throne Taken to Grave," *The Daily Oklahoman*, June 27, 1940, 21

5 Kent Walker with Mark Schone, *Son of a Grifter* (New York: William Morrow, 2001), 492

6 Walker, *Son*, 18, 22

7 Jeanne King, *Dead End: The Crime Story of the Decade Murder, Incest and High-Tech Thievery* (New York: M. Evans & Company, 2002), 39

8 同前、37–38

9 同前、40

10 パームスプリングスにいたサンテのいわゆる「華やかなりし」時代についての詳細は Walker, *Son*, 40, 53 を参照のこと

11 同前、14

12 同前、30

13 同前、60

14 同前、41–43

15 Ancestry.com. *Nevada, Marriage Index*, 1956–2005 [database on-line]. Provo, UT, USA: Ancestry.com Operations, Inc., 2007

16 "A Family Portrait: A Twisted Tale of Deceit, Fraud and Violence," *New York Times*, July 14, 1998, A1

17 Walker, *Son*, 74

18 "Ambassador . . . ? Who Is That Man?" *The Atlanta Constitution*, March 21, 1974, 1-C

19 髪の毛を引っ張り、放尿する――この凄まじい喧嘩については以下の書籍に詳しく書かれている。Walker, *Son*, 129–130

20 "The Story of Sante Kimes: Mother, Murderer, and Criminal Mastermind," *Vanity Fair*, March 2000

21 "Kimes and Punishment," *Details*, November 2000, 133.

22 Walker, *Son*, 167

23 Kenneth Kimes, as told to Jonna Ivin-Patton, "My Mother Taught Me to Kill," *Narratively*, November 26, 2018

24 "Legal Notice," *The Honolulu Adviser*, October 16, 1979, 15

25 Couple Charged With Slavery," *The Californian* (Salinas, CA), August 6 1985

26 FBI agent Gilbert M. Pieper in an article for the Society of Former Special Agents of the FBI, August 2015

27 "Killer Women," *Daily News* (New York, NY), 27 January 2000, 52.

28 Alice McQuillan, *They Call Them Grifters: The True Story of Sante and*

54 "Pale, Tired Mrs. Gray Brightens Cell With Books, Basket of Fruit," *The Atlanta Constitution*, December 30, 1957, 2
55 "Mrs. Burton Likened to Oil Swindler," *The Atlanta Constitution*, February 4, 1958, 1
56 "Skill as 'Actress' Fools Doctors Out of $186,000," *Valley Morning Star* (Harlingen, Texas), April 20, 1958, A11
57 "Medical Examination ordered for Mrs. Gray," *The Atlanta Constitution*, January 1, 1958, 1.
58 "Mrs. Burton Likened to Oil Swindler," *The Atlanta Constitution*, February 4, 1958, 1
59 "Skill as 'Actress' Fools Doctors Out of $186,000," *Valley Morning Star* (Harlingen, Texas), April 20, 1958, A11.
60 "Woman's Record Cited in Missing Fund Case,"*The Hartford Courant* (Hartford, CT), August 25, 1957, 14D1
61 "Mrs. Burton Is Given 240 Days In Jail for Los Angeles Thefts," *The Atlanta Constitution*, October 27, 1959, 17
62 "Deported After 2 Jail Terms, Mrs. Burton Sails to Britain," *The Atlanta Constitution*, May 13, 1960, 10
63 The National Archives of the UK; Kew, Surrey, England; *Board of Trade: Commercial and Statistical Department and successors: Inwards Passenger Lists*; Class: *BT26* ; Piece: *1452*
64 "Mrs. Burton Is Given 240 Days In Jail for Los Angeles Thefts," *The Atlanta Constitution*, October 27, 1959, 17
65 "FBI Pictures 'Janet Gray' As Con Artist," *The Austin Statesman*, August 17, 1957, 14
66 "American Pseudo," *New York Times Magazine*, December 12, 1999, Section 6, Page 80
67 "Mrs. Gray, Candy Return, Check Into Fulton Tower," *The Atlanta Constitution*, August 29, 1957, 1 and 16
68 "Oh, How She Fooled Them,"*The Everyday Magazine (St. Louis Post-Dispatch)*, September 1, 1957, 1
69 "The Mysterious Mrs. Gray," *The Atlanta Constitution*, January 19, 1972, 2.
70 State of California. *California Death Index*, 1940–1997. Sacramento, CA, USA: State of California Department of Health Services, Center for Health Statistics.
71 "Candy Freed, Leaves in Few Days to Live With Uncle in California," *The Atlanta Constitution*, August 31, 1957, 8

13 サンテ・カイムズ

1 本書で紹介したのはごく一部だ。"Blood Ties: The Dark Transformation of Sandy Chambers: Partial List of Aliases," *Reno Gazette-Journa* l, 29 October

32 "Hundreds of Visitors Find Mrs. Gray 'Out,'" *The Atlanta Constitution*, August 26 1957, 1
33 "Merry Chase For Mrs. Gray," *The Atlanta Constitution*, August 19,1957, 14
34 "Amazing 'Mrs. Gray' Is Mystery No Longer," *The Atlanta Constitution*, August 17, 1957
35 "Now I hope the FBI isn't going to construe this as un-American": "Merry Chase For Mrs. Gray," *The Atlanta Constitution*, August 19, 1957, 14.
36 "Cocker Club Holds a 'Wake' To Swap Views on Mrs. Gray," *The Atlanta Constitution*, August 22, 1957, 24
37 "Mrs. Gray Seized in Tulsa At Job in Doctors' Office," *The Atlanta Constitution*, August 22, 1957, 1
38 "Atlantan Admits Driving Mrs. Gray's Getaway Van," *The Atlanta Constitution*, August 21, 1957, 8
39 "Hundreds of Visitors Find Mrs. Gray 'Out,'" *The Atlanta Constitution*, August 26, 1957, 11
40 "Conwoman 'Vanishes' From Ga.," *Daily Press* (Newport News, VA), August 18, 1957, 5A
41 "2 Bouquets, Note Sent To Accused Pair," *The Austin Statesman*, August 23, 1957, 5.
42 "Mrs. Gray Left Assets Put at Only $40,000," *The Atlanta Constitution*, August 2, 1957, 3
43 "Mrs. Burton's Belongings Go on Sale," *The Atlanta Constitution*, November 2, 1957, 1
44 "Shepherd Wins Best in Show at Central Indiana Trials," *Muncie Evening Press* (Muncie, Indiana), November 11, 1965, 32
45 "Hundreds of Visitors Find Mrs. Gray 'Out,'" *The Atlanta Constitution*, August 26, 1957, 1
46 "Candy's Father, Living in Athens All This Time, Vows to Help Her," *The Atlanta Constitution*, August 22, 1957, 1
47 "The Burtons United Here After 18 Years," *The Atlanta Constitution*, August 30, 1957, 13
48 "Candy Freed, Leaves in Few Days to Live With Uncle in California," *The Atlanta Constitution*, August 31, 1957, 8
49 "U.S. Drops Charges, Hands Over Mrs. Burton to DeKalb Today," *The Atlanta Constitution*, October 30, 1957, 1.
50 "Freckles Betray Hunted Woman," *The Miami News*, August 22, 1957, 8B
51 "'Salvation' of Jail Asked for Mrs. Gray," *The Atlanta Constitution*, December 11, 1957, 1
52 "Medical Examination ordered for Mrs. Gray," *The Atlanta Constitution*, January 1, 1958, 20
53 "Adventures of 'Mrs. Gray' Was Top State News of '57," *The Atlanta Constitution*, January 1, 1958, 16

9B

11 "FBI Reveals Story of Mrs. Gray: 18 Years of Crime and 22 Aliases," *The Atlanta Constitution*, August 17, 1957, 1 and 12

12 ふたりの結婚生活についての詳細は1957年8月22日付『アトランタ・コンスティテューション』を参照のこと。"Candy's Father, Living in Athens All This Time, Vows to Help Her," *The Atlanta Constitution*, August 22, 1957, 1, 14

13 "FBI Reveals Story of Mrs. Gray: 18 Years of Crime and 22 Aliases," *The Atlanta Constitution*, August 17, 1957, 1 and 12

14 "Mrs. Burton Is Given 240 Days In Jail for Los Angeles Thefts," *The Atlanta Constitution*, October 27, 1959, 17

15 "FBI Reveals Story of Mrs. Gray: 18 Years of Crime and 22 Aliases," *The Atlanta Constitution*, August 17, 1957, 1 and 12

16 "FBI Reveals Story of Mrs. Gray: 18 Years of Crime and 22 Aliases," *The Atlanta Constitution* Endnote TextAugust 17, 1957, 1 and 12

17 "Skill as 'Actress' Fools Doctors Out of $186,000," *Valley Morning Star* (Harlingen, Texas), April 20, 1958, A11

18 "Mrs. Gray Seized in Tulsa At Job in Doctors' Office," *The Atlanta Constitution*, August 22, 1957, 8

19 "Mrs. Gray, Candy Return, Check Into Fulton Tower," *The Atlanta Constitution* , August 29, 1957, 1

20 "She's in $100G Doghouse," *Daily News* (New York, NY), August 25, 1957, 78

21 "Cocker Spaniel Wins Title in Westminster," *Chicago Tribune*, February 10, 1954

22 "Candy Freed, Leaves in Few Days to Live With Uncle in California," *The Atlanta Constitution*, August 31, 1957, 8

23 "FBI Reveals Story of Mrs. Gray: 18 Years of Crime and 22 Aliases," *The Atlanta Constitution*, August 17, 1957, 1 and 12

24 "Cocker Club Holds a 'Wake' To Swap Views on Mrs. Gray," *The Atlanta Constitution*, August 22, 1957, 24

25 "She's in $100G Doghouse," *Daily News* (New York, NY), August 25, 1957, 78

26 One of Margaret's getaway drivers talked to the press. For the full story of this getaway, see "Atlantan Admits Driving Mrs. Gray's Getaway Van," *The Atlanta Constitution*, August 21, 1957, 8

27 "Suspect, Caravan of Dogs Hunted," *Independent* (Long Beach, California), August 1, 1957, B-5

28 "Woman Flees, Leaving Accounts $100,000 Shy: FBI Reveals Thousands in Unpaid Bills as It Presses Search for Bookkeeper," *Los Angeles Times*, August 18, 1957, A3

29 "Amazing 'Mrs. Gray' Is Mystery No Longer," *The Atlanta Constitution*, August 17, 1957.

30 同前

31 "Merry Chase For Mrs. Gray," *The Atlanta Constitution*, August 19, 1957,14.

37 Sylvia D. Hoffert, "Heroine or Hoaxer?" *Civil War Times*, August 1999
38 同前
39 Davis, *Inventing*, 256 and 170
40 こうしたローレッタの手口の詳細については Davis, *Inventing*, 216–218 を参照のこと
41 同前、224.
42 同前、49, 225
43 "Many Friends Await Senora Beard's Return, *The Times*, Philadelphia, December 10, 1901
44 Davis, *Inventing*, 233– 237
45 American Battlefield Trust, "Biographies,"battlefields.org, https://www.battlefields.org/learn/biographies に 2019 年 6 月 11 日にアクセス
46 Velasquez, *The Woman in Battle*, 92
47 Velasquez, *The Woman in Battle*, 363

12 マーガレット・リディア・バートン

1 マーガレットの通称の一部は1957年8月17日付の『アトランタ・コンスティテューション』紙に掲載されている。"FBI Reveals Story of Mrs. Gray: 18 Years of Crime and 22 Aliases," *The Atlanta Constitution*, August 17, 1957, 1 and 12
2 "'Salvation' of Jail Asked for Mrs. Gray," *The Atlanta Constitution*, December 11, 1957, 1
3 "She's in $100G Doghouse," *Daily News* (New York, NY), August 25, 1957, 78
4 美容師や内装職人たちのこの噂話については、"A Look at Mrs. Gray, Woman Who Got Away," *The Atlanta Constitution*, August 21, 1957, 14 を参照した。
5 "$100,000 Missing at Decatur Clinic; FBI, DeKalb Police Hunt Woman," *The Atlanta Constitution*, July 31, 1957, 1
6 マクグラシャン家の度重なる移住についての詳細は "FBI Reveals Story of Mrs. Gray: 18 Years of Crime and 22 Aliases,"*The Atlanta Constitution*, August 17, 1957, 1 and 12 を参照のこと
7 State of California. *California Death Index*, 1940–1997. Sacramento, CA, USA: State of California Department of Health Services, Center for Health Statistics.
8 1930 United States Federal Census, New Jersey, Essex, East Orange, District 0411, Enumeration District No. 7–411, Supervisor's District No. 4, Sheet No. 9B. Top of FormBottom of Form
9 1940 年のアメリカ合衆国国勢調査でマーガレットは 4 年制大学を卒業したと申告しており、元夫も後に彼女は「高い教育を受けていた」と語っている。"'Don't Know the Man,' Candy's Mother Says," *The Atlanta Constitution*, August 23, 1957, 10
10 1930 United States Federal Census, New Jersey, Essex, East Orange, District 0411, Enumeration District No. 7–411, Supervisor's District No. 4, Sheet No.

8 Julia Mildred, "Song of the Southern Women," in *Personal and political ballads: arranged and ed. by Frank Moore* (New York: G. P. Putnam, 1864), 98–99
9 Mary A. Livermore, *My Story of the War* (Hartford: A. D. Worthington, 1888), 119–120
10 DeAnne Blanton and Lauren M. Cook, *They Fought Like Demons: Women Soldiers in the American Civil War* (Baton Rouge: Louisiana State University Press, 2002), 6
11 Blanton and Cook, Demons, 27
12 "A Lady, of romantic turn . . ." *Richmond Dispatch*, September 27, 1861, 2
13 Davis, *Inventing*, 16–19
14 John B. Jones, *A Rebel War Clerk's Diary at the Confederate States Capital*, 1:94, November 20, 1861
15 Davis, *Inventing*, 21
16 同前、31
17 "The Heroine Again," New Orleans *Daily Delta*, November 15, 1862, 3
18 Davis, *Inventing*, 32
19 "Adventures of a Young Lady in the Army," *The Mississippian*, June 6, 1863, republished in the *Natchez Daily Courier*, June 13, 1863
20 Lauretta J. Williams to Samuel Cooper, July 20, 1863, Letters Received by Confederate Adjutant-General, July-October 1863, Record Group 109, M474, roll 88, frame 0101, file W1310, NA. Davis. *Inventing* ――この貴重な情報を見つけたのは私ではなく、*Inventing* の著者デイヴィスだ。
21 Davis, *Inventing*, 49, 225
22 同前、52–54
23 Velasquez, *The Woman in Battle*, 447.
24 Pass, January 26, 1864, DeCaulp Provost File, and Davis, *Inventing*, 64–63
25 Davis, *Inventing*, 72, 75
26 警察が押収したチラシより。1864 年 7 月（日付なし）。
27 Davis, *Inventing*, 91 and 192
28 Kerry Segrave, *Women Swindlers in America, 1860-1920* (Jefferson: McFarland, 2007), 50
29 Davis, *Inventing*, 99–100, and "Terrible Explosion," *New York Times*, January 31, 1866
30 Velasquez, *The Woman in Battle*, 539
31 "The Exploits of Mrs. Bonner," *Atlanta Constitution*, January 15, 1875
32 Davis, *Inventing*, 173
33 同前、154
34 ローレッタの回顧録の矛盾や間違いについての詳細は Davis, *Inventing*, Chapter 12 を参照のこと
35 Velasquez, *The Woman in Battle*, 550
36 John William Jones, "Book Notices," *Southern Historical Society Papers*, 2 (October 1876), 208

WDBJ7/script_archives/02/0402/042202/042202.11.htm に 2019 年 11 月 8 日にアクセス

41 "Actor Robert Blake's Wife Is Shot to Death," *The Los Angeles Times*, May 6, 2001, 11

42 McDougal and Murphy, *Blood Cold*, 250

43 "The People Vs. Robert Blake: How DA Team May Raise the Curtain on a Vicious Slay Plot," *New York* Post, April 21, 2002

44 "Show and Tell, *The Los Angeles Times*, May 11, 2001, E2

45 "Why Robert Blake Isn't O.J. Material," *New York Post*, April 23, 2002

46 "Robert Blake #2," 20/20, Season 42, Episode 20, January 11, 2019

47 McDougal and Murphy, *Blood Cold*, 254

11 ローレッタ・J・ウィリアムズ

1 Loreta Janeta Velasquez, from her memoir *The Woman in Battle* (Madison: The University of Wisconsin Press, 2003). Lieutenant Harry T. Buford, also from her memoir (as well as many newspaper interviews). Ann or Mary Ann Williams, from William C. Davis, *Inventing Loreta Velasquez: Confederate Soldier Impersonator, Media Celebrity, and Con Woman* (Carbondale: Southern Illinois University Press, 2016), 8. Mary Ann Keith, from Davis, *Inventing*, 18. Mrs. M. M. Arnold, from Davis, *Inventing*, 25. Mrs. L. J. V. Beard, from "A Woman's Glorious Dream," New Orleans *Times-Picayune*, October 25, 1900. Senora Beard, from "Many Friends Await Senora Beard's Return," *The Times*, Philadelphia, December 10, 1901. Loretta J. Wasson, from Davis, *Inventing*, 124. Mrs. Bonner, from "The Exploits of Mrs. Bonner," *Atlanta Constitution*, January 15, 1875. Clapp-Roche, from Davis, *Inventing*, 5

2 Davis, *Invening*, 8–9; also 266, note 11

3 William C. Davis, *Inventing Loreta Velasquez: Confederate Soldier Impersonator, Media Celebrity, and Con Woman* (Carbondale: Southern Illinois University Press, 2016), 142

4 歴史家ウィリアム・C・デイヴィスは、ローレッタが10代の頃にアン／メアリー・アン・ウィリアムズと名乗っていたと見ている。1862年、20歳前後だった彼女がニューオーリンズで逮捕されたとき新聞はアン・ウィリアムズという名で報道し、ローレッタ自身もそう名乗っていた。Davis, *Inventing*, 5, 8, and 29

5 たとえば1878年1月には、ワシントンD.C.の記者が彼女について「肌は浅黒く、スペイン系」と書いている。Davis, *Inventing*, 181

6 ローレッタの子ども時代の話（一般には知られていないものも含め）については、Davis, *Inventing*, 5–8を参照のこと。生年について彼女自身は1842年と話すことが多かった。

7 Julie Beck, "Gender, Race, and Rape During the Civil War," *The Atlantic*, February 20, 2014, https://www.theatlantic.com/health/archive/ 2014/02/gender-race-and-rape-during-the-civil-war/283754/.

し、こんなキャプションをつけた。「ミス・リーボニー——エルヴィスのもと恋人、近日公開の映画に出演」。"Actor's slain wife linked to sex scam," *Santa Cruz Sentinel*, May 9, 2001, A6

15 "Blake's wife had spotty past," *The San Francisco Examiner*, May 7, 2001, 5

16 1985年2月15日、『ターク182』に対するロジャー・エバートの批評。https://www.rogerebert.com/reviews/turk-182–1985 に2019年11月8日にアクセス

17 McDougal and Murphy, *Blood Cold*, 118

18 Deanne Stillman, "A Murder in Hollywood: The Robert Blake Affair,"*Rolling Stone*, May 23, 2002, 55–61

19 "Actor's slain wife linked to sex scam," *Santa Cruz Sentinel*, May 9, 2001, A6

20 McDougal and Murphy, *Blood Cold*, 191 に数多くいた夫たちの一部が紹介されている。

21 同前、137

22 同前、176

23 同前、16

24 Groupie' lifestyle ended in death," *The Gazette* (Montreal, Quebec, Canada), May 12, 2001, B4

25 "The Sudden Death of Wife No. 5 Confronts Jerry Lee Lewis with Tragedy—and Troubling Questions," *People*, September 12, 1983

26 McDougal and Murphy, *Blood Cold*, 190

27 "Blake Adds Top Lawyer to His Dream Team," *New York Post*, May 16, 2001

28 "'Groupie' lifestyle ended in death," *The Gazette* (Montreal, Quebec, Canada), May 12, 2001, B4

29 ブレイクの弁護団が録音テープを入手し、2002年8月2日にCNNニュースで公開された。

30 McDougal and Murphy, *Blood Cold*, 52

31 同前、48

32 検察局が裁判所に提出した書類より、ロバート・ブレイクとボニー・リー・バクリーの1999年の電話での会話記録。Tape no. 270936, p 9, http://www.thesmokinggun.com/file/transcript-blakebakley-telephone-talk?page=0 に2019年11月8日にアクセス

33 Lawrence Linderman, "Robert Blake: The Playboy Interview," *Playboy*, June 1977

34 McDougal and Murphy, *Blood Cold*, 220

35 同前、239

36 ロバート・ブレイクの裁判で提出された、コールドウェルのジープにあったメモより。http://www.thesmokinggun.com/file/caldwells-laundry-list-murder?page=0 に2019年11月8日にアクセス

37 McDougal and Murphy, *Blood Cold*, 60

38 McDougal and Murphy, Blood Cold, 244.

39 同前、222

40 WDBJ 7News at 11, April 22, 2002, https://scholar.lib.vt.edu/VA-news/

27, 2007
35 タニアの本当の経歴は Fisher and Guglielmo, *Woman* を参照した。
36 厳密に言えば、9月11日はスペインの学校は祝日で休日なのでタニアがニューヨークに行くことは可能だ。ただ、その証拠はない。
37 "Saved on 9/11, by the Man in the Red Bandanna," *New York Times*, September 8, 2017.
38 "Another Dark Side of 9/11: Manipulating Trauma for Sympathy," *Psychology Today*, September 24, 2017
39 著者が2019年6月25日にマイケル・サッチャー（チャリティ・ナビゲーターの会長兼CEO）に行ったインタビューより
40 "Tania Head: The 9/11 Faker," topdocumentaryfilms.com, https://topdocumentaryfilms.com/tania-head-the-911-faker/ に2020年3月25日にアクセス
41 Hallie Rubenhold, *The Five* (Boston: Houghton Mifflin Harcourt, 2019), 170–171
42 "Woman Who Posed As Victim's Aunt, Ran Newtown Fundraising Scam Gets 8-Month Sentence," *CBS New York*, 15 October 2013. Bullet-ridden body: "Newton Fraud Investigation," Anderson Cooper 360, December 27, 2012
43 "Newton Fraud Investigation," Anderson Cooper 360, December 27, 2012

10 ボニー・リー・バクリー

1 Dennis McDougal and Mary Murphy, *Blood Cold: Fame, Sex, and Murder in Hollywood* (New York: Penguin, 2002), 172, 171, 118, 43
2 "Actor's slain wife had checkered past," *The News Journal* (Wilmington, DE), May 8, 2001, A8
3 "In Cold Blood," *People*, May 21, 2001
4 "Blake's wife had spotty past," *The San Francisco Examiner*, May 7, 2001, 5
5 「刑事たちはみな、妻が惨殺されたわずか数時間後にブレイクが彼女の人生と評判を散々貶めたと語っている」。McDougal and Murphy, *Blood Cold*, 251 より
6 "Actor's slain wife linked to sex scam," *Santa Cruz Sentinel*, May 9, 2001, A6
7 McDougal and Murphy, *Blood Cold*, 83
8 David Grann, "To Die For," *The New Republic*, August 13, 2001
9 Deanne Stillman, "The strange collision of Bonny Bakley and Christian Brando," *LA Observed*, January 27, 2008
10 David Grann, "To Die For," *The New Republic*, August 13, 2001
11 ジェリー・リー・ルイスのツアーマネージャーによれば、「彼女の髪はいつもくしゃくしゃだった。洋服も、古着屋で買ったような古くさい感じだったよ」。McDougal and Murphy, *Blood Cold*, 144
12 McDougal and Murphy, *Blood Cold*, 85
13 同前、119
14 ボニーはエルヴィス・プレスリーと自分が一緒に映っているように写真を加工

14 "San Clemente Woman suspected of fabricating firefighter husband to collect cash, donations," *The OC Register*, September 7, 2018
15 事件前にアシュリーがどんな人生を送っていたかは、彼女自身が2018年11月1日にテレビ番組『ドクター・フィル』で語っている。
16 "'America's Darkest Day': See newspaper headlines from around the world 24 hours after 9/11," *Business Insider*, September 10, 2019.
17 "In a 9/11 Survival Tale, the Pieces Just Don't Fit," *New York Times*, September 27, 2007
18 特記がない限り、タニア・ヘッドの「物語」については Robin Gaby Fisher and Angelo J. Guglielmo, *The Woman Who Wasn't There* (New York: Atria Books, 2013) を参照した。
19 "People Are Lining Up To Donate Blood for the Orlando Shooting Victims," *Buzzfeed News*, June 12, 2016
20 著者が2019年6月25日にマイケル・サッチャー（チャリティ・ナビゲーターの会長兼CEO）に行ったインタビューより
21 "IRS Warns on Charity Scams Following Orlando Tragedy," *Forbes*, June 18, 2016
22 著者が2019年6月25日にマイケル・サッチャー（チャリティ・ナビゲーターの会長兼CEO）に行ったインタビューより
23 著者が2019年7月9日にピート・ガートランド刑事（ロンドン市警保険詐欺執行部所属）に行ったインタビューより
24 2017年7月5日の逮捕の詳細も含め、著者が2019年7月9日にピート・ガートランド刑事（ロンドン市警保険詐欺執行部所属）に行ったインタビューより
25 "Insurance Fraud: Another Grenfell Scammer Jailed," *Insurance Edge*, January 4, 2019
26 著者が2019年7月9日にマット・ハッシー部長刑事（ロンドン市警保険詐欺執行部所属）に行ったインタビューより
27 "Fraudster who made £180,000 bogus claims is jailed for three years," Insurance Fraud News, Coalition Against Insurance Fraud, December 19, 2018
28 "Woman suspected of fire donation scam," *The Los Angeles Times*, September 11, 2018, B3
29 2018年11月1日放送のテレビ番組『ドクター・フィル』での、アシュリー・ベミス本人の発言より
30 "San Clemente woman wove tangled 'web of lies' in faking at least 3 pregnancies, victims say," *Daily Breeze* (Torrance, CA), September 13, 2018
31 "Woman suspected of fire donation scam," *The Los Angeles Times*, September 11, 2018, B3
32 このパラグラフは、2018年11月1日放送のテレビ番組『ドクター・フィル』での、アシュリー・ベミス本人の発言より
33 Fisher and Guglielmo, *Woman*, 241
34 "In a 9/11 Survival Tale, the Pieces Just Don't Fit," *New York Times*, September

December 19, 2018
2 "'Callous' Scot jailed over Grenfell Fraud," *Scottish Daily Mail*, December 20, 2018
3 "Opinion of Lady Wise In the Petition of Her Majesty's Advocate against Mohammed Younas and Farzana Ashraf," Outer House, Court of Session, February 8, 2018
4 "Drug kingpins duck £4.5m court orders," *Evening News* (Edinburgh), 31 December 2015
5「警察は彼女を 2012 年から 2017 年の間の犯行について起訴しました。しかし、犯罪は 2012 年以前から行われていた可能性が非常に高いと思います。実際、彼女の電子機器類を調べたところ、2007 年までさかのぼって不審な点が見つかりました。ただ、時間が経ち過ぎていて確実に不正行為であると証明することはできなかったのです」。著者が 2019 年 7 月 9 日にピート・ガートランド刑事（ロンドン市警保険詐欺執行部所属）に行ったインタビューより
6 Information about Ruksana's life from "'Callous' Scot jailed over Grenfell Fraud," *Scottish Daily Mail*, December 20, 2018 及び著者が 2019 年 7 月 9 日にピート・ガートランド刑事（ロンドン市警保険詐欺執行部所属）に行ったインタビューより
7 ロンドン市警広報部メディア・コミュニケーション担当警官トム・キーティングの、2019 年 7 月 12 日付電子メールより
8 "A Year After Grenfell Tower Fire, Pain and Anger Still Resonate," *New York Times*, June 13, 2018
9「彼女はこれまでにうまくいった手口を使い回していましたが、そろそろ架空請求のネタも尽きていたんです。そこで、このような事件を新しいチャンスだと思って早速利用することにしたのでしょう」。著者が 2019 年 7 月 9 日にピート・ガートランド刑事（ロンドン市警保険詐欺執行部所属）に行ったインタビューより
10 "Woman suspected of fire donation scam: O.C. investigators say she possibly made up husband fighting Holy blaze to collect gifts," *Los Angeles Times*, September 11, 2018. "Deputies arrest woman, accuse her of scam to collect money: Fake pregnancy part of a con, authorities say," *Orange County Register*, December 19, 2018. "California Woman Fabricated Firefighter Husband to Scam Donors: Police," *The Daily Beast*, December 19, 2018. "Wedding planner, 28, is jailed for posing as a firefighter's wife to collect more than $2K from Good Samaritans during 2018 California wildfires after faking three pregnancies by stuffing a CUSHION up her blouse," *Daily Mail*, March 4, 2019
11 "Holy fire in Riverside and Orange counties is 100 percent contained," *The Press-Enterprise* (Riverside, CA), September 13, 2018
12 "Woman pleads guilty to posing as firefighter's wife in Holy fire scheme, gets jail time," *Los Angeles Times*, March 4, 2019.
13 OC woman accused of using Holy Fire to scam more than $11K in donations from people," *ABC7 Eyewitness News*, September 10, 2018

18 "Government Scrutinizes Drug Story," *New York Times*, January 24, 1975, 22
19 "Roxie Rice . . . Is She Telling the Truth About NFL?" *Kansas City Star*, January 23, 1975, p 17
20 "Roxie Regarded As Hollywood Material," *St. Louis Post-Dispatch*, January 24, 1975, 2C
21 "No 'French Connection' Here . . ." *Beckley Post-Herald and Raleigh Register*, combined Sunday edition, February 2, 1975, 24
22 "Roxie Ann Rice A Good Student, Mother Recalls."
23 "Girl In Drug Quiz Reportedly Cuts Her Wrist," *Chicago Tribune*, January 27, 1975, 6
24 "Roxie Rice Free On Bail," *The Kansas City Times*, February 1, 1975, 1D
25 "No 'French Connection' Here . . ." *Beckley Post-Herald and Raleigh Register*, combined Sunday edition, February 2, 1975, 24
26 "Players Cleared In Rice Probe," S*t. Louis Post-Dispatch*, February 7, 1975
27 "Roxie Called 'Con Woman,'" *The Kansas City Times*, February 8, 1975
28 "Overreaction Sets In With Soccer Community,"*St. Louis Post-Dispatch*, February 10, 1975
29 *Ebony magazine*, November 1974 issue
30 "Roxie Ann Rice Plea Results In Fine, Probation," *The Pantagraph* (Bloomington, Illinois), March 28, 1975, B-3
31 "Woman Extradited To Face Charges."
32 "Man In Heroin Case Given Prison Terms," *Albuquerque Journal*, January 29, 1976, B-6
33 "Woman Accused of Posing As MD," *Buffalo Courier-Express*, October 11, 1978
34 "Woman Admits Posing as M.D."
35 "Dec. 1 Trial Set for Roxie Rice," *Buffalo Courier-Express*, October 18, 1978
36 "Woman's Tie to NFL Hoax Solid," *Buffalo Courier-Express*, October 14, 1978
37 同前
38 "Players Cleared In Rice Probe."
39 "Roxie Regarded As Hollywood Material."
40 "No 'French Connection' Here . . ."

9 悲劇のヒロインたち

1 "Scots fraudster's £180,000 fake terror claims: Evil conwoman filed bogus reports," Express, December 20, 2018. "GRENFELL VULTURE: £180k insurance ghoul caged for scamming spree," *The Sun*, December 20, 2018. "Vile fraudster claimed compensation for Grenfell Tower fire and Manchester bombings," *Mirror*, December 19, 2018. "Callous & Heartless," *Daily Record*, December 20, 2018. "'Disgraceful' Edinburgh woman jailed over fraudulent Grenfell Tower and terror attack insurance claims," *Edinburgh Evening News*,

8　ロキシー・アン・ライス

1 Mrs. Kenneth Houston, from Lt. Frank Burns, Commander, Robbery-Burglary Division, Metropolitan Police Department, City of St. Louis, Police Report, January 1, 1975 Complaint # 2982. Dr. Andiza Juzang, from "Girl Says She Was Sports Drug Courier," *St. Louis Post-Dispatch*, January 22, 1975, 1E. Roxie Ann Christian, Roxie Houston, and Lara Borga, from "Woman Extradited To Face Charges," *Albuquerque Journal*, November 28, 1975, E-8. Roxanne A. Harris, from "Woman Admits Posing as M.D.," *Buffalo Courier-Express*, December 3, 1978

2 "Drug Case Shakes Gridders," *Chicago Defender*, January 23, 1975

3 "Laughter Dwindles In NFL Over Roxie's Story," *St. Louis Post Dispatch*, January 23, 1975, 1C

4 ロキシーの生年月日はフランク・バーンズ警部補の調書より。特記がない限り、ロキシーの経歴については "Roxie Ann Rice A Good Student, Mother Recalls," *St. Louis Post-Dispatch*, January 26, 1975 を参照した。

5 "Woman Extradited To Face Charges."

6 "Background Of Alleged NFL Drug Courier Obscure," *The Daily Capital News* (Jefferson City, Missouri), January 25, 1975, 8

7 "Roxie's Mother Saddened By Pro Grid Drug Caper," *Kansas City Star*, January 26, 1975, 4S

8 "African-American History Timeline: 1970 to 1979," ThoughtCo.com, July 2, 2019, https://www.thoughtco.com/african-american-history-timeline-1970–1979–45445 に 2019 年 11 月 4 日にアクセス

9 "Roxie Regarded As Hollywood Material," *St. Louis Post-Dispatch*, January 24, 1975, 2C and "No 'French Connection' Here . . ." *Beckley Post-Herald and Raleigh Register*, combined Sunday edition, February 2, 1975, 24

10 "Roxie Ann Rice A Good Student, Mother Recalls."

11 ヒュー・ロブネットとのやり取りの詳細はフランク・バーンズ警部補の調書より

12 "Houston Player Says Miss Rice Stayed With Him," *Kansas City Star*, January 23, 1975, 19.

13 ロキシーのこの言葉は 39 ページに及ぶ調書と、以下の新聞記事によるものだ。"Roxie's Story—Fact Or Fiction?" *The Press Democrat (Santa Rosa, California)*, January 24, 1975, 31 and "19-Year-Old Girl Gives Names, Etc., Tells Of NFL Drug Ring," *Mt. Vernon Register-News*, January 22, 1975, 1-C.

14 "Laughter Dwindles In NFL Over Roxie's Story."

15 "Houston Player Says Miss Rice Stayed With Him."

16 "Roxie: From Fat And Unwed To Mysterious And Famous, *Beckley Post-Herald and Raleigh Register*, combined Sunday edition, January 26, 1975, 29

17 "Roxie Finds No Defense In NFL's Security," *Cumberland Evening Times*, January 23, 1975, 19

27『ライフ』誌1963年10月18日号の記事で詳細を見ることができる。"The Case for a New Anastasia," *Life* magazine, October 18, 1963, 104A-112.
28 "The Case for a New Anastasia," *Life* magazine, October 18, 1963, 112
29 Massie, *Final Chapter*, 18
30 同前、11
31 "Soviet writer tracks his greatest mystery," *The Philadelphia Inquirer*, May 8, 1989, 10-A
32 Massie, *Final Chapter*, 41
33 King and Wilson, *Resurrection*, 244
34 同前、249
35 "Anastasia: The Mystery Resolved," *The Washington Post*, October 6, 1994
36 King and Wilson, *Resurrection*, 248
37 同前、251
38 "Anastasia: The Mystery Resolved," *The Washington Post*, October 6, 1994
39 King and Wilson, *Resurrection*, 296
40 同前、283–4
41 "Final Verdict: The legend of Anastasia will not die," *Chicago Tribune*, November 12, 1995, Section 7, page 22
42 "Service held for Eugenia Smith, who said she was czar's daughter," *The Boston Globe*, February 17, 1997, F15
43 Coble MD, Loreille OM, Wadhams MJ, Edson SM, Maynard K, Meyer CE, et al. (2009) *Mystery Solved: The Identification of the Two Missing Romanov Children Using DNA Analysis*.PLoS ONE 4(3): e4838. https://doi.org/10.1371/journal. pone.0004838.
44 処刑の様子については文献によって詳細が異なる。たとえば、皇帝は顔を撃たれたという説、兄弟で最後に殺されたのはアレクセイだという説、またユロフスキーが読み上げた声明文に関しても諸説ある。当然ながら、ユロフスキーだけでなく自分も皇帝殺害に関与した、と手柄を主張する男たちもいた。ただ、事件の概要についてはどの文献でも一致していて、全員が殺されたこと、その方法が非常に残酷だったことは明らかだ。処刑の描写の大半は以下の書籍を参考にした。Simon Sebag Montefiore's *The Romanovs: 1613-1918* (New York: Alfred A. Knopf, 2016), 647–648
45 King and Wilson, *Resurrection*, 330.
46 Montefiore, *The Romanovs*, 649
47 "Filipino's grandmama could be Russia s Anastasia," Inquirer.net, May 13, 2012
48 "Did Grand Duchess Anastasia survive the Bolshevik bullets? Explosive new book claims fresh evidence shows the Russian princess really DID escape to the West," *Daily Mail*, March 2, 2014
49 "Anastasia Again," NewportRI.com, July 9, 2018
50 "Anastasia or imposter? Local author digs deeper," *Times Union* (Albany, NY), May 29, 2018
51 "Anastasia: The Mystery Resolved," *The Washington Post*, October 6, 1994

72 “Venture Capital is Putting Its Money Into Astrology,” *New York Times*, April 15, 2019
73 著者が2019年7月7日にマイケル・マークス(ローズの息子)に行ったインタビューより

7 アナスタシアたち

1 Greg King and Penny Wilson, *The Resurrection of the Romanovs: Anastasia, Anna Anderson, and the World's Greatest Royal Mystery* (Nashville: Turner Publishing Company, 2010), 7
2 彼女が見たのは1921年10月23日号の記事だった。
3 King and Wilson, *Resurrection*, 88
4 Robert K. Massie, *The Romanovs: the Final Chapter* (New York: Random House, 1995), 166
5 King and Wilson, *Resurrection*, 23
6 Massie, *Final Chapter*, 144
7 “Кто тут вцари последний ?” *Nasha Versia*, July 23, 2018
8 1918年に現れたニセモノたち(あまり多くのことはわかっていないが)については以下の書籍を参照のこと。King and Wilson, *Resurrection*, 71
9 同前、2
10 同前、269
11 同前、274
12 同前、274
13 同前、287
14 同前、285
15 Massie, *Final Chapter*, 173
16 同前、167
17 Massie, *Final Chapter*, 168
18 King and Wilson, *Resurrection*, 162.
19 Pierre Gilliard's book *The False Anastasia*, quoted in Massie, *Final Chapter*, 175
20 King and Wilson, *Resurrection*, 155
21 同前、95
22 キングとウィルソンの著書より:「『本来の姿』という現実は彼女の支持者たちの望みの前に無視され、歪曲され、否定され、消え去った。そして彼女の物語における不条理、単なる脚注になり果てたのだ」。King and Wilson, *Resurrection*V, 314
23 Massie, *Final Chapter*, 169
24 “Former Chicagoan Lays Claim as Grand Duchess Anastasia,” *Chicago Tribune*, August 26, 1963, 14, section 2
25 “Despite Skeptics, Newport's Anastasia Clung Quietly to Her Story,” *Providence Journal-Bulletin (Rhode Island)*, February 16, 1997
26 King and Wilson, *Resurrection*, 239

49 USA Vs. Marks, Transcript of Jury Trial Proceedings, Vol 4, p 82, August 29, 2013
50 "Author writes off lost money," *South Florida Sun Sentinel*, September 13, 2013, 2B
51 Obituary for Sam Alexander Montassir, *The Washington Post*, October 8, 2005
52 USA Vs. Marks, Transcript of Jury Trial Proceedings, Vol 10, p 115–116, September 10, 2013
53 USA Vs. Marks, Sentencing Hearing, p 38, March 3, 2014
54 USA Vs. Marks, Transcript of Jury Trial Proceedings, Vol 10, p 117, September 10, 2013
55 USA Vs. Marks, Transcript of Jury Trial Proceedings, Vol 10, p 127, September 10, 2013.
56 ローズの裁判より：「占いそのものは違法ではありません。手相占いやタロットカード占いを有料で行ったからといって罪に問われることはないのです。しかし、虚偽の行為によって客に嘘をつき、騙し、大金を払わせることは犯罪です」。USA Vs. Marks, Transcript of Jury Trial Proceedings, Vol 3, p 7, August 28, 2013
57 "Operation Crystal Ball: Gullibility in astrology, Ponzis," *South Florida Business Journal*, August 17, 2011
58 USA Vs. Marks, Transcript of Jury Trial Proceedings, Vol 18, p 54, September 25, 2013
59 "INDICTMENT as to Rose Marks . . ." filed August 11, 2011
60 "Woman gets four years in scam," *The Palm Beach Post*, January 14, 2014, B2
61 USA Vs. Marks, Sentencing Hearing, p 19, March 3, 2014
62 USA Vs. Marks, Transcript of Jury Trial Proceedings, Vol 3, p 133, August 28, 2013
63 USA Vs. Marks, Transcript of Jury Trial Proceedings, Vol 9, p 24, September 11, 2013
64 "'Psychic' gets 10 years for fleecing millions from clients," *South Florida Sun Sentinel*, 6A
65 USA Vs. Marks, Sentencing Hearing, p 61, March 3, 2014
66 著者が2019年7月7日にマイケル・マークス（ローズの息子）に行ったインタビューより
67 2016年6月16日にマークス家とイーライ家がマーラ裁判官に宛てて出した手紙より
68 "Jailed 'psychic' isn't reading minds, but writing book," *South Florida Sun Sentinel*, April 9, 2017, 18A
69 USA Vs. Marks, Transcript of Jury Trial Proceedings, Vol 11, p 16, September 11, 2013
70 "FAQ," judedeveraux.com, https://judedeveraux.com/faq/ に2019年11月5日にアクセス
71 "Psychic Mediums Are the New Wellness Coaches," *New York Times*, March 19, 2019

t39/
27 USA Vs. Marks, Sentencing Hearing, p 61, March 3, 2014
28 USA Vs. Marks, Sentencing Hearing, p 23, March 3, 2014
29 "In fortune teller probe, Fort Lauderdale cop emerges as a tough but gentle hero," *South Florida Sun Sentinel*, August 24, 2011.
30 Jailed South Florida 'psychic' has written a book in prison but profits will go to her victims," *South Florida Sun Sentinel*, April 7, 2017
31 "Jurors weigh 'psychic' case," September 26, 2013, 7A
32 "Widow: I paid psychic for hope," *South Florida Sun Sentinel*, September 3, 2013, 1A and 7A
33 "Last of psychic fraud family gets 31/2 years," *South Florida Sun Sentinel*, March 29, 2014, 9A
34 "Psychics took advantage of woman, says ex-husband," *South Florida Sun Sentinel*, August 29, 2011, 1A and 6A
35 USA Vs. Marks, Transcript of Jury Trial Proceedings, Vol 9, p 32, September 11, 2013
36 USA Vs. Marks, Transcript of Jury Trial Proceedings, Vol 3, p 18, August 28, 2013
37 USA Vs. Marks, Transcript of Jury Trial Proceedings, Vol 4, p 150, August 29, 2013
38 マークス一族の女性はみんな同じような決まり文句を使っていた。ある被害者は裁判で、ナンシー・マークスにこう言われたと証言している。「自分の人生を賭けて一か八かの勝負をするべきではありません。このままでは、あなたの人生は破滅してしまいます」。USA Vs. Marks, Transcript of Jury Trial Proceedings, Vol 3, p 80–81, August 28, 2013
39 USA Vs. Marks, Transcript of Jury Trial Proceedings, Vol 5, p 3–4, August 30, 2013
40 USA Vs. Marks, Transcript of Jury Trial Proceedings, Vol 4, p 146, August 29, 2013
41 USA Vs. Marks, Transcript of Jury Trial Proceedings, Vol 7, p 130, September 4, 2013
42 USA Vs. Marks, Transcript of Jury Trial Proceedings, Vol 6, p 160, September 3, 2013.
43 "Three 'psychics' admit fraud," *South Florida Sun Sentinel*, March 19, 2013, B3
44 特記がない限り、このセクションの情報は著者が 2019 年 3 月 19 日にチャーリー・スタック（フォート・ローダーデール警察 OB）に行ったインタビューに基づいている。
45 USA Vs. Marks, Sentencing Hearing, p 15, March 3, 2014
46 USA Vs. Marks, Transcript of Jury Trial Proceedings, Vol 10, p 93, September 10, 2013
47 USA Vs. Marks, Sentencing Hearing, p 37, March 3, 2014
48 Obituary for Sam Alexander Montassir, *The Washington Post*, October 8, 2005

う。結局のところ、すべての決断を下すのは男たちです。どこに店を出し、どんな経営をして、一族の誰がその店で働くか。ローズの場合も、2006年にニコラスが亡くなるまでは彼が主導権を握っていました」。USA Vs. Marks, Sentencing Hearing, p 21, March 3, 2014

11 特記がない限り、ローズの経歴については『サウス・フロリダ・サン・センチネル』紙の記事を参考にしている。"Psychic accused in $25 million fraud says she is portrayed 'as some kind of monster,'" *South Florida Sun-Sentinel*, December 29, 2012

12 USA Vs. Marks, Transcript of Jury Trial Proceedings, Vol 3, p 7, August 28, 2013

13 USA Vs. Marks, Transcript of Jury Trial Proceedings, Vol 4, p 20, 41, 58–59, August 29, 2013

14 著者が2019年3月1日にローズの弁護士フレッド・A・シュワルツに行ったインタビューより

15 ローズの息子の妻は客らに9000ドル、2万4000ドルといった金額を請求していた。あるときローズが横から口を出し、ひとりの女性客に37万ドルを送金させることに成功したという。USA Vs. Marks, Transcript of Jury Trial Proceedings, Vol 6, p 20, September 3, 2013

16 USA Vs. Marks, Transcript of Jury Trial Proceedings, Vol 5, p 81, August 30, 2013

17 USA Vs. Marks, Transcript of Jury Trial Proceedings, Vol 8, September 6, 2013

18 この言葉を含め、ジュード・デヴローについての詳細については裁判での証言に基づいている。USA Vs. Marks, Transcript of Jury Trial Proceedings, Vol 10, p 71–160, September 10, 2013.

19 USA Vs. Marks, Transcript of Jury Trial Proceedings, Vol 10, p 89, September 10, 2013

20 USA Vs. Marks, Transcript of Jury Trial Proceedings, Vol 8, p 119, September 6, 2013

21 "Novelist says she faced threats," *South Florida Sun Sentinel*, Sept 12, 2013, 8A

22 A modest $1,200 fee: "Author writes off lost money," *South Florida Sun Sentinel*, September 13, 2013, 2B

23 USA Vs. Marks, Sentencing Hearing, p 53, March 3, 2014

24 "Novelist says she faced threats," *South Florida Sun Sentinel*, Sept 12, 2013, 8A

25 著者が2019年7月7日にマイケル・マークス(ローズの息子)に行ったインタビューより

26 興味深いことに、アメリカ精神医学会は「ギャンブルに使う金欲しさに詐欺などの違法行為を働く場合もある」という見解を示している。DMS-5. Substance Abuse and Mental Health Services Administration, *Impact of the DSM-IV to DSM-5 Changes on the National Survey on Drug Use and Health* [Internet]. Rockville (MD): Substance Abuse and Mental Health Services Administration (US); 2016 Jun. Table 3.38, DSM-IV to DSM-5 Gambling Disorder Comparison. https://www.ncbi.nlm.nih.gov/books/NBK519704/table/ch3.

72 "Delay Hearing in Case of Mme. Futtam, Sufi's Widow," *New York Amsterdam Star-News*, March 29, 1941, 1
73 "Error Revealed in Hamid Story," *New York Amsterdam Star-News*, October 31, 1942, 5
74 "Old Egyptian Secrets Told in New Dorothy Hamid Book," *The New York Age*, August 20, 1949, 10
75 "Old Egyptian Secrets Told in New Dorothy Hamid Book," *The New York Age*, August 20, 1949, 10
76 "'Flight to Power', 'Dream Book' Pub. By Fu Futtam's Religious Shop," *The New York Age*, April 8, 1950, 10
77 広告欄より。*The New York Age*, December 11, 1954, 21
78 "'Flight to Power', 'Dream Book' Pub. by Fu Futtam's Religious Shop," *The New York Age*, April 8, 1950, 10.
79 One of Fu Futtam's last ads, as far as we know, from *New York Amsterdam News*, August 6, 1966, 42
80 Ancestry.com. *U.S., Social Security Death Index*, 1935–2014 [database on-line]. Provo, UT, USA: Ancestry.com Operations Inc, 2014.

6 ローズ・マークス

1 "Colorful Testimony Kicks Off Psychic Trial," *South Florida Sun Sentinel*, August 29, 2013, 1
2 Descriptions of Rose's Manhattan storefront from USA Vs. Marks, Transcript of Jury Trial Proceedings, Vol 3, p 70, August 28, 2013 and Vol 7, p 32, 4 September 2013
3 いつか行ってみたい方のために、具体的な住所はニューヨーク州ニューヨーク市西58丁目21番地。
4 著者が2019年3月19日にチャーリー・スタック（フォート・ローダーデール警察経済犯罪捜査班OB）に行ったインタビューより
5 USA Vs. Marks, Transcript of Jury Trial Proceedings, Vol 3, p 129–130, August 28, 2013
6 占い師ジョイス・マイケルズと客のやり取りの詳細は、ローズの裁判の冒頭陳述で米国連邦検事補ロジャー・H・ステフィンが明らかにしたものだ。Transcript of Jury Trial Proceedings, Vol 3, 8–23, August 28, 2013
7 Ancestry.com. *U.S. Public Records Index 1950-1993, Volume 2*, [database on-line]. Provo, UT, USA: Ancestry.com Operations, Inc., 2010
8 著者が2019年7月7日にマイケル・マークス(ローズの息子)に行ったインタビューより
9 著者が2019年7月7日にマイケル・マークス(ローズの息子)に行ったインタビューより
10 ローズの弁護士だったフレッド・シュワルツの話。「だが、書籍などから得られる情報を踏まえれば、ロマが家父長制の文化を持つことに疑問の余地はないでしょ

46 "Sufi Wooed St. Clair in 'Darkened Room': Ardent Lover Changed Over Into Mad Mate," *New York Amsterdam News*, January 29, 1938, 3
47 "Mme. Sufi Up For Sentence," *The New York Amsterdam News*, March 19, 1938, 1
48 "Mme. Fu Futtam Wed to Sufi Adul Hamid," *New York Amsterdam News*, April 23, 1938, 5
49 "Mme. Fu Futtam Wed to Sufi Adul Hamid," *New York Amsterdam News*, April 23, 1938, 5
50 "Mme. Fu Futtam Wed to Sufi Adul Hamid," *New York Amsterdam News*, April 23, 1938, 5
51 "Sufi's Pilot Told to Get More Gas," *Afro American*, August 6, 1938, 3
52 McKay, *Harlem*, 79–80.
53 "Seek Sufi's Fortune As Followers Begin Fight Over Cult: Pick Carter to Succeed Sufi," *New York Amsterdam News*, August 6, 1938, 1
54 広告欄より。*The New York Amsterdam New*, May 28, 1938, 17
55 "Sufi Opens Rival 'Heaven,'" *New York Amsterdam News*, April 16, 1938, 1
56 "Bishop Sufi A.a.m.M.S.A.H. Unveils His Universal Buddhist Holy Temple to Public," *The New York Amsterdam News*, April 23, 1938, 5
57 Sufi's premonitions are from "Sufi's Pilot Told to Get More Gas," *Afro-American*, August 6, 1938, 3
58 "Sufi's Widow in Memorial," *New York Amsterdam News*, August 26, 1939, 2.
59 "Cult Leader and Pilot Die in Crash," *New Journal and Guide*, August 6, 1938, 1
60 Sufi's Pilot Told to Get More Gas," *Afro-American*, August 6, 1938, 3
61 "'Sufi' Cult God Killed," *Afro-American*, August 6, 1938, 1
62 "Old Hymns Stir Sufi Mourners," *Afro-American*, August 13, 1938, 6
63 "Harlem to Have Black Prophetess," *Star-Phoenix* (Saskatoon, Saskatchewan, Canada), August 1, 1938, 1
64 "Mme. Fu Futtam Slipped Up On Forecasting Doom of Sufi," *New York Amsterdam News*, August 6, 1938, 1
65 "Sufi Hamid Successor is Picked," *New York Amsterdam News*, January 7, 1939, 2
66 From an ad in *New York Amsterdam News*, October 22, 1938, 23
67 "Widow Carries On Cult Leader's Work," *Philadelphia Tribune*, October 20, 1938, 2
68 "Mme. Fu Futtam 'Talks' With Dead Hubby, Sufi," *New York Amsterdam News*, October 15, 1938, 7
69 "Sufi's Widow in Memorial, *New York Amsterdam News*, August 26, 1939, 2
70 "Link Forbes Girl's Death with Spirits: Delves Into Mysticism," *New York Amsterdam News*, November 25, 1939, 5
71 "Sufi's Widow Jailed for Fraud," *New York Amsterdam Star-News*, March 22, 1941, 1

23 "Million Dollar Take," *New York Amsterdam News*, May 25, 1940, 13
24 "Mme. Fu Futtam Wed To Sufi Adul Hamid," *New York Amsterdam News*, April 23, 1938
25 "Madame Talks of Sufi,"*New York Amsterdam News*, November 20, 1937, 1
26 '. . . he done her wrong': Stephanie Puts Finger on Sufi," *New York Amsterdam News*, October 28, 1939, 15
27 ステファニーの経歴については以下の書籍を参照した。Shirley Stewart, *The World of Stephanie St. Clair: An Entrepreneur, Race Woman and Outlaw in Early Twentieth Century Harlem* (New York: Peter Lang Publishing Inc., 2014).
28 "The Black Mafia Moves Into the Numbers Racket," *New York Times*, April 4, 1971
29 "Harlem Romance," *Afro-American*, July 25, 1936, 13
30 "'. . . he done her wrong': Stephanie Puts Finger on Sufi," *New York Amsterdam News*, October 28, 1939, 15
31 スーフィーはマサチューセッツ州ローウェルあるいはペンシルベニア州のフィラデルフィアで生まれたとされる。彼は当然ながらもっとドラマティックな出自をアピールしたかったので、エジプト出身だという噂を流したのだろう。*Encyclopedia of the Harlem Renaissance*, Volume 1 and 2, A-Z, edited by Cary D. Wintz and Paul Finkelman (New York: Routledge, 2004)
32 スーフィーの経歴については以下の書籍を参照した。McKay, *Harlem*, 185
33 McKay, *Harlem*, 188
34 McKay, *Harlem*, 203
35 McDowell, Winston. "Race and Ethnicity During the Harlem Jobs Campaign, 1932–1935." *The Journal of Negro History*, 69, no. 3/4 (1984): 140
36 "'. . . he done her wrong': Stephanie Puts Finger on Sufi," *New York Amsterdam News*, October 28, 1939, 15
37 "Sufi-St. Clair 99-Yr.Marriage by Contract, Off: Ex-Numbers Queen Declares they Have Been Apart 4 Weeks," *Afro American*, December 4, 1937, 1
38 "Madame Talks of Sufi," *New York Amsterdam News*, November 20, 1937, 1
39 "'. . . he done her wrong': Stephanie Puts Finger on Sufi," *New York Amsterdam News*, October 28, 1939, 15
40 '. . . he done her wrong': Stephanie Puts Finger on Sufi," *New York Amsterdam News*, October 28, 1939, 15
41 "Bride, 3 Months, Urged Sufi on to Death Flight: But Dream Book Lady Predicts He'll 'Rise' in 90 Days," *Afro- American*, August 6, 1938, 3
42 "Sufi Wooed St. Clair in 'Darkened Room': Ardent Lover Changed Over Into Mad Mate," *New York Amsterdam News*, January 29, 1938, 3
43 "Sufi Wooed St. Clair in 'Darkened Room': Ardent Lover Changed Over Into Mad Mate," *New York Amsterdam News*, January 29, 1938, 3.
44 "Madame Talks of Sufi," *New York Amsterdam News*, November 20, 1937, 1
45 "Madame Talks of Sufi," *New York Amsterdam News*, November 20, 1937, 1

in New York City's Underground Economy (Champaign: University of Illinois Press, 2016), 98

2 アメリカで1938年に販売開始された。Mars.com. "History in the Making," Mars.com, https://www.mars.com/about/histor 参照。2019年11月5日にアクセス

3 1933年12月5日に禁酒法は廃止され、酒類の製造販売が合法になった。ありがたいことに！

4 このセクションの広告はすべて『ニューヨーク・アムステルダム・ニュース』紙の広告欄を参照した。*New York Amsterdam News*, October 18, 1933

5 George J. Lankevich, *New York City: A Short History* (New York: New York University Press, 2002), 163

6 Naturalization record for Dorothy Matthews, May 18, 1937

7 アジアの血を引くフーの祖父について、1930年代の新聞を見ると具体的な国名は一致していない。フーは日本人だと記者に語っていて、おそらくこれが最も信頼できる証言だろう。"Sufi's Widow Tells Of Contact With Dead Mate," *The Chicago Defender*, October 22, 1938, 3

8 "A Bank Is Her Monument: She Led Business Parade Long Before Women's Lib," *Afro-American*, February 14, 1976, A6

9 ハーレムルネッサンスの作家でハーレムのオカルトビジネスを研究していたクロード・マッケイによれば、大半の霊媒師が中東やアジアと何らかのつながりがあることを売りにしていた。この傾向は、当時の霊媒師の広告を見ても明らかだ。

10 広告欄より。*New York Amsterdam News*, October 18, 1933

11 "Widow Carries On Cult Leader's Work," *Philadelphia Tribune*, October 20, 1938, 2

12 Naturalization record for Dorothy Matthews, May 18, 1937

13 "Link Forbes Girl's Death with Spirits: Delves Into Mysticism," *New York Amsterdam News*, November 25, 1939, 5

14 "Link Forbes Girl's Death with Spirits: Delves Into Mysticism," *New York Amsterdam News*, November 25, 1939, 5

15 Claude McKay, *Harlem: Negro Metropolis* (New York: Harcourt Brace Jovanovich, 1968), 76

16 Claude McKay, *Harlem: Negro Metropolis* (New York: Harcourt Brace Jovanovich, 1968), 76

17 "Million Dollar Take," *New York Amsterdam News*, May 25, 1940, 13

18 LaShawn Harris, "Dream Books, Crystal Balls, and "Lucky Numbers": African American Female Mediums in Harlem, 1900–1930s." *Afro-Americans in New York Life and History*, 35(1), 74–1192

19 "Million Dollar Take," *New York Amsterdam News*, May 25, 1940, 13

20 "Madame Fu Futtam is the top-ranking occultist." McKay, *Harlem*, 79

21 "Million Dollar Take," *New York Amsterdam News*, May 25, 1940, 13

22 https://www.luckymojo.com/madamfufusdreambook.html で表紙を見ることができる。2019年11月5日にアクセス

38 "Ann Odelia Diss de Bar: A Modern Female Cagliostro," *The Belleville Telescope*, December 5, 1901, 7
39 Houdini, *A Magician*, 69.
40 Edmund Richardson, "Nothing's Lost Forever," Arion, 2012, 20.2: 19–48
41 "Like a Meteor," *Boston Daily Globe*, August 2, 1891,1
42 "Ava or Diss Debar," *St. Louis Post-Dispatch*, December 11, 1892, 25
43 "A Diet of Fruit and Nuts," *The Sun* (Baltimore, MD), November 16, 1898, 2
44 同前
45 "A Figure Not Laughable, But Terrible–DISS DEBAR–A Great Criminal with Grotesque Mask," *New York Times*, September 5, 1909, 47
46 同前
47 Segrave, *Women Swindlers*, 27
48 "Only Perfect Man," *The Baltimore Sun*, October 12, 1901, 1
49 Segrave, *Women Swindlers*, 29
50 "The 'Theocratic Community,'" *Coventry Evening Telegraph*, October 11, 1901
51 "Theocratic Unity; Horos and His Converts," *The Advertiser* (Adelaide, Australia), November 19, 1901, 9
52 "Mere Child the Witness," *Boston Daily* Globe, October 18, 1901, 14
53 "Theocratic Unity; Horos and His Converts," *The Advertiser* (Adelaide, Australia), November 19, 1901, 9
54 同前
55 "Notes From London," *The Age* (Australia), November 15, 1901, 7
56 "Notorious Woman is Located," *Great Falls Tribune*, April 14, 1907, 9; and Seagrave, *Women Swindlers*, 32
57 "Dis [sic] Debar Founds a New Cult Here," *New York Times*, August 26, 1909, 16
58 "Third Degree for Ann," *The Washington Post*, August 29, 1909, 11
59 "Diss de Bar [sic] Lets Things Be Known," *Detroit Free Press*, August 30, 1909, 2
60 Davenport, *Death-Blow*, 36
61 マギーの告白は『ニューヨーク・ワールド』紙（1931年廃刊）に掲載された。"Spiritualism Exposed," *New York World*, October 21, 1888
62 Davenport, *Death-Blow*, 37
63 2020年2月25日に、全米スピリチュアリスト教会連盟事務局に電子メールで確認
64 "Meet the young people who believe they're communicating with the dead," BBC.co.uk, March 5, 2019, https://www.bbc.co.uk/bbcthree/article/eabdc0ed-70c0–4af2–8295–96ebfc4dc613 に2020年2月22日にアクセス

5 フー・ファタム

1 LaShawn Harris, *Sex Workers, Psychics, and Numbers Runners: Black Women*

13 "Strange Record of Mrs. May S. Pepper," 5
14 "Medium Owns to a Milkmaid's Past," *Los Angeles Herald*, January 24, 1905, 7.
15 "Heard 'Bright Eyes' Over Telephone," *New York Times*, August 28, 1907, 4.
16 "Spirits Wouldn't Work in Court," *New York Times*, September 7, 1907, 4
17 "While in Pulpit Her Life Expose is Prepared," *The San Francisco Examiner*, January 16, 1905, 4
18 "'May Pepper' Dies in Boston," *Times Union*, April 28, 1919, 2
19 M.E. Cadwallader, *Mary S. Vanderbilt, a Twentieth Century Seer* (Chicago: The Progressive Thinker Publishing House, 1921), v
20 McCabe, *Spiritualism*, 63
21 同前
22 同前、32
23 Segrave, Women Swindlers, 9
24 M. Brady Bower, *Unruly Spirits: The Science of Psychic Phenomena in Modern France* (Urbana: University of Illinois Press, 2010), 171
25 Baron von Schrenk-Notzing, *Phenomena of Materialisation*, translated by E. E. Fournier d'Albe (London: Kegan Paul, Trench, Trubner & Co. Ltd, 1923), 116
26 同前、84
27 ハティの著書は自伝的要素が強いと言われ、歴史家はその本をもとに、彼女が年季奉公人から作家やヘアケア事業の第一人者に成り上がったと見ている。
28 *Hartford Daily Courant*, June 20, 1860, 1
29 First black author published in 1859," *Democrat and Chronicle* (Rochester, NY), November 11, 1982, 5C
30 Ellis, R. J., and Henry Louis Gates. "'Grievances at the Treatment She Received': Harriet E. Wilson's Spiritualist Career in Boston, 1868—1900." *American Literary History* 24, no. 2 (2012): 253. www.jstor.org/stable/23249769 に 2020 年 5 月 22 日にアクセス
31 Thomas R. Hazard, "The Philosophy and Phenomena of Modern Spiritualism," *The Watchman*, Vol. 4. No. 6, Chicago, IL, February 1884, 7
32 "The Red Man's New Year," *Spiritual Scientist*, January 14, 1875
33 Ellis and Gates, "Grievances," 246-7, 250
34 "National Spiritualist Association of Churches (NSAC)." E*ncyclopedia of Occultism and Parapsychology*, Encyclopedia.com, https://www.encyclopedia.com/science/encyclopedias-almanacs-transcripts-and-maps/national-spiritualist-association-churches-nsac. に 2019 年 11 月 2 日にアクセス
35「特に労働階級の黒人女霊媒師の多くは、仕事や私生活の様子がわかる個人的な文書や記録を残していない」。LaShawn Harris. "Dream Books, Crystal Balls, and "Lucky Numbers": African American Female Mediums in Harlem, 1900–1930s." *Afro-Americans in New York Life and History* 35, no. 1 (01, 2011): 74–110
36 Harry Houdini, *A Magician Among the Spirits* (New York: Harper & Brothers, 1924), 66
37 "Diss Debar's Own Story," *New York Times*, May 1, 1888, 8

44 "Xiao Qin's Ex-Girlfriend Commits Fraud of $60 Million. Victims Are Mostly Sports Stars," *Phoenix New Media*, December 24, 2013. Translated by Irene Lo, http://news.ifeng.com/gundong/detail_2013_12/24/32410171_0.shtml?_from_ralated に 2019 年 11 月 13 日にアクセス
45 "Criminal Ruling of Punishment Reduction of Wang Ti's Fraud Case," *China Judgments Online*, August 8, 2019. Translated by Irene Lo, http://wenshu.court.gov.cn/website/wenshu/181107ANFZ0BXSK4/index.html?docId=4d3c0a37bf2346e2865daaa100b4c348 に 2019 年 11 月 13 日にアクセス
46 "Olympic Champion Disappeared for 4 Years Because of His Girlfriend's 58 Million Fraud, Now Is a Chubby Man Living a Miserable Life," Sohu, October 8, 2019. Translated by Irene Lo, http://www.sohu.com/a/345411586_100078945 に 2019 年 11 月 13 日にアクセス

4　女霊媒師たち

1 Reuben Briggs Davenport, *The Death-Blow to Spiritualism* (New York: G. W. Dillingham, 1888), 36.
2 近代スピリチュアリズムの全盛期にどれだけの信者がいたか、正確な数を確認できるデータベースがある。多くの霊媒師は実際の数より多く申告していたようだ。現在、1800 年代末までに活動していた霊媒師は「800 万人」だったという記述がよく見られるが、当時の懐疑派の人々は、この数字がかなり怪しいと考えていた。Joseph McCabe, *Spiritualism, a Popular History from 1847* (London: T. Fisher Unwin Ltd, 1920), 64–66 参照
3 Davenport, *Death-Blow*, 36
4 Intro material taken mainly from Tori Telfer, "The Female Persuasion," *The Believer*, Issue 122, December/January 2019
5 どれほど最適だったか詳細を知りたい方は McCabe, *Spiritualism*, 9–26 を参照のこと
6 McCabe, *Spiritualism*, 57
7 ほかにもドラム、アコーディオン、ハープ、トライアングル、ヴァイオリンのときもあった。Frank Podmore, *Modern Spiritualism: A History and a Criticism, Volume 1* (London: Methuen & Co., 1902), 247
8 Ann Braude, *Radical Spirits: Spiritualism and Women's Rights in Nineteenth-Century America* (Bloomington: Indiana University Press, 1989), 23–24
9 George W. Hudson, *The Marriage Guide for Young Men* (Ellsworth, Maine: published by the author, 1883), 116
10 "Strange Record of Mrs. May S. Pepper, 'Medium;' Broken Homes and Bitter Enemies in her Former Haunts," *The Brooklyn Daily Eagle*, January 15, 1905, 1
11 Kerry Segrave, *Women Swindlers in America, 1860–1920* (Jefferson: McFarland, 2007), 15–16.
12 "Strange Record of Mrs. May S. Pepper," 1

13日にアクセス

31 "Exposing Details of Wang Ti's Fraud Case: Scamming 26 Million to Buy Luxury Cars for Xiao Qin," Anhui News, December 24, 2013. Translated by Irene Lo, http://www.ahtv.cn/c/2013/1224/00189939_2.html に 2019年11月13日にアクセス

32 "Fake princeling 'scammed stars out of millions,'" *South China Morning Post*, June 28, 2012

33 "Wang Ti Gets Life Sentence for Fraud. Numerous Olympic Champions And Sports Stars Were Scammed," Anhui News, December 24, 2013. Translated by Irene Lo, http://www.ahtv.cn/c/2013/1224/00189885_all.html に 2019年11月13日にアクセス

34 "Woman took celebrities for 55m yuan, court says," *ShanghaiDaily.com*, June 27, 2012

35 ワン・ティーは裁判でこう供述している。「あの頃、ナイフで自殺しようと考えていました。取り立てに来た人たちに『警察を呼んでください』と頼んでも断られ、軟禁状態でとにかく金を返せと責め立てられたのです」。"Wang Ti Gets Life Sentence for Fraud. Numerous Olympic Champions And Sports Stars Were Scammed," Anhui News, December 24, 2013. Translated by Irene Lo, http://www.ahtv.cn/c/2013/1224/00189885_all.html に 2019年11月13日にアクセス

36 "Will We Ever Be Over Anna Delvey?" *W Magazine*, October 4, 2019

37 "The Fiends and the Folk Heroes of Grifter Season," *The New Yorker*, June 5, 2018

38 "Why Are We Suddenly Surrounded by 'Grift'?" *The New York Times Magazine*, December 4, 2018

39 "The Distinctly American Ethos of the Grifter," *The New York Times Style Magazine*, September 12, 2019

40 "Wang Ti Gets Life Sentence for Fraud. Numerous Olympic Champions And Sports Stars Were Scammed," Anhui News, December 24, 2013. Translated by Irene Lo, http://www.ahtv.cn/c/2013/1224/00189885_all.html に 2019年11月13日にアクセス

41 "Numerous Olympic Champions Were Scammed by Xiao Qin's Ex-Girlfriend," *NetEase Sports*, December 25, 2013. Translated by Irene Lo, http://sports.163./13/1225/08/9GU5IOFM00051C89.html?f=jsearch に 2019年11月13日にアクセス

42 "Wang Ti Gets Life Sentence for Fraud. Zou Kai: We Won't Be Able to Get the Money Back," Sohu Sports, December 29, 2013. Translated by Irene Lo, http:// sports.sohu.com/20131229/n392590757.shtml に 2019年11月13日にアクセス

43 "Criminal Ruling of Punishment Reduction of Wang Ti's Fraud Case," China Judgments Online, August 8, 2019. Translated by Irene Lo, http://wenshu.court.gov.cn/website/wenshu/181107ANFZ0BXSK4/index.html?docId=4d-3c0a37bf2346e2865daaa100b4c348 に 2019年11月13日にアクセス

15 詳細は "Exposing Details of Wang Ti's Fraud Case: Scamming 26 Million to Buy Luxury Cars for Xiao Qin," Anhui News, December 24, 2013. Translated by Irene Lo, http://www.ahtv.cn/c/2013/1224/00189939_2.html を参照、2019年11月13日にアクセス

16 "Master Con Woman Who Scammed Beijing's High Society," *Telegraph* (London), January 3, 2014

17 "High Speed Scandal: Ferrari Incident Rocks China," *The Daily Beast*, July 13, 2017

18 "Car brands represent status, stereotypes in China," *China Daily*, April 22, 2014

19 "Exposing Details of Wang Ti's Fraud Case: Scamming 26 Million to Buy Luxury Cars for Xiao Qin," Anhui News, December 24, 2013. Translated by Irene Lo, http://www.ahtv.cn/c/2013/1224/00189939_2.html に 2019年11月13日にアクセス

20 "Leaked Records Reveal Offshore Holdings of China's Elite," *International Consortium of Investigative Journalists*, January 21, 2014

21 "How son's death in a high-speed car crash led to powerful Chinese official's fall from grace," *South China Morning Post*, December 23, 2014

22 "Master Con Woman Who Scammed Beijing's High Society," *Telegraph* (London), January 3, 2014

23 "Exposing Details of Wang Ti's Fraud Case: Scamming 26 Million to Buy Luxury Cars for Xiao Qin," Anhui News, December 24, 2013. Translated by Irene Lo, http://www.ahtv.cn/c/2013/1224/00189939_2.html に 2019年11月13日にアクセス

24 "Master Con Woman Who Scammed Beijing's High Society," *Telegraph* (London), January 3, 2014

25 "Master Con Woman Who Scammed Beijing's High Society," *Telegraph* (London), January 3, 2014

26 "Master Con Woman Who Scammed Beijing's High Society," *Telegraph* (London), January 3, 2014

27 "Exposing Details of Wang Ti's Fraud Case: Scamming 26 Million to Buy Luxury Cars for Xiao Qin," Anhui News, December 24, 2013. Translated by Irene Lo, http://www.ahtv.cn/c/2013/1224/00189939_2.html に 2019年11月13日にアクセス

28 "Yang Wei Defends 'Lavish' Wedding to Yang Yun," *International Gymnast Magazine*, November 11, 2008

29 "Exposing Details of Wang Ti's Fraud Case: Scamming 26 Million to Buy Luxury Cars for Xiao Qin," Anhui News, December 24, 2013. Translated by Irene Lo, http://www.ahtv.cn/c/2013/1224/00189939_2.html に 2019年11月13日にアクセス

30 "Wang Ti Gets Life Sentence for Fraud. Numerous Olympic Champions And Sports Stars Were Scammed," Anhui News, December 24, 2013. Translated by Irene Lo, http://www.ahtv.cn/c/2013/1224/00189885_all.html に 2019年11月

3 ワン・ティー

1 結婚式の詳細は“Yang Wei and Yang Yun Tie the Knot . . . Finally,” Triple Full (a gymnastics blog), November 6, 2008 および “Gymnastics-Wedding about love not money, says China's Yang,” Reuters, November 11, 2008 を参照した

2 “Dazzling Firework Lowers the Curtains of Yang Wei's Wedding. The Wedding Trilogy Displays Ultimate Romance,” Sina Sports, November 7, 2008. Translated by Irene Lo, http://sports.sina.com.cn/o/2008–11–07/00174056354.shtml に 2019 年 11 月 13 日にアクセス

3 “Exposing Details of Wang Ti's Fraud Case: Scamming 26 Million to Buy Luxury Cars for Xiao Qin,” Anhui News, December 24, 2013. Translated by Irene Lo, http:// www.ahtv.cn/c/2013/1224/00189939_2.html に 2019 年 11 月 13 日にアクセス

4 “Wang Ti Gets Life Sentence for Fraud. Numerous Olympic Champions And Sports Stars Were Scammed,”Anhui News, December 24, 2013. Translated by Irene Lo, http://www.ahtv.cn/c/2013/1224/00189885_all.html に 2019 年 11 月 13 日にアクセス

5 “Wuhan ejected from soccer league,”People's Daily Online, November 10, 2008

6 Edward B. Barbier, “Nature and Wealth: A Parable from Beijing,” *China-US Focus*, November 10, 2015

7 “Inside Beijing's airpocalypse—a city made ‘almost uninhabitable’ by pollution,” *The Guardian*, December 16, 2014

8 “Beijing Olympics were the most polluted games ever, researchers say,” *The Telegraph*, June 22, 2009

9 “Beijing Games to be costliest, but no debt legacy,” *Reuters*, August 4, 2008

10 “How Beijing used rockets to keep opening ceremony dry,” *Independent*, August 11, 2008

11 “Exposing Details of Wang Ti's Fraud Case: Scamming 26 Million to Buy Luxury Cars for Xiao Qin,” Anhui News, December 24, 2013. Translated by Irene Lo, http://www.ahtv.cn/c/2013/1224/00189939_2.html に 2019 年 11 月 13 日にアクセス

12 “Coach Scouted ‘Pony God’ Xiao Qin at the Kindergarten When He was 4 Years Old,” People's Olympics, August 12, 2008. Translated by Irene Lo, http://2008.people.com. cn/BIG5/7654995.html に 2019 年 11 月 13 日にアクセス

13 “Xiao Qin claims pommel horse title at Beijing Olympics,” Gov.cn (the “official web portal of the Central People's Government of the People's Republic of China”), August 18, 2008, http://www.gov.cn/english/2008–08/18/content_1074043.htm に 2019 年 11 月 8 日にアクセス

14 “Master Con Woman Who Scammed Beijing's High Society,” *Telegraph* (London), January 3, 2014

45 "Verdict is Guilty," *Detroit Free Press*, March 12, 1905, 1
46 "Mrs. Cassie Chadwick Dead; Notorious Swindler Goes to Grave With Lips Sealed," *The Washington Times*, October 11, 1907, 9.
47 "Cassie Chadwick Dead," *Lancaster Intelligencer* (Lancaster, PA), October 12, 1907, 2
48 "Find Mrs. Chadwick Guilty Seven Fold," *The Inter Ocean* (Chicago, IL), March 12, 1905, 5
49 "Without Education or Beauty, Mrs. Chadwick Fascinated Men," *The Daily Province* (Vancouver, British Columbia, Canada), December 14, 1904, 4
50 "Mrs. Chadwick's History, Record of Woman's Strange Power, and the Marvelous Gullibility of Financiers," *The Inter Ocean*, December 8, 1904, 2
51 "Grafters Crowd the Metropolis," *San Francisco Chronicle*, December 12, 1904, 2
52 "Government Puts Ban on 'Cassie Chadwick' Money," *St. Louis Post-Dispatch*, August 8, 1908, 2
53 "Mrs. Chadwick Baptized in Ohio Penitentiary," *Courier-Journal* (Louisville, KY), October 9, 1907, 3
54 "Mrs. Chadwick Dying," *The Washington Post*, October 10, 1907, 3
55 "Cassie Chadwick Dead," *Lancaster Intelligencer* (Lancaster, PA), October 12, 1907, 2
56 "Financial Witch is Dead," *The Dayton Herald* (Dayton, OH), October 11, 1907
57 "Chinatown in Tears Over 'Wooey Game," *Los Angeles Times*, June 30, 1906, II1
58 Clever Woman Got $200,000 By Scheming," *St. Louis Post-Dispatch*, December 16, 1906, 6
59 "Russian Cassie Chadwick," *The Washington Post*, December 18, 1907, 9
60 "Italian Cassie Chadwick," *Nashville Tennessean and the Nashville American*, August 8, 1911, 2.
61 "Pretty Widow Dupes Berlin," *Detroit Free Press*, March 5, 1917, 7
62 "Called Apt Pupil of Mrs. Chadwick," *The Washington Post* September 1, 1906, 1
63 "The Remarkable Financial Operations of a Remarkable, Mysterious Woman," *Courier-Journal* (Louisville, KY), December 11, 1904, B10
64 "Her Career Astounding," *The Wilkes-Barre News* (Wilkes-Barre, PA), December 10, 1904, 5.
65 "Dr. Chadwick is Bankrupt," *Detroit Free Press*, August 15, 1908, 2
66 "Almost with [Beckwith's] dying breath he declared his faith in the shadow of Cassie Chadwick's birth." From "Marvelous Cassie Chadwick," *McClure's Magazine*
67 "Those Brown Eyes of Fascinating Cassie," *Edmonton Journal* (Edmonton, Alberta, Canada), December 30, 1904, 5

(Louisville, KY), December 31, 1904, 2
20 "Marvelous Cassie Chadwick," *McClure's Magazine*
21 "Cassie Was a Charlatan, a Crook, But a Lady, Too," *The Pittsburgh Pres*, August 14, 1946, 21
22 "The Remarkable Financial Operations of a Remarkable, Mysterious Woman," *Courier-Journal* (Louisville, KY), December 11, 1904, B10
23 "Marvelous Cassie Chadwick," *McClure's Magazine*
24 同前
25 "Mrs. Chadwick Spends Night in Prison," *The Berkshire Eagle* (Pittsfield, MA), December 9, 1904, 12.
26 "The Story of Mrs. Chadwick, The High Priestess of Fraudulent Finance," *The Washington Post*, December 25, 1904, 6
27 "Mrs. Cassie Chadwick Love Child of Andrew Carnegie," *The Atlanta Constitution*, December 12, 1904, 1
28 "Marvelous Cassie Chadwick," *McClure's Magazine*
29 同前
30 "Husband and Daughter are Left Penniless," *The Austin Statesman*, January 1, 1905, 1
31 "In Tears: Aged Banker Talks of the Chadwick Loans," *Courier-Journal* (Louisville, KY), December 6, 1904, 1
32 "Bank Wrecked by a Woman," *San Francisco Chronicle*, November 29, 1904, 1
33 "Mystery of Chadwick Case Grows," *San Francisco Chronicle*, November 30, 1904, 1
34 "MarvelousCassie Chadwick," *McClure's Magazine*
35 "On His Bed: The Aged Banker Tells of Loans to Mrs. Chadwick," *Courier-Journal* (Louisville, KY), December 1, 1904, 2
36 *The Berkshire Eagle* (Pittsfield, MA), December 9, 1904, 4
37 "Uncle Sam Nails Cassie Chadwick," *Chicago Daily Tribune*, December 8, 1904, 1
38 "Those Brown Eyes of Fascinating Cassie," *Edmonton Journal* (Edmonton, Alberta, Canada), December 30, 1904, 5
39 "Barren Walls of Prison Cell Confront Her," *The Nashville American*, December 9, 1904, 1
40 "Verdict is Guilty," *Detroit Free Press*, March 12, 1905, 1
41 "Cassie L. Chadwick Arrested On the Charge That She Aided in Embezzlement By Bankers," *The San Francisco Call*, December 8, 1904, 1
42 "Find Mrs. Chadwick Guilty Seven Fold," The Inter Ocean (Chicago, IL), March 12, 1905, 5
43 "Cassie Chadwick Dead," *Lancaster Intelligencer* (Lancaster, PA), October 12, 1907, 2
44 "Mrs. Cassie L. Chadwick Convicted on Seven Counts," *The Buffalo Sunday Morning News* (Buffalo, NY), March 12, 1905, 1

46 Frantz Funck-Brentano, *La Mort De La Reine* (Paris: Hachette, 1901), 9
47 Beckman, *How to Ruin*, 294–302

2 キャシー・チャドウィック

1 C.P. Connolly, "Marvelous Cassie Chadwick," *McClure's Magazine*, November 1916, Volume XLVIII, Number 1. "Without Education or Beauty, Mrs. Chadwick Fascinated Men," *The Daily Province* (Vancouver, British Columbia, Canada), December 14, 1904, 4
2 "Policeman Talks of Chadwick Bills," *The Washington Post*, February 25, 1906, 12
3 "Marvelous Cassie Chadwick," *McClure's Magazine*
4 "The Story of Mrs. Chadwick, The High Priestess of Fraudulent Finance," *The Washington Post*, December 25, 1904, 6
5 "Want to Kill a Sensation," *Detroit Free Press*, October 12, 1907, 1
6 "Mrs. Chadwick's History, Record of Woman's Strange Power, and the Marvelous Gullibility of Financiers," *The Inter Ocean*, December 8, 1904, 2
7 "Marvelous Cassie Chadwick," *McClure's Magazine*. 名刺：“Her Great Graft," *The Topeka State Journal*, December 9, 1904, 4
8 "Chadwick Affair Near Its Climax,"*Chicago Daily Tribune*, November 29, 1904, 1
9 "From Farm to Prison, Then to Life of Ease," *Chicago Daily Tribune*, December 4, 1904, 2
10 "Mrs. Chadwick Spends Night in Prison," *The Berkshire Eagle* (Pittsfield, MA), December 9, 1904, 12
11 "Without Education or Beauty, Mrs. Chadwick Fascinated Men," *The Daily Province* (Vancouver, British Columbia, Canada), December 14, 1904, 4
12 "The Story of Mrs. Chadwick, The High Priestess of Fraudulent Finance," *The Washington Post* December 25, 1904, 6.　針：“Active Mind, Cute Lisp And Winning Smile Paved Way To Riches For Cassie," *The Knoxville Journal*, August 29, 1958, 4
13 "From Farm to Prison, Then to Life of Ease," *Chicago Daily Tribune* December 4, 1904, 2
14 "Marvelous Cassie Chadwick," *McClure's Magazine*
15 "Marvelous Cassie Chadwick," *McClure's Magazine*
16 "From Farm to Prison, Then to Life of Ease," *Chicago Daily Tribune*, December 4, 1904, 2
17 Chadwick Woman Now Under Guard," *The Times Dispatch* (Richmond, VA), December 8, 1904, 2
18 Chadwick Woman's Life is a Marvel in Millions," *The Minneapolis Journal* , December 19, 1904, 15
19 "Bertillion: Measurements Are Taken of Mrs. Chadwick," *Courier-Journal*

12 McCalman, "The Making of a Libertine Queen," 118
13 Funck-Brentano, *The Diamond Necklace*, 82
14 Funck-Brentano, *The Diamond Necklace*, 85–86
15 Henry Vizetelly, *The Story of the Diamond Necklace* (London: Vizetelly & Co., 1881), 36.
16 Beckman, *How to Ruin*, 64
17「彼女は最高の羽毛で身を飾り、できる限りコケティッシュな雰囲気を漂わせ、香水の匂いで（部屋を）満たした」、同前、39
18 Carlyle, *The Diamond Necklace*, 89
19 Beckman, *How to Ruin*, 73, 78
20 Beckman, *How to Ruin*, 73, 78
21 Beckman, *How to Ruin*, 88
22 Beugnot, *Life and Adventures*, 34
23 Jeanne Louise Henriette Campan, *The Private Life of Marie Antoinette* (London: Richard Bentley and Son, 1883), 375
24 同前、376
25 Beckman, *How to Ruin*, 128
26 Campan, *The Private Life*, 7
27 Beugnot, *Life and Adventures*, 37
28 Vizetelly, *The Story*, 162–163
29 McCalman, McCalman, "The Making of a Libertine Queen," 124
30 *Mercure de France*、1784 年 2 月 17 日、J. Jobe, *The Romance of Ballooning: The Story of the Early Aeronauts* (New York: Viking Press, 1971), p. 31 に転載
31 Beckman, *How to Ruin*, 126
32 Beugnot, *Life and Adventures*, 72
33 Corinna Wagner, *Pathological Bodies* (Berkeley: University of California Press, 2013), 21
34 Robert Darnton, *The Forbidden Best-Sellers of Pre-Revolutionary France* (New York: W. W. Norton & Company, 1995), 78
35 同前、323
36 Beckman, *How to Ruin*, 246
37 同前、9. 歴史家フランツ ファンク＝ブレンターノによれば、これはアンリエット・カンパン夫人の言葉だということだ。
38 Vizetelly, *The Story*, 248
39 Funck-Brentano, *The Diamond Necklace*, 341
40 Vizetelly, *The Story*, 304
41 La Motte, *Memoirs of the Countess*, 5
42 Vizetelly, *The Story*, 220
43 *Jackson's Oxford Journal* (Oxford, England), August 27, 1791
44 McCalman, "The Making of a Libertine Queen," abstract.
45「大衆娯楽や現代の学術研究の見解は、このスキャンダルをフランス革命の起爆剤であり、またその結果を決定づける存在と見ることで一致している」。同前、112.

注

はじめに

1 *Daily News*、“The Pocketbook Drop . . . and Other Con Games,” より引用、(ニューヨーク、NY)、1977 年 12 月 18 日付
2 レベッカ・L・ミッチェル、キャサリン・K・ベイ、シャーリーン・R・ケイス、ニコラス・A・ヘイズ、"Drivers of desire for social rank," *Current Opinion in Psychology* 第 33 巻、2020 年 6 月号 189-195。
3 *Science magazine*, “Climbing the social ladder can strengthen your immune system, monkey study suggests,”、November 24, 2016

1 ジャンヌ・ド=サン=レミ

1 ジョナサン・ベックマン著 *How to Ruin a Queen: Marie Antoinette, the Stolen Diamonds and the Scandal that Shook the French Throne* (London: John Murray, 2014)、101
2 Historical Currency Converter、https://www.historicalstatistics.org/Currencyconverter.html に 2019 年 6 月 12 日アクセス
3 トーマス・カーライルが当時のことをこう書いている。「騎士道は去り、破産の時代が始まる」。カーライル、*The Diamond Necklace*, 30-31
4 ジャック・クロード・ブニョ、*Life and Adventures of Count Beugnot*, (London: Hurst and Blackett, 1871), 2
5 ジャンヌは回顧録の中でこう書いている。「私はしょっちゅう、いろいろな人々から言われていた。ちょっとした親切な計らいさえあれば、(ヴァロアの田舎の邸宅の) 所有権を取り戻すのは簡単かもしれない、と」。ジャンヌ・ド・ラ・モット、*Memoirs of the Countess de Valois de La Motte* (London: J. Ridgway, 1791), 7
6 ジャンヌとその兄妹の年金は 800 リーブル (約 100 万円前後) だった。
7 アントニア・フレーザー *Marie Antoinette* (New York: Doubleday, 2001), 178
8 ある歴史家は、「誰もがわずかな隙間を目指して高みに上り、下の人々を満足げに見てやろうと必死だった」と書いている。「そして、すでに上にいる者は、下から這い上がろうとする大勢の人々を振り払うのに必死だった」。Beckman, *How to Ruin*, 24.
9 Beugnot, *Life and Adventures*, 9
10 同前
11 ジャンヌを妊娠させた相手については、歴史家の間でいまだに見解が分かれるところだ。イアン・マカルマンは著書の中で相手は地元の司祭だと書いている。Iain McCalman's essay, “The Making of a Libertine Queen: Jeanne de La Motte and Marie-Antoinette”、*Libertine Enlightenment: Sex, Liberty and Licence in the Eighteenth Century*, ed. Peter Cryle and Lisa O'Connell (New York: Palgrave Macmillan, 2004)

トリ・テルファー（Tori Telfer）

児童書の編集や教師の職を経て作家デビュー。著書に『女殺人鬼たち（*Lady Killers*）』（2017年）がある。現在はアメリカ、ニューヨーク在住。

富原まさ江（とみはら・まさえ）

出版翻訳者。『目覚めの季節〜エイミーとイザベル』（DHC）でデビュー。小説・エッセイ・映画・音楽関連など幅広いジャンルの翻訳を手がけている。訳書に『花と木の図書館 桜の文化誌』『同 ベリーの文化誌』『同 ゼラニウムの文化誌』『図説 デザートの歴史』『「食」の図書館 ベリーの歴史』『同 ヨーグルトの歴史』（以上原書房）、『ノーラン・ヴァリエーションズ：クリストファー・ノーランの映画術』（玄光社）、『サフラジェット：平等を求めてたたかった女性たち』（合同出版）ほかがある。

Confident Women by Tori Telfer

世界《せかい》を騙《だま》した女《おんな》詐欺師《さぎし》たち

●

2023年2月6日　第1刷

著者……………トリ・テルファー
訳者……………富原《とみはら》まさ江《え》
装幀……………和田悠里
発行者……………成瀬雅人
発行所……………株式会社原書房

〒160-0022 東京都新宿区新宿1-25-13
電話・代表03(3354)0685
振替・00150-6-151594
http://www.harashobo.co.jp

印刷……………新灯印刷株式会社
製本……………東京美術紙工協業組合

ISBN 978-4-562-07254-5, Printed in Japan